古漢字字形表系列

黃德寬 主編

徐在國 副主編

秦文字字形表

單曉偉 編著

本項目爲
國家社科基金重大項目「漢字發展通史」（11&ZD126）
二〇一五年國家古籍整理出版資助項目

前言

近年來，我們先後承擔了國家社會科學基金重點項目「漢字理論與漢字發展史研究」（05AYY002）、重大招標項目「漢字發展通史」研究（11&ZD126）等課題。前一課題的結項成果《古漢字發展論》，有幸列入「國家哲學社會科學成果文庫」（二〇一三），由中華書局於二〇一四年出版；後一課題目前也已進入研究的後期階段。

漢字理論與發展史是一項基礎性研究課題。作爲自源的古典文字體系，漢字歷史悠久，内涵豐富，系統複雜。在開展課題研究時，我們曾設想在以下方面有所創新並取得進展：一是進一步歸納和揭示漢字的結構類型，重新闡釋漢字的構造理論及其功能；二是更客觀地描述漢字形體的特點及其發展變化，揭示漢字形體發展演變的基本規律；三是劃分出漢字發展演進的歷史階段，並對各個階段漢字構形、形體、使用等情況作出準確的判斷；四是建立觀測漢字發展歷史的理論構架和衡量標尺，以便更準確地描述漢字的發展演變歷史；五是形成比較符合漢字實際的文字學理論體系和有關專題研究的新成果。這些設想在《古漢字發展論》的「前言」中我們曾經提及。顯然，要實現上述理想目標絶非一日之功，需要做出長遠規劃並分階段開展研究工作。隨着研究工作的有計劃推進，圍繞上述目標我們已經取得了一批預期的研究成果。由上海古籍出版社出版的這套古漢字系列字形表，就是這些階段性成果的一部分。

中國文字學研究有着悠久深厚的傳統，先秦兩漢時期就逐步形成漢字構形分析的理論和方法，那就是「六書」學説。東漢許慎《説文解字》是兩漢文字學理論和實踐的結晶，它的問世確立了傳統文字學的基礎和發展方向。傳統文字學不

僅重視漢字構造及其形音義關係的闡釋，也十分重視漢字使用情況的研究，這與傳統「小學」形成的背景密切相關。傳統文字學研究文字的目的是「説字解經誼」（《説文·敘》），「以字解經，以經解字」是經學家和文字訓詁學家的不二法門。在漢唐經傳訓釋和歷代文字學著作中，保留了極爲豐富的分析漢字字用的資料，「通假字」、「古今字」、「正俗字」等概念，都是前人分析字用現象形成的認識成果。百餘年來，文字學研究取得了重要發展，尤其是甲骨文等古文字新材料的發現，極大促進了漢字形體和結構的分析，以漢字形體結構爲研究重點的「形體派」，遂成爲文字學研究的主流，而文字學界對前人字用研究的成果和傳統卻有所忽視。

我們認爲，漢字發展史的研究，要在繼承和發揚文字學研究傳統的同時，以現代學術視野來確定研究的理論、路徑和方法。漢字發展史研究的首要工作，是要確定好觀測漢字發展的理論構架，因此，我們提出要從漢字結構、形體、使用和相關背景等維度，全面考察漢字發展的各個方面，進而揭示漢字體系發展的基本走向和運動規律。其次是要以斷代研究爲基礎，在科學劃分漢字發展歷史階段的基礎上，對不同階段漢字進行深入的斷代研究，以理清不同時期漢字發展和使用的全面情況，從而爲漢字發展研究奠定堅實的基礎（見《古漢字發展論》第十七至十九頁）。

不同時代的文字使用現狀及其變化，是不同時代文字發展的真實記録。在開展漢字發展史研究時，只有通過對這些用字現象的深入考察，才能更好地認識漢字體系在不同時代的發展演變。這就是我們之所以提出從結構、形體、使用三維視角，來觀察漢字發展的一些理論思考。與此同時，任何文字體系的發展，又都不能脱離其時代的變更和發展，只有對文字體系發展的時代背景有了深入而全面的把握，才能真正揭示各種文字現象產生發展的歷史動因。因此，嚴格意義的漢字斷代研究，應該包括上述幾個方面。

在開展漢字發展史研究過程中，我們尤爲重視字形表的編纂工作。字形表的編纂雖然只是從形體結構對某一時代的文字狀況進行全面清理，並不是斷代研究的全部，但無疑卻是最基礎性的工作。這套古漢字系列字形表，以出土文獻資料爲依據，對商代、西周、春秋、戰國、秦文字進行了斷代清理，較爲全面地呈現出古漢字階段各個時期字形的典型樣本。與編纂文字編的宗旨不盡相同，字形表主要是爲了全面系統地展現古漢字各個時期形體結構的特點和實際面貌，展

示和驗證不同時期漢字體系的發展。因此，各字形表在編纂時，不僅注意努力做到收字全面，釋字準確無誤，對異形異構字做到應收盡收，而且更加重視選取形體結構的典型樣本，並儘可能地標識其時代和區域分佈。我們希望通過編纂古漢字系列字形表，能爲漢字理論與發展史研究打下堅實的材料基礎。

這套古漢字系列字形表的編纂經歷了較長一段時間，在納入漢字發展史研究計劃之前，有的編著者實際上就已經開始了相關工作。在啟動「漢字理論與漢字發展史」課題後，各字形表的編纂工作也隨之全面展開。二〇一三年元月，該課題進行結題總結，各字形表初步編成，課題組爲此組織了第一次集中審讀。此後，根據「漢字發展通史」研究課題的新要求，各字形表進入材料增補和編纂完善階段。二〇一四年八月，課題組對已編成的字形表初稿再次組織了集體審讀，進一步明確和統一體例，對各表中存在的問題提出了具體修改意見。二〇一五年七月，課題組召開了第三次集體審讀會。這次會議之後，各字形表陸續進入到定稿階段。我們之所以多次組織集體審讀，主要是由於字形表編纂需要跟蹤學術研究進展，對不斷公布的新材料、新成果的增補吸收和一些疑難字的處理，都需要集思廣益，發揮集體力量。二〇一五年九月至二〇一六年二月，各表修訂稿陸續完成交稿，主編對稿件進行了全面審訂，並提出修改意見。二〇一六年上半年，完成了修訂稿終審，編纂工作遂告一段落。上海古籍出版社收到字形表稿件後，又一次進行了體例的統一和完善。在這個過程中，各書編著者和出版單位都付出了艱辛的勞動。字形表的編纂看似容易成卻難，正是由於課題組多年努力，團結協作，相互學習，相互砥礪，才能完成這一艱巨繁難的編纂任務。

古文字學是一門始終處於快速發展的學科，新材料層出不窮，新成果不斷問世。古文字學界一直有着跟蹤研究新進展，適時編著各類文字編的良好傳統。近年來，利用新材料、新成果編纂的各種文字編不少，這些文字編較好地反映了古文字學界的研究成果，也爲字形表編纂工作提供了極大便利，是編纂字形表的重要參考，在此謹向各位文字編著者表示衷心感謝！在字形表編纂過程中，我們始終注意吸收古文字學界新成果，但限於體例，未能逐一注明，謹向有關作者致以歉意並表示感謝！各字形表引用和參考各家成果情況，請參看書後所列「參考文獻」以及「凡例」、「後記」所作的有關説明。儘管我們將編纂高水準字形表作爲工作的目標，但囿於見聞和學識，字形表中存在的疏忽或錯謬一定不少，誠懇

期待各位讀者批評指正。

最後，我們要由衷感謝國家社會科學基金對該項研究計劃的資助支持！由衷感謝上海古籍出版社吴長青先生、顧莉丹博士等爲系列字形表的編纂出版所做的貢獻和付出的辛勞！

黄德寬

二〇一七年六月

凡例

一、本書所收秦文字字形包括西周晚期、春秋、戰國、秦代等幾個時期秦人所用的文字材料，尤以秦代文字材料爲主。

二、全書分爲正文十四卷、合文一卷。字頭排列以《説文》大徐本爲序。見於《説文》者，出楷書字頭；不見於《説文》者，徑出隸定字頭，列於相應各部之後以＊標識，並大致以筆畫爲序。

三、本字形表横向主要分爲三欄：第一欄爲春秋秦文字（包括西周晚期不其簋），基本按時代先後竪行排列；第二欄爲戰國秦文字；第三欄爲秦代文字，主要收録詔版文字、陶文、璽印文字和簡牘文字等具有代表性的字形。

四、本字形表收入材料出處注明如下：金文類、玉石器、雜器等直接標器物名與出處；陶文、封泥、璽印、錢幣文字標出處與編號；簡牘材料分類標識並以出版時編號爲準。石鼓文、詛楚文統一出自郭沫若《石鼓文研究、詛楚文考釋》圖版，秦駰玉牘出自李零《秦駰禱病玉版的研究》所附圖版（《國學研究》第六卷，一九九六年）。

五、結構差異明顯的異體字一般出相應的隸定字形，歸入相應字頭下，並隨列字形。

六、字形處理均用電腦完成。通過掃描拓片，在電腦内完成剪切、排序。

七、凡著録公布的材料，儘量選用拓本或照片，以存其真；部分漫漶殘缺尚可辨識補足者或無法可辨識且重要者，選取張守中《睡虎地秦簡文字編》或方勇《秦簡牘文字編》中摹本較優者，若二者皆無則重新摹寫，以備參考。

八、每一字頭下所收字形兼顧材料差異和形體差異。不同資料儘量選入，不避同形； 同批資料中，依形體和清晰程度選用。

九、本字形表在需要注解的地方加注，對字形解釋者直接於字頭下加注，對文字使用解釋者以「用作」標注。

十、字形表後附有拼音檢字表、筆畫檢字表，以便查找。合文部分不出檢字表。

十一、收録字形材料截止時間爲二〇一六年元月。

目録

秦文字字形表 卷一

一

	一			弌	
春秋	 不其簋蓋 集成 04329  秦公簋 集成 04315	 石鼓文 霝雨  石鼓文 馬薦			
戰國	 卌年銀耳杯 新收 1078  私官鼎 集成 02658 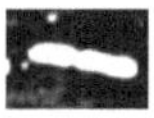 高陵君鼎 新收 815	 高奴敦 新收 639  宗邑瓦書 秦陶 1610  錢典 先秦 608	 青川木牘 文 1982.1.11  青川木牘 文 1982.1.11		
秦代	 效 3  效 4  周 373  龍 205	 里發[9]3 正  嶽叄(一)99		 樂弌 秦風 200	 周 367

0002 元

元

秦子戈 新收 1349

秦子戈 集成 11353

秦子矛 集成 11547

秦政伯喪戈 珍秦 42

平陽銅權 秦銘圖 182

丞相斯戈 近出 1189

千元

0003 天

天

吉爲劍 集成 11586

吉爲劍 集成 11586

秦公鐘 集成 00262

秦公簋 集成 04315

盄和鐘 集成 00270

秦景公石磬 秦文圖 62

石鼓文 吾水

懷后石磬 通鑒 19817

宗邑瓦書 秦陶 1610

秦駰玉牘 甲・正

編 1.1

編 5.2

旬邑權 秦銘圖 131

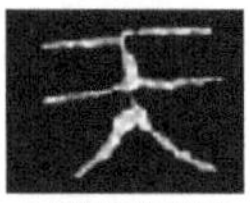
平陽銅權 秦銘圖 182

日甲 102 背

日甲 104 背

天・甲二四

周 345

嶽壹・占四三

0004 丕

丕

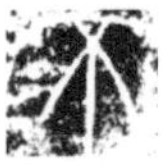
秦公簋 集成 04315

盄和鐘 集成 00270

見卷十二「不」字頭。

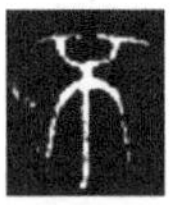
詛楚文 亞駝

0007 帝			0006 上		0005 吏	
帝		二	上		吏	
 秦公簋 集成 04315	 盄和鐘 集成 00270	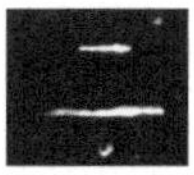 秦公鎛甲 集成 00267 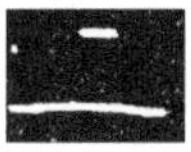 秦景公石磬 秦文圖 80－81				
			 十三年上郡 守壽戈 秦文圖 21 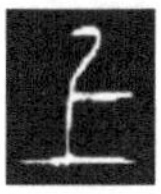 詛楚文 湫淵	 四年相邦 樛斿戈 集成 11361		
 武城橢量 秦銘圖 109  北私府橢量 秦銘圖 147	 陶録 6.257.1		 效 3  周 47 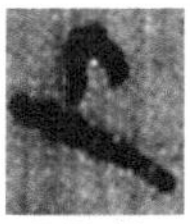 里發[9]3 正	 秦泥考 717  上官紭 陝出印 834 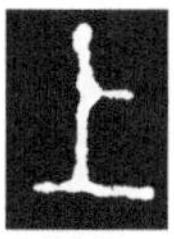 敬其上 陝出印 1678	 效 21  龍 11  嶽叁(一)62	 南鄉喪吏 秦風 29

			0009	0008		
			丅	旁		
			下	旁		
					 秦政伯喪戈 珍秦 42	
			 秦駰玉牘 乙・背  青川木牘 文 1982.1.11			
 天甲一七  周 299	 下正 陝出印 1679 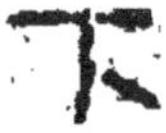 秦泥考 295  秦泥考 1243	 陶録 6.376.1  陶録 6.381.1	 大騩權 秦銘圖 131 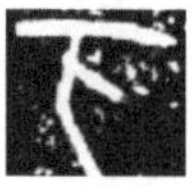 美陽權 秦銘圖 183	 周 354  嶽叁(一)65  嶽壹・爲 二九正	 陶新 1851	 龍 15  龍 16

0012 禄	0011 禮		0010 示			
禄	禮		示		二	
					 盄和鐘 集成 00270	
		 詛楚文 亞駝  詛楚文 巫咸		 秦駰玉牘 甲・正  秦駰玉牘 乙・正		
 陶録 6.460.1  楊禄 秦風 62  王禄 陝出印 620	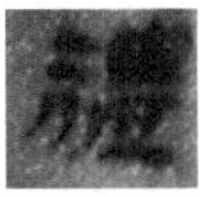 里發[16] 6 正  嶽壹・爲 五二正	 陶新 1148  李禮 秦風 103  李禮印 古印菁 76	 李示麋 珍秦齋秦 33	 陶録 6.273.4  陶録 6.273.5  陶録 6.166.2		 里發[9]5  嶽叁(一)74

0016	0015		0014		0013	
祭	齋		神		福	
祭	齋		神		福	
			 秦景公石磬 秦文圖 79	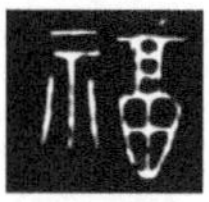 秦公鎛甲 集成 00267  盄和鐘 集成 00270	 不其簋 集成 04328  不其簋蓋 集成 04329	
	 詛楚文 湫淵	 詛楚文 亞駝	 秦駰玉牘 甲・正  秦駰玉牘 乙・正			
 敦祭尊印 秦印編 3  祭敬 秦印編 3			 日甲 28 背  日甲 138 背  天・乙 三三二	 日乙 146  日乙 146 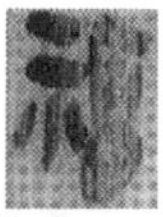 嶽壹・爲 七二正	 秦泥考 1464  呂福 陝出印 676  尹福 秦風 218	 爲 9  嶽叁(一)52

0019 祠		0018 祖		0017 祀		
祠	且	祖		祀		
	 不其簋 集成 04328  秦公簋 集成 04315				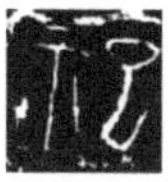 秦公簋 集成 04315  盄和鐘 集成 00270	
 秦駰玉牘 乙・背  詛楚文 亞駝	字形與卷十四「且」同。		 秦駰玉牘 甲・正  秦駰玉牘 乙・正		 秦駰玉牘 甲・正	
 周祠 陝出印 718  秦泥考 43		 日甲 49 背	 彭祖	 日甲 139 正  日乙 40	 秦泥考 42  秦泥考 43	 日乙 24  嶽壹・爲 四七正

0023 社		0022 禖	0021 禱	0020 祝		
祙	社	禖	禱		祝	
					 石鼓文 吳人	
	 詛楚文 湫淵  詛楚文 巫咸				 詛楚文 湫淵  詛楚文 亞駝	
 周 302	 日乙 164	 日甲 156 背  日甲 156 背	 日甲 101 正  周 352	 日乙 194  天・甲一三  周 338	 秦泥考 22  祝佯 陝出印 729	 周 247  日乙 43  天・甲一三

	0029 三	0028 祫*	0027 祙*	0026 禁	0025 祟	0024 禍
	三	祫	祙	禁	祟	禍
	 秦子鎛 文 2008. 11. 27					
 秦駰玉牘 甲・正 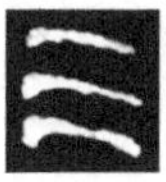 秦駰玉牘 乙・正	 相邦義戈 集成 11394  詔吏戈 秦銘圖 48					
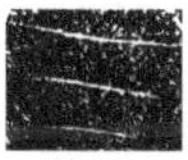 陶録 6. 180. 1 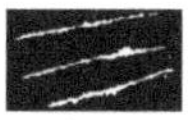 陶録 6. 185. 3	 驪山園鐘	 睡・殘 12	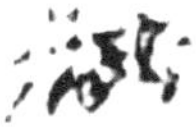  日甲 27 背	 秦律 193  龍 7	 秦泥考 903	 嶽壹・爲 六二正

0032			0031	0030		
皇			閏	王		
皇			閏	王		
 秦景公石磬 秦文圖 81	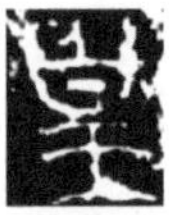 秦公簋 集成 04315  盄和鐘 集成 00270	 不其簋 集成 04328  不其簋蓋 集成 04329			 懷后石磬 通鑒 19817	
		 詛楚文 湫淵				 三年相邦呂不韋戟 秦銘圖 61 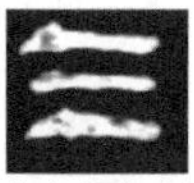 青川木牘 文 1982.1.11
 日甲 101 正  龍 15	 陶録 6.362.2  陶録 6.346.1	 陽陵虎符 近出 1255  北私府橢量 秦銘圖 147	 爲 16  爲 22	 編 7.2  編 27.2	 陶録 6.161.4  陶録 6.326.2  王癸印 秦風 142	 秦抄 17  龍 126  周 174  嶽貳・數 97

0036 環	0035 璧	0034 瓊	0033 玉			
環	璧	瓊	玉			皇
	 秦駰玉牘 甲·背  詛楚文 湫淵			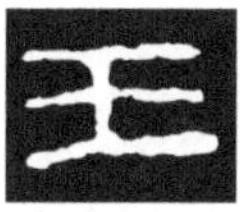 秦駰玉牘 甲·正  詛楚文 湫淵		
 日甲77背  周262  嶽叁(一)77		 法問202	 法問203	 陶録 6.33.3  成玉人 秦風165  田玉 秦風86	 日乙145  龍16	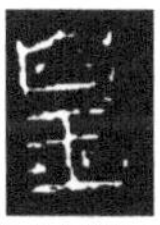 武城橢量 秦銘圖109 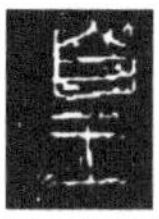 始皇詔 十六斤權 秦銘圖127

	0042	0041	0040	0039	0038	0037
	靈	琅	珠	瑣	瑕	珥
霝	靈	琅	珠	瑣	瑕	珥
 秦公鐘 集成 00263  秦公鎛丙 集成 00269						
	 詛楚文 湫淵		 錢典 先秦 608			
	 陶録 6.441.3	 秦泥考 1578  琅左鹽丞 陝出印 014	 爲 36	 嶽叁(一)7  嶽叁(一)12	 勞瑕	 法問 80

0047 壯	0046 壻		0045 士	0044 班	0043 珎*	
壯	壻		士	班	珎	靇
			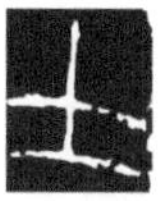 秦公簋 集成 04315  盄和鐘 集成 00270			 秦景公石磬 秦文圖 79  秦景公石磬 秦文圖 83—84
			 杜虎符 集成 12109 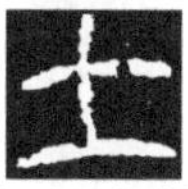 新郪虎符 集成 12108			
 陶録 6.24.2  陶新 2149	 爲 21  爲 19	 秦律 190  里發[9]4 正 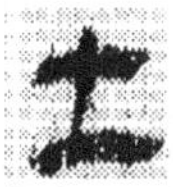 嶽壹・爲 十八正	 陶録 6.54.3  陶録 6.295.1  秦泥考 162	 吴班 古印菁 68	 陶新 2049	

0048

中

		中				
	 秦子戈二 集成 11353  石鼓文 吳人			 仲滋鼎 新收 632		
		 詛楚文 湫淵	 六年漢中 守運戈 集成 11367  廣衍中陽戈 近出 1134	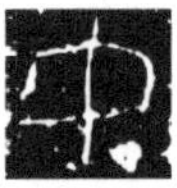 中敀鼎 集成 02228		
 中身 陝出印 1676  中身  中身 陝出印 1674	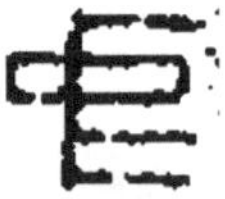 秦泥考 237  中壹 陝出印 1716	 秦抄 11  天・乙 二三六  龍 35  里壹[8]775	 秦泥考 173  中司馬印 秦風 21	 陶録 6.454.5  陶録 6.36.4	 秦律 190 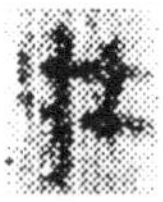 天・乙七四	 壯沽  壯

0053 莠	0052 苔		0051 莊	0050 毒		0049 屯
莠	苔		莊	毒		屯
					 秦公鐘五 集成 00266  秦景公石磬 秦文圖 82	 不其簋 集成 04328  不其簋蓋 集成 04329
						 王八年内史操戈 新收 1904
 日甲 63 背	 秦律 38  里壹[5]19	 編 5.2  里壹[8]236	 陶録 6.116.1	 秦律 5  天・乙一四四  嶽壹・爲四正		 姚屯 秦風 47  屯留

0054	0055		0056	0057	0058	0059
葩	蘇		葵	蓼	芎	蘘
葩	蘇		葵	蓼	芎	蘘
 白葩	 陶新 2964  陶録 6.100.3	 秦泥考 1494  蘇產 秦風 116	 日乙 65  日甲 20 正	 秦泥考 1609	 里壹[8]395	 方蘘

0063			0062	0061	0060	
蒁			苣	蘭		藍
蒁			苣	蘭		藍
 李蒁	 爲 11  日甲 74 背	 苣陽少内 秦風 22	 陶録 6.308.2  陶録 6.396.2  陶録 6.102.3	 秦泥考 1623	 嶽壹・爲 十七正	 陶録 6.320.1  陶録 6.458.3

0068	0067		0066		0065	0064
茅	苦		蘚		萸	董
茅	苦		蘚		萸	董
 茅蒼 秦風 68  茅乾滑 秦風 215	 嶽壹・爲 四正	 毋苦來  苦成裏	 爲 34	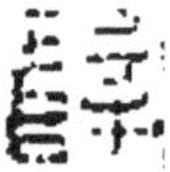 秦泥考 1406  薛專 秦風 224	 嶽叁(一)52	 天・乙 一五五  天・乙 一五五

0073		0072	0071	0070	0069	
蒲		藺	莞	蘄	营	
蒲		藺	莞	蘄	营	
 秦律 131  里壹 [8]1134	 陶録 6.40.3  陶録 6.323.2	  秦律 131  日乙 177	 里壹 [8]1686	 陶新 3151	 营里  营里	 日甲 56 背  天・乙六九  龍 153

0080	0079	0078	0077	0076	0075	0074
蓍	董	薺	艾	苞	蒐	蕢
蓍	董	薺	艾	苞	蒐	蕢
 秦泥考 1613  蓍丞之印	 董畜  董同	 陶録 6.445.4  汪薺	 里壹[8]1620	 日甲 56 背	 秦抄 7	 蕢陽苑印  蕢陽宮印

0081 蘠

蘠

爲 15

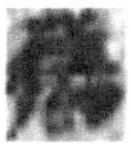

日甲 30 背

用作「墻」。

0082 蓂

蓂

里壹
[8]1221

0083 菌

菌

里壹[8]459

里壹
[8]2371

0084 荊

荊

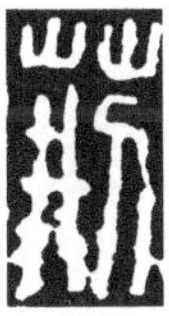

邢荊
陝出印 721

徐荊
秦風 203

里壹
[8]134 正

嶽叁(一)33

0085 萌

萌

陳萌
秦風 56

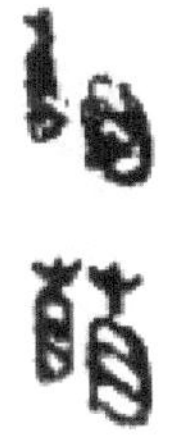

日甲 159 背

0091		0090	0089	0088	0087	0086
茬		芮	藚	芒	英	葉
茬		芮	藚	芒	英	葉
						 丞相觸戈 集成 11294
 陶録 6.414.3	 嶽壹・占 一九正  嶽叁(一)63	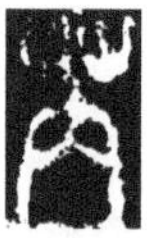 陶録 6.41.1  王芮 秦風 56	 藚丞之印	 秦泥考 1392	 日甲 107 正	 日乙 172  龍 38  里壹[5]19

0092 薈

薈

陶録
6.14.4

0093 蒼

蒼

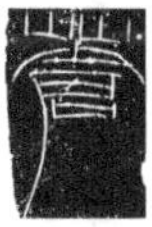
陶録
6.332.1

陶録
6.461.4

陳蒼
秦風 169

茅蒼
秦風 68

天・乙
二三〇

里發
[16]6 正

0094 萃

萃

楚萃
秦風 46

萃

0095 蒔

蒔

嶽叁(一)54

嶽叁(一)54

0096 苗

苗

苗妾
秦風 86

苗綰

0100	0099	0098		0097		
薄	芝	蔡		苛		
薄	芝	蔡		苛		
 李薄 秦風 75	 嶽壹·爲七六正  嶽叁(二) 208	 編 33.1  里壹[8]876	 秦泥考 1358  蔡把 秦風 91	 爲 6  里壹[8]310  嶽壹·占三〇正	 幕苛	 龍 166

0101 苑		0102 菑		0103 茀	0104 藥	
苑		菑		茀	藥	
 秦泥考 872  苑贏	 秦律 190  龍 21  嶽叁(二) 208	 陶録 6.411.2  陶録 6.411.4	 秦泥考 1581  秦泥考 1614	 駱茀 秦風 97  茀欬  茀歕	 藥丹	 里壹[8]1620

0105		0106	0107		0108	
蓋		蓾	若		芻	
蓋		蓾	若		芻	
			 秦駰玉牘乙・正  秦駰玉牘甲・正	 詛楚文淑淵 从三「又」，見卷六「出」字頭。		
 王蓋 秦風 129	 日乙 46  周 328  嶽叁(一)69	 日甲 66 背	 效 27  龍 59  嶽叁(一)77	 陶録 6.51.1	 臣芻 秦風 156  魏芻 秦風 156	 秦律 10  嶽叁(四) 243

	0113 芥	0112 折		0111 蒸	0110 薪	0109 茹
芥		折	桒	⿱艹丞	薪	茹
		 不其簋 集成 04328  不其簋蓋 集成 04329				
	 秦駰玉牘 甲・正  秦駰玉牘 乙・正		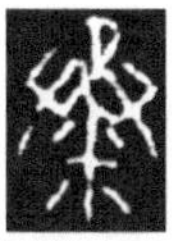 秦駰玉牘 甲・正		 六年上郡守閒戈 近出 1194 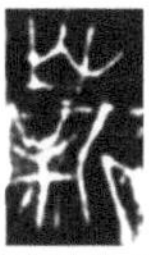 七年上郡守閒戈 近出 1193	
 秦律 126	 芥歐	 法問 75  天・乙 二三八  嶽叁(一) 125		 龍 153	 法問 123  里發 [16]6 正	 楊茹

0114	0115	0116	0117	0118	0119	0120
蒠	莎	葦	葭	荔	蒙	范
蒠	莎	葦	葭	荔	蒙	范
						見卷五「笵」。
			 廿四年戈 秦文圖 26.2			
 秦律 179  周 316	 日甲 65 背	 日甲 39 背  日甲 38 背		 秦律 4	 矦蒙  武蒙  里壹[8]126	 范賀 秦風 60  范政 秦風 210

0125	0124	0123		0122	0121	
蓬	蒿	虋		荼	芑	
蓬	蒿	虋		荼	芑	笆
 坦蓬  蓬昌	 天・乙一五五	 里壹[8]307  里壹[8]466	 龍 35	 荼豖  張荼 秦風 142	 芑眯	 笆毗 珍秦齋印 249  笆柏 陝出印 828

0126	0127		0128		0129	0130
蘇	葆		蕃		茸	蘘
蘇	葆		蕃		茸	蘘
			 六年上郡守閒戈 近出 1194			
 左蘇 秦風 213  義蘇 陝出印 890	 陶録 6.288.5  葆脩	 秦律 118  秦律 119	 秦泥考 1455	 秦律 127	 李茸 秦風 224	 尹蘘  哀蘘

0135	0134		0133	0132		0131
芾*	蓐		春	蓄		草
芾	蓐	萅	春	蓄	[illegible]	草
					 石鼓文作原	
						 青川木牘文 1982.1.11  青川木牘文 1982.1.11
 日甲 65 背	 里壹[8]395 正  嶽壹・占一九正	 秦泥考 1008  秦泥考 1010	 日甲 87 正  嶽壹・爲二五正  日乙 202	 嶽壹・爲二〇正		 日甲 159 背  天・乙六九  嶽壹・爲七四正

0142 䓍*	0141 著*	0140 蔄*	0139 萗*	0138 葉*	0137 茾*	0136 苐*
䓍	著	蔄	萗	葉	茾	苐
 陶録 6.438.1  陶録 6.452.3  公䓍 秦風 114	  陶録 6.405.3	 嶽壹・占 二〇正	 徐萗 秦風 199	 日甲 25 背 （枼）	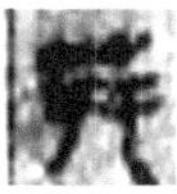 秦律 131  秦律 131	 嶽 552  嶽 312

0149	0148	0147	0146	0145	0144	0143
蘚*	蕭*	蕟*	莛*	葥*	菌*	蔑*
蘚	蕭	蕟	莛	葥	菌	蔑
 秦駰玉牘甲・正  秦駰玉牘乙・正						
 秦抄 25	 陶新 2312	 張蕟 陝出印 751	 臣莛 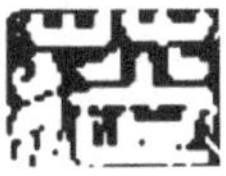 趙莛 古印菁 71	 秦律 132	 封 36	 周櫝・背

0155	0154	0153		0152	0151	0150
葬	莽	莫		藫*	蒻*	蓎*
葬	莽	莫		藫	蒻	蓎
  寺工師初壺 集成 09673						
 日乙 17  天・甲三  龍 197	 封 22	 日乙 233  周 245  嶽壹・爲 六八正	 趙莫如 秦風 188  張莫 珍秦齋印 56  莫韋	 里壹 [8]135 正	  秦律 88	  秦律 8

0156

⿱艹卉*

⿱艹卉

石鼓文
馬薦

0157

⿱艹⿱早廾*

⿱艹⿱早廾

石鼓文
馬薦

0158

⿱艹⿱尃廾*

⿱艹⿱尃廾

石鼓文
馬薦

秦文字字形表 卷二

0160 少		0159 小			
少		小			
				 不其簋 集成 04328  不其簋蓋 集成 04329	春秋
 少府矛 珍秦齋秦 110	 五年相邦 呂不韋戈 集成 11396  二年少府戈 秦銘圖 56				戰國
 秦泥考 431  莄陽少内 秦風 22	 陶録 6.34.2  陶録 6.35.1	 秦律 94  天・甲一五  龍 207  嶽叁 (一)105	 秦泥考 283  小厩南田 秦風 22	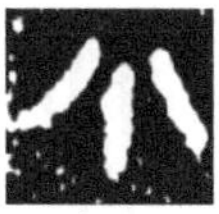 陶録 6.20.1 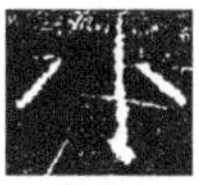 陶録 6.151.3	秦代

0163 曾	0162 分		0161 八			
曾	分		八			
 石鼓文 吳人					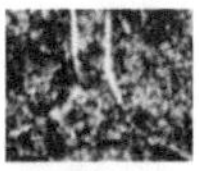 秦公簋 集成 04315 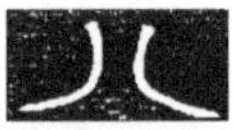 秦景公石磬 秦文圖 67	
 秦駰玉牘 甲・正  秦駰玉牘 乙・正		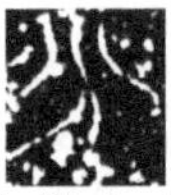 商鞅方升 集成 10372	 青川木牘 文 1982.1.11  青川木牘 文 1982.1.11	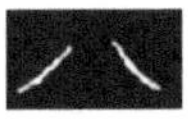 卅八年上 郡守慶戈  詛楚文 湫淵	 商鞅方升 集成 10372 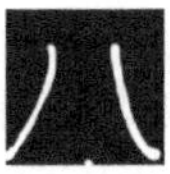 八年丞甬戈 秦文圖 34	
	 秦律 167  龍 137  嶽壹・占 三正  嶽叁(一)54	 耐分		 效 3  周 138  天・乙一七 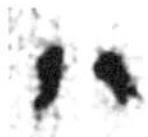 里發[9]3 正	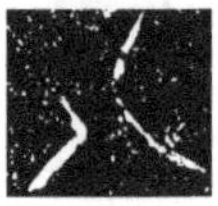 陶録 6.104.5 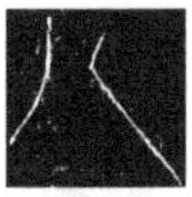 陶録 6.186.1	 秦律 180  周 369  里壹[8]156

0168 公	0167 介	0166 詹	0165 㒸	0164 尚		
公	介	詹	㒸	尚		
 不其簋 集成 04328  不其簋蓋 集成 04329	 石鼓文 田車		 秦公鐘 集成 00262  秦公鎛乙 集成 00268			
 六年漢中 守運戈 集成 11367  太后車軎 集成 12026	 詛楚文 湫淵  詛楚文 亞駝	 十七年 太后漆盒 考文 2002. 5. 64  廿九年 太后漆匳 秦文圖 27				 秦駰玉牘 乙・背
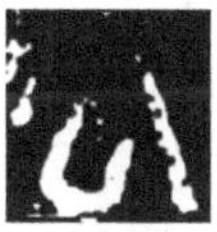 陶録 6. 36. 1  陶録 6. 277. 3	 法問 207  嶽壹・質 一三		 陶録 6. 67. 4  陶録 6. 67. 5	 效 24  龍・牘背  嶽叁(一)56	 秦泥考 645  南宮尚浴 秦風 23	 陶録 6. 154. 4  陶録 6. 237. 3

0170 余		0169 必				
余		必				
 秦公鐘 集成 00262  秦公簋 集成 04315	 不其簋 集成 04328  不其簋蓋 集成 04329				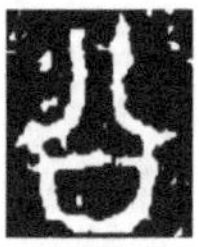 石鼓文 吾水  懷后石磬 通鑒 19817	 秦公簋 集成 04315  盄和鐘 集成 00270
	 秦駰玉牘 甲・正  秦駰玉牘 乙・正			 杜虎符 集成 12109		 詛楚文 巫咸
 日乙 26	 陶録 6.296.1  陶録 6.329.3	 里發 [16]6 正  嶽壹・占 二三正  嶽叁(一) 132	 秦律 104  天・甲三  龍 220  周 219	 必瞉  交仁必可	 秦律 104  天・甲一八  嶽壹・質 0542 正  嶽叁(一)62	 秦泥考 147  公主田印 秦風 26

0173 半			0172 悉	0171 審			
		半	悉		審		
		 秦公簋蓋外刻 集成04315				 石鼓文 吾水
 半兩 青川戰國  半兩 青川戰國	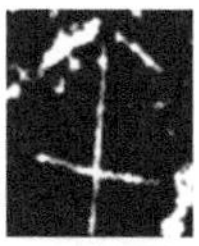 私官鼎 集成02658  廿四年戈 秦文圖26.2	 高陵君鼎 秦文圖22	 詛楚文 湫淵  詛楚文 巫咸			
 秦律111  龍164  周204  嶽貳・數77	 勿半非有	 陶録 6.94.5  陶録 6.94.6	 里發 [16]6正  嶽壹・爲 四六正	 效50  里發 [9]981正  嶽壹・爲 三二正	 審信 珍秦齋印379  審事 珍秦齋印378	

0174 牛			0175 牡	0176 特	0177 牝	0178 犢
牛			牡	特	牝	犢
				 石鼓文 遊車		
 秦駰玉牘 乙・背						
 陶録 6.12.4	 董多牛 秦風 176  牛唐 珍秦齋印 87	 效 60  龍 110  周 3  嶽壹・爲 六八正	 日甲 11 正  天・乙八四  周 368	 秦泥考 1095	 秦抄 31  天・乙 二六二  周 368	 大犢  趙犢 秦風 51

0183		0182	0181	0180	0179	
牽		牲	牟	犖	犅	
牽		牲	牟	犖	犅	
		 詛楚文 亞駝  六年漢中 守運戈 集成 11367	 高奴禾石權 集成 10384			
 日甲 55 正  周 340	 趙牽 陝出印 808	 秦律 151	 秦泥考 1620 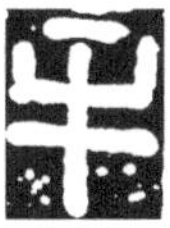 胡牟 秦風 55	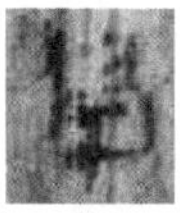 天・甲二八	 犅  李犅印	 日乙 259  龍 112  嶽貳・數 125

0188 物	0187 犀	0186 牴		0185 犂	0184 牢	
物	犀	牴		犂	牢	
 效 1 正  龍 26  里發[9]3 正  嶽貳・數 156	 爲 17	 牴  王牴 陝出印 616	 陶新 2474	 秦律 168 通「黎」。	 日甲 103 正  天・甲一五	 陶録 6.405.2

	0194 告	0193 ⿱埶牛	0192 犛	0191 ⿰牛貫*	0190 ⿰牛恩*	0189 ⿰牛亢*
	告	⿱埶牛	犛	⿰牛貫	⿰牛恩	⿰牛亢
 詛楚文 湫淵	 秦駰玉牘 甲·正  秦駰玉牘 甲·正					
 嶽叁(一)53	 秦律 139  龍 39  周 249  里壹 [8]134 正	 張⿱埶牛 秦風 204  ⿱埶牛蟜	 秦泥考 1307  秦泥考 1308	 爲 17	 楊⿰牛恩 秦風 184	 陶新 1621

0201	0200	0199	0198	0197	0196	0195
名	吸	味	嗛	哆	吻	口
名	吸	味	嗛	哆	吻	口
 盄和鐘 集成 00270  懷后石磬 通鑒 19817						
 高奴敦 新收 639  卌年銀耳杯 新收 1078						
 更名	 亭吸	  日甲 33 背	 里壹 [8]682 正	 鄭哆	 封 66	 封 66  天・甲二二  嶽壹・質 0080 正

0203 君　　　　0202 吾

君		⿺辶敔	⿺辶⿰吾午	⿰彳吾	吾	
 懷后石磬 通鑒 19817	 石鼓文 汧沔  石鼓文 ⿺辶⿰吾午車	 石鼓文 ⿺辶⿰吾午車	 石鼓文 吾水  石鼓文 ⿺辶⿰吾午車			
 詛楚文 湫淵	 杜虎符 集成 12109  高陵君鼎 秦文圖 22			 詛楚文 湫淵  詛楚文 巫咸	 秦駰玉牘 甲・正  秦駰玉牘 乙・正	 四年相邦 樛斿戈 集成 11361  吾宜戈 集成 10936
 日乙 250  天・甲一四  周 326  嶽壹・占 四〇正	 長安君  君				 日甲 33 背  日甲 33 背  嶽叁(二) 180	 潘吾 陝出印 814

0207 唯	0206 問	0205 召			0204 命	
唯	問	召			命	
 不其簋 集成 04328  不其簋蓋 集成 04329					 秦公簋 集成 04315  盄和鐘 集成 00270	 不其簋 集成 04328  不其簋蓋 集成 04329
 詛楚文 湫淵						
 日乙 146  嶽壹・爲三七正	 法問 6  龍 206  周 235  嶽叁(一) 130	 日甲 24 背  日甲 24 背	 封 93  嶽壹・質 0702 正	 召亭之印 秦風 31  召□		 日乙 135  周 251

0211 啟　　0210 台　　0209 嘑　　0208 和

啟		台	嘑	和		
						 懷后石磬 通鑒 19817
 里發 [16]5 背 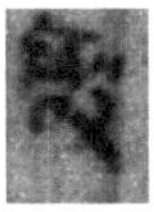 里發 [16]6 背	 楊啟 秦風 135  張啟方 秦風 163	 日甲 112 正 （始）  里發 [K11]2	 周 330  周 376	 法問 148  周 378  嶽貳・數 69	 和眾 珍秦齋印 377  和眾 陝出印 1705	

0213 右 右			0212 咸 咸			
 石鼓文 田車	 秦公鐘 集成 00262  秦公鎛乙 集成 00268	 秦子戈 新收 1349  秦子矛 集成 11547			 秦景公石磬 秦文圖 59  秦景公石磬 秦文圖 61	 秦公簋 集成 04315  盄和鐘 集成 00270
 廿九年太后 漆匳 秦文圖 27  卌一年 銀耳杯 新收 1077	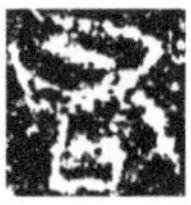 宗邑瓦書 秦陶 1610  新郪虎符 集成 12108	 杜虎符 集成 12109			 咸陽鼎 秦文圖 51  詛楚文 巫咸	 十三年相邦 義戈 集成 11394  寺工矛 近出 1212
 秦抄 23  天・乙 二五四  周 244  嶽壹・質 0567 正	 陶録 6.235.4  秦泥考 6  秦泥考 9	 陽陵虎符 近出 1255  陶録 6.66.1	 陶録 6.58.1  陶録 6.59.1	 秦律 93  周 337  嶽壹・爲 四七正	 秦泥考 1180	 陶録 6.5.1 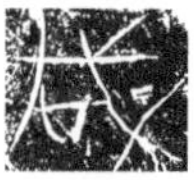 陶録 6.150.2

<table>
<tr><td colspan="2">0216
周</td><td colspan="3">0215
吉</td><td colspan="2">0214
啻</td></tr>
<tr><td colspan="2">周</td><td colspan="3">吉</td><td colspan="2">啻</td></tr>
<tr><td></td><td></td><td></td><td>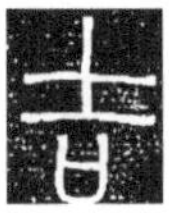
秦景公石磬
秦文圖 82

吉爲劍
集成 11586</td><td>
不其簋
集成 04328

不其簋蓋
集成 04329</td><td></td><td></td></tr>
<tr><td>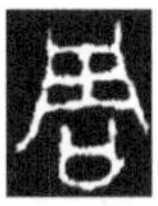
秦駰玉牘
甲・正

秦駰玉牘
乙・正</td><td>
宗邑瓦書
秦陶 1610

卌年上郡
守起戈
秦銘圖 33</td><td></td><td></td><td>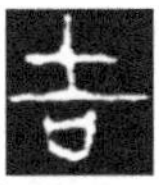
秦駰玉牘
甲・正

詛楚文
巫咸</td><td></td><td></td></tr>
<tr><td>
封 66

周 133

嶽壹・占
二八正</td><td>
周杜
秦風 178

周祠
陝出印 718</td><td>
日乙 191

天・甲四七

周 142
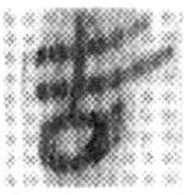
嶽壹・占
四正</td><td>
方將吉印

吉行</td><td>
陶録
6.4.1</td><td>
日乙 134

天・乙
二六三</td><td>
馬啻得
陝出印 572</td></tr>
</table>

口部

0221 吝	0220 嘵	0219 嘖	0218 吒	0217 唐		
吝	嘵	嘖	吒	唐		
 日甲 130 正  日甲 130 正	 李嘵 秦風 85	 垣嘖私印  橋嘖	 陶新 1568	 天・乙 二九四  里壹[8]92  嶽叁(一) 126	 牛唐 珍秦齋印 87  李唐 秦風 79	 陶録 6.267.2

0227	0226	0225	0224	0223		0222
局	唬	咼	嗀	哀		各
局	唬	咼	嗀	哀		各
	 盄和鐘 集成 00270					 秦公簋 集成 04315  石鼓文 田車
 爲 1		 日甲 27 背  日甲 28 背	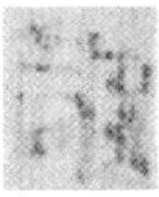 天・志五	 爲 31  嶽叁(二) 141	 秦律 139  龍 142  里發 [16]6 正  嶽叁(一)30	 陶録 6.457.2  李各

0232 喪	0231 哭	0230 單		0229 嚴		0228 噂*
喪	哭	單		嚴		噂
 秦政伯喪戈 珍秦齋秦 42  有司伯喪矛 珍秦齋秦 46				 秦公簋 集成 04315  盄和鐘 集成 00270	 不其簋 集成 04328  不其簋蓋 集成 04329	 秦公簋 集成 04315
 南鄉喪吏 秦風 29  喪尉 秦風 36	 日甲 154 背  日乙 191 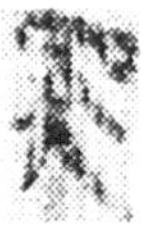 天・乙 二九四	 周 313  里壹[8]92  嶽叁(一) 115	 單志 秦風 169		 爲 4  爲 8	

0236 赴	0235 趨			0234 走	0233 署*	
赴	趨			走	署	
				 石鼓文 馬薦	 不其簋 集成 04328  不其簋蓋 集成 04329	
 嶽叁(一) 103	 秦泥考 1511	 日甲 13 背  里發 [9]984 背  嶽壹・質 三四正	 秦泥考 1542  走士	 陶新 2272  陶新 2275		 日甲 136 背  日乙 57 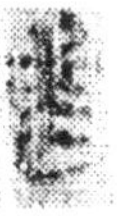 天・乙 一〇七

0241	0240			0239	0238	0237
趙	趞			越	趫	趣
趙	趞			越	趫	趣
	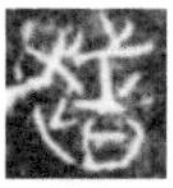 廿七年上守趞戈 集成 11374  卌年上郡守起戈 集成 11370					
 趙	 趙趞 珍秦齋秦 42  王趞 秦風 177	 秦抄 25  周 363  里發[9]8 正  嶽叁(一)1	 王越 秦風 187  越	 陶録 6. 54. 3  陶録 6. 159. 3	 鮮于趫  趫	 法問 199

0245			0244	0243		0242
趆			趙	趍		起
趆			趙	趍		起
						 卌年上郡守起戈 近出 1192
 秦抄 8	 編 25.2	 趙游 珍秦齋秦 136  趙季 陝出印 809	 陶新 2921  陶新 2936	 趍	 日乙 24  嶽壹・質二九	 梁起 秦風 176  張起 珍秦齋印 320

0251	0250	0249	0248		0247	0246
遽*	趄*	趃*	趌*		趯	越
遽	趄	趃	趌		趯	越
	 秦景公石磬 秦文圖 60					
					 高陵君鼎 秦文圖 22	
 日甲 70 背		 陶録 6.455.2	 吕趌 秦風 72	 陶録 6.17.4  陶録 6.18.1		 州越

0252	0253		0254		0255	
趚*	止		歫		前	
趚	止		歫		前	
 石鼓文 田車	 石鼓文 田車  石鼓文 霝雨					
	 陶新 1885	 法問 1 用作「趾」。  龍 262  周 330  嶽叁(二) 198	 楊歫 秦風 147	 封 80	 前	 法問 12  周 342  嶽叁(四) 238

0260	0259	0258	0257		0256	
登	走	𧾷戔*	歸		歷	
登	走	𧾷戔	歸		歷	
				 不其簋 集成 04328  不其簋蓋 集成 04329		
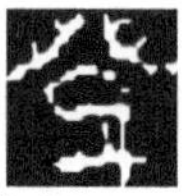 陶新 1934  魏登 秦風 103  張登 陝出印 748	 姚走 秦風 174	 里壹[5]5	 秦律 46  周 352  里壹 [8]135 正  嶽壹・質 三七	 馬歸 秦風 222  郭歸 秦風 227	 嶽壹・爲 七七正	 秦泥考 1386

0263 此		0262 歲		0261 步		
此		歲		步		
 安邑下官鍾 集成 09707	 秦駰玉牘 甲・背  秦駰玉牘 乙・背				 青川木牘 文 1982.1.11  青川木牘 文 1982.1.11	
 陶録 6.296.1	 美陽權 秦銘圖 183  大騩權 秦銘圖 131	 萬歲  萬歲 陝出印 1741	 陶新 3161	 封 59  周 343  里壹 [8]2161  嶽叁(四) 242	 秦泥考 1471  步强	 里壹[8]429  嶽壹・占 六正

	0266	0265			0264	
	是	乏			正	
	是	乏			正	
 秦景公石磬 秦文圖 59  石鼓文 而師	 秦公簋 集成 04315  盄和鐘 集成 00270					
	 宗邑瓦書 秦陶 1610  詛楚文 湫淵		 青川木牘 文 1982.1.11	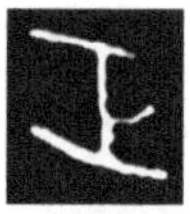 工師文罍 秦文圖 28 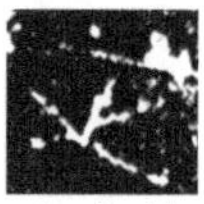 私官鼎 集成 02658	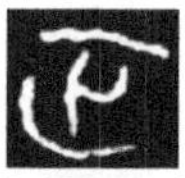 秦駰玉牘 甲・正  秦駰玉牘 乙・正	
 秦律 24  周 143  嶽叁(一)82	 陶録 6.328.1  李是家印	 秦律 115  法問 164	 效 3  龍 116  嶽壹・爲 四四正	 秦泥考 392  下正 陝出印 1679	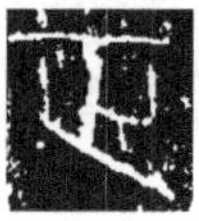 陶新 1858  陶新 2311	 日乙 111  天・乙 一二五  里發 [9]981 正  嶽叁(一) 103

0272 隨	0271 延		0270 徒	0269 邁	0268 逨	0267 迹
隨	延		徒	邁	逨	迹
			 石鼓文 鑾車  石鼓文 鑾車	  秦公簋 集成 04315 用作「萬」。		
					 詛楚文 亞駝  詛楚文 巫咸	
 司馬隨 秦風 195	 陶新 2046	 秦抄 20  龍 197  嶽叁(一)53	 杜徒 陝出印 712  徒穿			 封 1  龍 73

0277 進	0276 遺	0275 過		0274 適		0273 述
進	遺	過			適	述
	 石鼓文 遊車					
						 詛楚文 湫淵 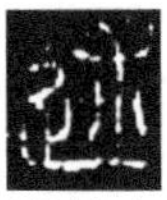 詛楚文 巫咸
 進欬		 秦律 90  龍 48  周 247  嶽叁(一)95	 王過 陝出印 648  戰過	 秦律 151  法問 51	 馬適詡 秦風 185  馬適士 珍秦齋印 279	 嶽貳・數 145  嶽貳・數 191

0279 遝

0278 造

遝	窖		造			
	 懷后石磬 通鑒 19817	 秦子戈 新收 1349  秦政伯喪戈 珍秦齋秦 42				
			 十三年相邦義戈 集成 11394  上造但車軎 集成 12041	 十九年大良造鞅殳鐓 近出 1249  高奴禾石權 集成 10384	 十六年大良造庶長鞅戈鐓 集成 11911  商鞅方升 集成 10372	
 法問 143  嶽叁(一)10			 嶽叁(一)55	 法問 113 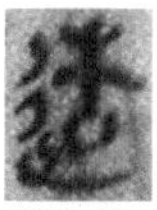 里發[9]6 正  周 2534	 秦泥考 1203  上造段周	 嶽壹・爲二〇正

0283	0282	0281		0280		
遇	迎	逆		遨		
遇	迎	逆		遨		
 任遇 秦風 57  召遇	 姚迎 秦風 203	 日甲 44 正  日甲 51 背  里發[9]8 正	 田逆	 編 3  里發 [9]11 正	 陳遨 秦風 172  乘馬遨印	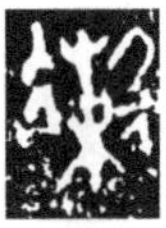 陶録 6.53.4  陶録 6.151.3

0287		0286	0285		0284	
遷		徙	通		逢	
遷		徙	通		逢	
					 石鼓文 吴人	
 投遷  遷	 效 19  龍 121  嶽壹・爲 七二正	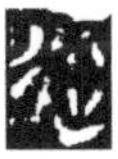 陶新 2121 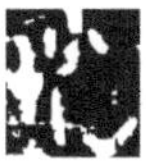 陶新 2120	 封 69  法問 181	 日甲 76 正  嶽叁(二) 181	 逢虎  逢襄	 日乙 17  天・甲五五  嶽壹・爲 四二正

0292	0291	0290		0289	0288	
避	逮	遣		送	還	
避	逮	遣		送	還	
	 石鼓文 霝雨					
 語 6  嶽叁(一) 130	 秦律 70  嶽壹・質 0720 正	 封 14 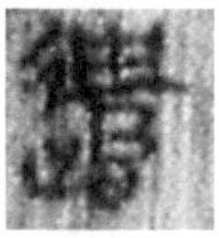 里發 [9]981 正	 日甲 90 正  里壹 [8]1350	 沈登傳送	 日甲 57 背	 里壹[6]2  里發[9]3 背

0296	0295		0294		0293	
逑	連		逯		達	
逑	連		逯		達	
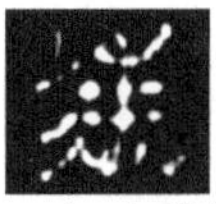 二年上郡守冰戈 集成 11399						
	 日甲 26 背	 連蚖 秦風 67  連戎 秦風 70	 嶽叁(二) 179	 逯虒  徐逯	 日乙 19  嶽叁(一)52	 秦泥考 1535  王達

0300	0299		0298		0297	
逃	遂		遺		逋	
 天·甲一八	 嶽壹·爲五九正  嶽壹·占二〇正	 公孫遂  毛遂 秦風 216	 效 28  龍 125  嶽叁(一)109	 翟遺  王遺 陝出印 650	 封 14   龍 47	 陶新 1573

0306	0305	0304	0303		0302	0301
遏	邋	近	逎		逐	追
遏	邋	近	逎		逐	追
						 不其簋 集成 04328  不其簋蓋 集成 04329
 嶽壹・爲 二〇正	 日乙 9  日乙 19  龍 203	 秦律 2  嶽壹・爲 七九正	 嶽叁(二) 179  嶽叁(二) 183	 日乙 199  里壹 [8]1406  周 217	 殷逐	 秦律 185  里發[9]8 正  嶽叁(一)18

0312	0311	0310		0309	0308	0307
道	邍	迁		遠	迣	遮
道	邍	迁		遠	迣	遮
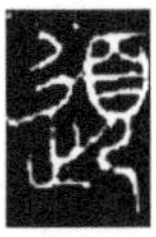 詛楚文 亞駝	 石鼓文 鑾車  石鼓文 作原					
 青川木牘 文 1982. 1. 11  青川木牘 文 1982. 1. 11						
 陶録 6. 7. 2  陶録 6. 296. 2		 陶新 2083	 周 139  里發[9]9 正  嶽叁(四) 242	 平陽銅權 秦銘圖 182  美陽權 秦銘圖 183	 爲 14  周 53  嶽壹・爲 一四正	  日甲 8 正

0316 进	0315 迄	0314 邊	0313 遽			
进	汔	邊	遽			
	 石鼓文 霝雨					
		 詛楚文 湫淵  詛楚文 巫咸				
 龍 160		 秦律 62  周 139	 日甲 56 背  日甲 67 背	 遽更  遽圂	 語 2  里發[9]3 正  嶽壹・爲 八七正	 西道

0323	0322	0321	0320	0319	0318	0317
德	遽*	違*	遄*	逌*	迪*	隧
德	遽	違	遄	逌	迪	隧
 秦公簋 集成 04315  盄和鐘 集成 00270			 石鼓文 作原		 石鼓文 鑾車  石鼓文 吾水	
 詛楚文 湫淵  詛楚文 亞駝						
 北私府橢量 秦銘圖 147  大騩權 秦銘圖 131	 陶録 6.321.4	 日乙 21		 秦逌 陝出印 731		 嶽叁(一) 103

0328	0327	0326		0325	0324	
徵	彼	往		復	徑	
徵	彼	往		復	徑	
				 石鼓文 而師		
			 詛楚文 湫淵  詛楚文 亞駝	 秦駰玉牘 乙・背  秦駰玉牘 乙・背		
 法問 48  嶽壹・爲 一四正	 效 35  天・甲六	 日乙 150  嶽壹・爲 八〇正  嶽叁(一)8		 效 33  龍 8  嶽叁(一)96	 里壹[8]426  里壹 [8]1787  嶽壹・爲 七九正	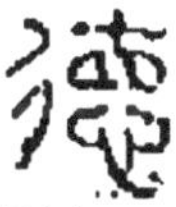 秦泥考 1280  李德

0333	0332				0331	0330	0329
退	徐				微	彶	循
退	徐				微	彶	循
					 石鼓文 作原	 不其簋 集成 04328  不其簋蓋 集成 04329	
 獄叁(三) 230	 日乙 34  里發[9]6 正  獄壹・爲 三二正	 秦泥考 1409  徐景 秦風 219  徐汧 陝出印 717	 陶録 6.452.2  陶録 6.459.2		 爲 5  獄叁(二) 168		 法問 187  周 260

		0336 得	0335 很			0334 後
		得	很			後
		 秦駰玉牘 甲・正 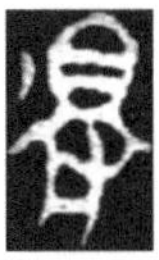 秦駰玉牘 乙・正				
 法問 23  龍 64  周 207  里發 [9]981 正	 韓得 秦風 229  焦得 秦風 55	 陶録 6.128.4  陶録 6.238.5	 王很	 語 2  周 219  嶽叁(一)35	 上官後來 珍秦齋印 119	 美陽權 秦銘圖 183  平陽銅權 秦銘圖 182

0337	0338			0339	0340	0341
律	御			[彳屰]*	俉*	[彳金]*
律	御			[彳屰]	俉	[彳金]
	 不其簋 集成 04328  不其簋蓋 集成 04329				與本卷「吾」字異體形同。	
 青川木牘 文 1982.1.11	 宗邑瓦書 秦陶 1610  宗邑瓦書 秦陶 1610					
 秦律 10  龍 150  里發[9]1 背  嶽叁(一) 110	 秦泥考 865  趙御	 陶新 1972  陶新 2373	 秦抄 3  龍 59  周 241  嶽叁(一)14	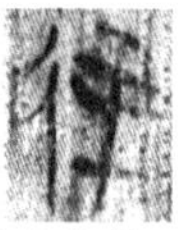 里壹[8]314	 馮雲俉 珍秦齋印 121	 陶録 6.4.2

0346	0345			0344	0343	0342
建	延			廷	⿰彳睪*	⿰彳或*
建	延			廷	⿰彳睪	⿰彳或
			 秦景公石磬 秦文圖 76  秦景公石磬 秦文圖 77	 秦公簋 集成 04315  盄和鐘 集成 00270		 石鼓文 作原
 陶録 6.320.3  李建 秦風 181  楊建 秦風 68	 亀延	 陶録 6.68.6		 秦律 10  周 163  里發 [9]981 正  嶽叁(二) 175	 日乙 140	

0349 行			0348 迺	0347 延		
		行	迺		延	
 青川木牘 文 1982.1.11	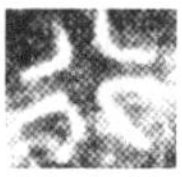 杜虎符 集成 12109  新郪虎符 集成 12108	 秦駰玉牘 甲・正  秦駰玉牘 乙・正				
 秦律 2  龍 46  周 239  里發[9]1 背	 秦泥考 315  正行	 陶録 6.143.1  陶録 6.143.5	 嶽叁(一)1  嶽叁(一)73  嶽叁(一)99	 法問 160	 秦泥考 1473  高延	 日乙 31  天・甲五  嶽叁(一) 125

0353 衛	0352 衝	0351 街		0350 術		
衛	衝	街		術		
						 仲滋鼎 新收 632  石鼓文 霝雨
 詛楚文 湫淵 通「率」。  詛楚文 亞駝						 詛楚文 巫咸 按：楚文字用作「道」。
 爲 17  法問 198  嶽壹・爲 四正	 日乙 34  日乙 35  龍 46	 封 21  周 247  嶽壹・質 0069 正	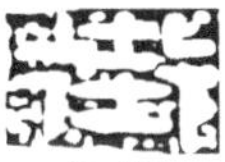 街鄉	 爲 37 用作「怵」。  嶽壹・爲 七八正  嶽叁[4]242	 陳術 秦風 225	

	0356		0355			0354
	齒		衖*			衞
	齒		衖			衞
			「巷」字重見。			
	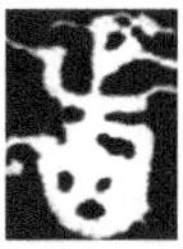 秦駰玉牘 甲·背					
 爲 17  天·甲二四  周 326	 段齒 秦風 188  史齒 秦風 214	 日甲 83 背	 秦泥考 563  秦泥考 566	 秦律 196  日甲 82 背	 秦泥考 160  衞嘉	 陶録 6.288.1  陶録 6.288.2

0357 齔

齔

吳齔
珍秦齋印 207

0358 齜

齜

江齜
珍秦齋印 306

0359 齮

齮

殷齮

姚齮
珍秦齋印 76

公孫齮
秦風 160

0360 齰

齰

里壹
[8]704 正

秦泥考 1465

里壹
[8]1938

0361 齕

齕

莊齕

0362	0363	0364	0365	0366	0367	0368
齧	齹	牙	猗	齵	足	蹏
齧	齹	牙	猗	齵	足	蹏
			 十三年上郡守壽戈 秦文圖 21 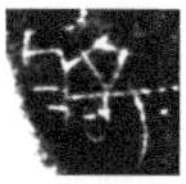 十五年上郡守壽戈 集成 11405		 秦駰玉牘乙・背	
 法問 83  法問 88	 高齹 《新見戰國古璽印一一七方》，《中國古文字研究》第一輯，一九九九年。	 陶録 6.293.1		 周 326  周 326	 封 47  周 337  嶽壹・占四三正	 蹏置 从「虎」。

0374 踐*		0373 路	0372 蹇	0371 踐	0370 蹻	0369 踦
踐		路	蹇	踐	蹻	踦
		 秦駰玉牘 乙・背				
 秦律 78  秦律 129 用作「足」。	 嶽壹・爲 五九正  嶽叁(二) 195	 路夫 秦風 72  路差 秦風 117	 天・乙七一	 封 68  周 337  里發 [16]6 正	 王蹻	 周踦

	0379	0378	0377		0376	0375
	扁	嗣		龢	龠	枲
	扁	嗣		龢	龠	枲
		 有司伯喪矛  石鼓文 而師	 盄和鐘 集成 00270  秦景公石磬 秦文圖 84	 秦公鐘 集成 00262  秦公鎛甲 集成 00267		
		 詛楚文 湫淵  詛楚文 巫咸				
	 天・甲三二  周 321 用作「蝙」。  里發 [9]981 背	 旬邑權 秦銘圖 131  兩詔銅權 秦銘圖 175			 爲 9  嶽壹・爲 六二正	 日甲 31 背  日甲 33 背  嶽壹・占 一六正

秦文字字形表　卷三

0383 干	0382 舌		0381 器	0380 嚻	
干	舌		器	嚻	
			 秦公簋器外刻 集成 04315	 仲滋鼎 新收 632	春秋
			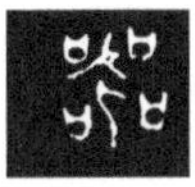 王兵戎器 秦風 19		戰國
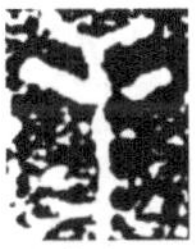 陶録 6.73.4  陶録 6.270.3	 封 69 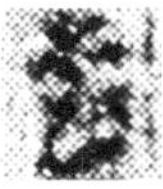 天・乙 二九六  嶽貳・數 64	 封 93  嶽叁(一)57  嶽壹・爲 八三正	 陶録 6.4.1  市器 秦風 35		秦代

0386 拘	0385 句	0384 商				
拘	句	商				
				 秦公鐘 集成 00262  秦景公 石磬 1		
 詛楚文 湫淵  詛楚文 巫咸	 秦駰玉牘 乙・背					
	 爲 51	 日甲 145 正  嶽壹・質 0069 正	 秦泥考 1330  秦泥考 1331	 陶新 3302  陶録 6.461.1	 秦律 172  效 31  封 39	 秦泥考 1375  干招印

0391 十		0390 古	0389 糾	0388 鉤		0387 笱
十		古	糾	鉤		笱
 不其簋 集成 04328  不其簋蓋 集成 04329		 石鼓文 而師				
 秦駰玉牘 甲・正  詛楚文 湫淵						
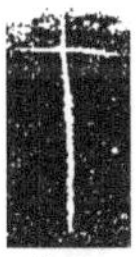 陶録 6.175.1 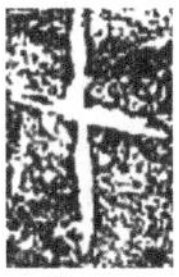 陶録 6.176.2	 法問 192  日甲 113 正	 陶録 6.89.1  陶新 2057	 里發 [9]10 背	 嶽壹・占 二六正	 周 352  日甲 157 背  周 326	 笱競  笱樊于

0394 博		0393 千			0392 丈	
	博			千	丈	
						 秦公簋 集成 04315  盄和鐘 集成 00270
				 青川木牘 文 1982.1.11 用作「阡」。  青川木牘 文 1982.1.11		 杜虎符 集成 12109  十三年 少府矛 集成 11550
 嶽壹・質 0068 正	 陶録 6.295.2  陶録 6.296.1 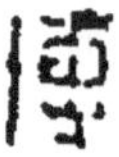 秦泥考 1606	 秦律 164  法問 40  龍 154  嶽貳・數 113	 千秋 陝出印 1740  千金 珍秦齋印 381	 陶録 6.104.5  陶録 6.282.4	 日甲 45 背  封 79  嶽貳・數 177	 效 14  龍 191  里壹[8]147  嶽叄(一)91

0398 卌		0397 世	0396 卅		0395 廿	
卌		世	卅		廿	
				石鼓文 作原		
三年詔事鼎 集成 02651	卌年上郡守起戈 近出 1192 卌一年銀耳杯 新收 1077	詛楚文 亞駝 秦駰玉牘 乙・正	工師文罍 秦文圖 28	十九年寺工鈹 1 秦銘圖 88 卅三年詔吏戈 秦銘圖 48	廿二年臨汾守曋戈 集成 11331	宗邑瓦書 秦陶 1610 廿年相邦冉戈 集成 11359
秦律 95 龍 27 里壹[6]1 正 嶽叁(二) 169	陶録 6.184.4 陶録 6.184.6	日乙 170	秦律 143 周 264 嶽貳・數 78	陶録 6.184.2 陶録 6.185.2	效 8 天・甲六九 龍 186 嶽叁(一)91	陶録 6.291.3 陶録 6.376.1

0404	0403	0402	0401	0400	0399	
請	諒	謂	談	語	言	
請	諒	謂	談	語	言	
		 石鼓文 吾水				
 秦駰玉牘 甲・背						
 日乙 39  龍 8  周 203  嶽叁(一)15	 封 4  嶽叁(二) 202	 日甲 104 正  里發[9]5 背  嶽叁(一)70	 陶録 6.152.1  陶録 6.152.3	 日甲 165 正  周 211  嶽壹・占 四正	 日乙 122  天・甲一四  龍 21  嶽叁(一)70	 方言身  悊言 陝出印 1689

0408	0407		0406		0405	
諸	讎		許		謁	
諸	讎		許		謁	
 大騩權 秦銘圖 131  旬邑權 秦銘圖 131  北私府橢量 秦銘圖 147	 日乙 87  嶽叄(二) 143	 讎主  張讐 秦風 101	 秦律 61  周 251  嶽叄(三) 230	 陶録 6.409.4  許昌 秦風 230  許悍	 秦律 173  秦律 174  周 189  嶽壹・質 0619 正	 秦泥考 1052  秦泥考 1058

0413	0412	0411	0410	0409		
議	論	謀	誨	讀		
議	論	謀	誨	讀		
			 不其簋 集成 04328  不其簋蓋 集成 04329			
 法問 83  嶽叁(一)24  嶽叁(一)94	 效 35  龍 21  周 53  嶽叁(一)99	 法問 12  嶽叁(一)53  嶽叁(一)69		 龍 66  里壹[8]775	 龍 31  龍 103	 放諸

0418		0417	0416	0415		0414
誠		信	謹	訊		識
誠		信	謹	訊		識
				 不其簋 集成 04328  不其簋蓋 集成 04329		
 中精 外誠		 文信 錢典・先秦 610				
 秦律 184  嶽叁(一) 129	 爲 7  里發[16]12  嶽壹・爲 二八正	 陶新 1612  審信  中信	 封 68  嶽壹・爲 四三正  嶽叁(三) 236	 封 61  嶽叁(一)90  嶽叁(二) 202	 封 36 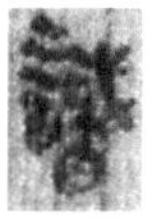 里發[9]3 正  嶽叁(一) 110	 李不識 秦風 128  不識

0424	0423	0422	0421	0420		0419
計	説	訢	試	課		詔
計	説	訢	試	課		詔
					 五年相邦呂不韋戈 集成 11380  八年相邦呂不韋戈 集成 11395	 詔吏戈 秦銘圖 48  五十年詔吏宕戈 秦文圖 31
 秦律 124  里壹[8]774 正  嶽叁(一)97	 日乙 17  日乙 23  周 254  嶽壹・爲五〇正	 章訴	 秦律 100  效 46  嶽壹・爲二五正	 秦律 20  語 8  嶽壹・爲八七正	 陶録 6.343.1  詔發	 武城橢量 秦銘圖 109  平陽銅權 秦銘圖 182

0431	0430	0429	0428	0427	0426	0425
譓	誧	詷	詡	謙	諉	諈
譓	誧	詷	詡	謙	諉	諈
 爲 8	 法問 106  里壹[8]135 正	 日甲 157 背  龍 74	 陶録 6.148.1  陶録 6.154.2  詡	 嶽叁(二)148  嶽叁(二)168	 陶録 6.105.2	 日甲 82 背

0437	0436	0435	0434		0433	0432
講	詣	訝	謼		謝	譽
講	詣	迓	謼		謝	譽
 張講 秦風 99  王講 秦風 54  覃講	 秦律 115  日乙 107 36  嶽叁(一)38	 日甲 57 背	 日甲 33 背  日甲 111 背	 里壹[8]988  嶽壹・爲 二六正	 陶録 6.329.1  謝季 秦風 83  謝翔	 法問 51

0438	0439	0440	0441	0442	0443	0444
謄	譊	諎	謷	詑	謾	誁
謄	譊	諎	謷	詑	謾	誁
 宋譊之印 秦風 47  譊姊	 嶽叁(二) 140	 公孫諎	 里壹[8]489	 里壹 [8]461 正  嶽叁(一)70	 里發 [9]981 正  里發 [9]981 正	 日乙 17  龍 4  里壹 [8]1423

0450		0449	0448	0447	0446	0445
誤		䜌	詛	謗	誣	詒
誤		䜌	詛	謗	誣	詒
		 秦公簋 集成 04315  秦公鎛甲 集成 00267				
			 詛楚文 湫淵  詛楚文 亞駝			
 效 44  嶽叁(一)95  嶽叁(一) 105	 王誤 秦風 193		 法問 59	 爲 8	 法問 117  法問 119	 日甲 166 正

0457	0456	0455	0454	0453	0452	0451
訏	詐	讙	訇	譪	訮	訾
訏	詐	讙	訇	譪	訮	訾
 語 12	 語 2  爲 34	 櫟讙  顏讙  讙	 訇子	 趙譪	 嶽叁(二) 148	 秦律 126  里發[9]4 正  嶽叁(一) 130

0463	0462	0461	0460	0459	0458	
讓	諯	譴	譖	訟	讐	
讓	諯	譴	譖	訟	讐	
					 四年相邦呂不韋戈 集成 11308	 二年寺工讐戈 集成 11250  三年相邦呂不韋戟 秦銘圖 61
 陶録 6.448.1  陶録 6.448.3	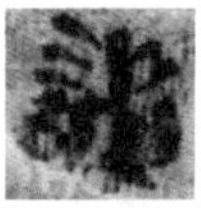 里壹 [8]1046	 日乙 168  日乙 174  里壹 [8]461 正	 嶽叁(二) 143	 周 189  周 191		 李讐 珍秦齋印 169  王讐 陝出印 643

0468		0467	0466	0465	0464	
謏		詘	詰	誶	譙	
謏		詘	詰	誶	譙	
		 高奴禾石權 集成 10384				
  封 36  里壹[8]944	 里壹 [8]172 背	 吴詘 珍秦齋印 83  孫詘  張詘	 封 2  日甲 24 背  嶽叁(一) 102	 效 8  效 1  龍 193	 萸譙	 爲 11  龍 4  嶽壹・爲五二正

0469 誰	0470 診	0471 訽	0472 諜		0473 詢	0474 訊*
誰	診	訽	諜		詢	訊
 編 53.1	 秦律 18  嶽叁(二) 151  嶽叁(四) 241	 日甲 8 背 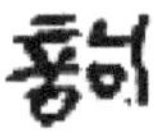 日甲 9 背	 楊諜 秦風 94	  封 92 用作「牒」。	 語 12	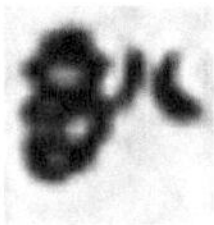 語 12

0481 ⿰言再*	0480 ⿰言冉*	0479 ⿰言至*	0478 詠*	0477 ⿰言亡*	0476 訑*	0475 ⿰言弋*
⿰言再	⿰言冉	⿰言至	詠	⿰言亡	訑	⿰言弋
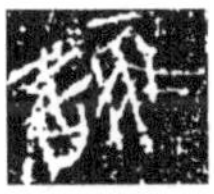 陶録 6.153.1  陶録 6.152.4	 陳⿰言冉	 語 12	 日甲 81 背	 審⿰言亡  審⿰言亡	 封 2  封 4	 陶録 6.65.1  陶録 6.65.3

0486 競		0485 善		0484 謕*	0483 譪*	0482 諆*
競		善		謕	譪	諆
 詛楚文 湫淵  詛楚文 亞駝	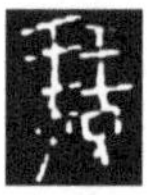 七年相邦 呂不韋戟 新收 645					
 天・乙 二八一  周 27 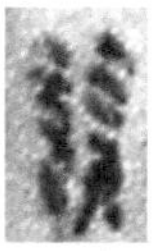 里壹 [8]134 正	 高居檪競 秦風 197  張競 秦風 64	 秦抄 15  日乙 58  周 213  嶽壹・占 三正	 陶録 6.8.3  善身 陝出印 1686  善守	 封 54  封 62 「啼」字異體。	 日乙 145 用作「號」。	 陶録 6.198.1

0490 妾		0489 童		0488 章		0487 音
妾		童		章		音
					 石鼓文 鑾車	 秦公鎛丙 集成 00269  盄和鐘 集成 00270
			 宗邑瓦書 秦陶 1610		 詛楚文 湫淵 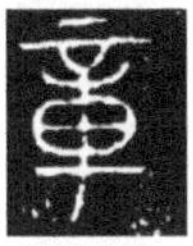 詛楚文 亞駝	
 秦律 95  封 42  嶽叁(一) 112	 苗妾 秦風 86  妾挐	 秦抄 32  天・乙 一四四  嶽貳・數 177	 秦泥考 1466  馬童 秦風 182	 里壹 [8]1641	 陶録 6.252.6  陶録 6.303.3  秦泥考 191	 封 54  天・乙 三二一  嶽叁(二) 154

	0495	0494		0493	0492	0491
	丞	奉		僕	叢	業
	丞	奉		僕	叢	業
	 石鼓文 汧沔	 秦公簋器 外刻 集成 04315				 秦公簋 集成 04315  盄和鐘 集成 00270
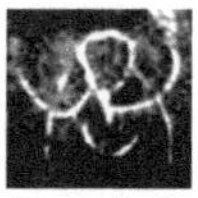 十五年上 郡守壽戈 集成 11405  王廿三年戈 珍秦齋秦 68	 高奴禾石權 集成 10384 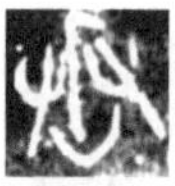 高陵君鼎 新收 815					
 秦抄 10  龍・牘正  里發[9]3 背  嶽叁(一)13	 陶録 6.381.1  秦泥考 162	 李奉 秦風 56  張奉 陝出印 753	 秦律 113  秦律 180  嶽叁(一)53	 僕央  司馬僕 珍秦齋印 125	 日甲 67 背	 嶽壹・爲 六六正

0500		0499	0498	0497	0496	
戒		弄	畀	弇	弅	
戒		弄	畀	弇	弅	
				 石鼓文吾水		
						 四年相邦呂不韋戈集成 11308  青川木牘文 1982.1.11
 爲 40  天・乙二四五  嶽壹・爲二八正	 日甲 69 背	 秦泥考 1079  弄狗厨印秦風 22	 畀毋齒		 陶新 2964	

0501 兵		0502 龔	0503 具			0504 樊
兵		龔		具		樊
		 秦公簋 集成 04315  秦景公石磬 秦文圖 59	 盄和鐘 集成 00270	 秦公鐘 集成 00262  秦公鎛丙 集成 00269	 石鼓文 而師	
 杜虎符 集成 12109 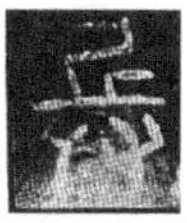 新郪虎符 集成 12108	 詛楚文 湫淵  王兵戈器 秦風 19					
 陶新 1338	 秦律 102  周 297  嶽叁(四) 243	 孔龔 陝出印 661	 日甲 79 背  嶽壹·爲 三二正	 秦泥考 1017	 龍 181  里發 [9]981 正  嶽叁(一)75	 趙樊 珍秦印展 118  笱樊於

0509 戴	0508 異		0507 共		0506 龹*	0505 卉*
戴	異		共		龹	卉
		 石鼓文 鑾車  懷后石磬 通鑒 19817				
 戴穆 秦風 129  戴挐印 陝出印 829	 爲 46  周 350  嶽叁(一) 1323	 公耳異  楊異 秦風 169	 效 2  嶽貳・數 122  嶽叁(一)66	 秦泥考 1398	 里壹[6]1 背	 陶録 6.278.1  陶録 6.278.2

0515	0514	0513		0512	0511	0510
爨	農	要		興	與	譽
爨	農	要		興	與	譽
			 詛楚文 巫咸	 杜虎符 集成 12109  新郪虎符 集成 12108		
 爨氏  爨之	 秦律 14  龍 175  周 249	 日甲 73 背 用作「腰」。  天・乙 一三六  嶽壹・爲 八七正		 效 21  日乙 119  里發 [16]6 正  嶽叁(一)14	 效 35  龍 124  周 352  嶽叁(一)69	 秦律 153  封 46  龍 54

	0519	0518		0517	0516	
	鞮	鞏		革	釁	
	鞮	鞏		革	釁	
 里壹[8]458	 王鞮	 鞏目  鞏佗	 爲 18  秦抄 27  龍 85  嶽壹・爲八二正	 革工  戴革	 臣釁 古印菁 59	 法問 192  嶽叁(二)199

0525 鞅	0524 勒		0523 靳	0522 鞶	0521 鞞	0520 鞠
鞅	勒		靳	鞶	鞞	鞠
	 石鼓文 田車					
 十三年大良造鞅戟 集成 11279  十六年大良造庶長鞅戈鐓 集成 11911						
 臣鞅 秦風 154  趙鞅		 爲 32	 陶録 6.324.1  靳未 陝出印 774	 法問 179	 嶽叁(二) 157	 陶録 6.448.1  鞠毋望 秦風 168

0531	0530	0529	0528	0527	0526	
鬲	輸*	鞛*	鞫*	鞞*	鞔*	
鬲	輸	鞛	鞫	鞞	鞔	
	 詛楚文 湫淵  詛楚文 亞駝	 詛楚文 湫淵  詛楚文 亞駝				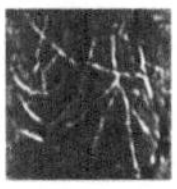 十九年大良 造鞅殳鐓 近出 1249 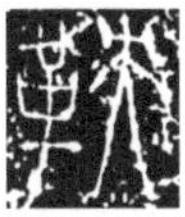 商鞅方升 集成 10372
 陶録 6.44.4	 嶽壹・爲 八四正 用作「偷」。		 封 6  龍・牘正  嶽叁(二) 184	 法問 179	 天・甲三〇	 法問 179

0535 鬳	0534 鬴		0533 𩰲		0532 䰜	
鬳	鬴		𩰲		䰜	
 日甲 67 正	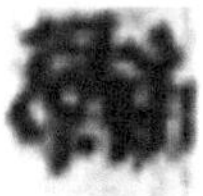 日甲 45 背	 鬴	 獄壹・占一七正	 史𩰲 秦風 61	 臣䰜  公臼䰜	 天・乙二九五

		0540	0539	0538	0537	0536
		爲	𩱦*	鬻	羹	鬻
		爲	𩱦	鬻	羹	鬻
		 吉爲劍 集成 11586  石鼓文 作原				
 廿九年太后 漆匳 秦文圖 27	 秦駰玉牘 甲・正  詛楚文 湫淵	 商鞅方升 集成 10372  宗邑瓦書 秦陶 1610	 十五年上 郡守壽戈 集成 11405			
 日乙 158  周 143  嶽叁(一)3  里壹(五)10	 陶新 3351	 北私府橢量 秦銘圖 147  大騩權 秦銘圖 131		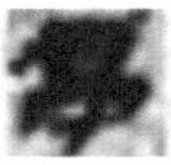 日甲 60 背  周 324  周 374	 秦律 179  秦律 181	 周 310  周 312 用作「粥」。

鬲部　爪部

0544 又			0543 鬭	0542 孰	0541 埶	
又			鬭	孰	埶	为
 有司伯喪矛 珍秦齋秦 46  盄和鐘 集成 00270	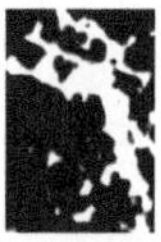 秦子簋蓋 珍秦齋秦 30 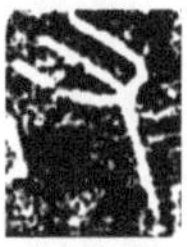 秦公簋 集成 04315	 秦公鐘 集成 00262  秦公鎛乙 集成 00268			 石鼓文 吴人	
		 秦駰玉牘 甲・正  詛楚文 湫淵		 秦駰玉牘 甲・正  秦駰玉牘 乙・正		
		 日甲 36 正 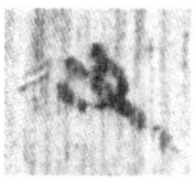 里壹 [8]2191	 法問 74  日乙 62  封 84	 爲 6  爲 26 正  周 375  嶽叁(三) 217		 嶽壹・占 一四正  嶽壹・占 一八正

0549 燮	0548 傁	0547 叜		0546 父	0545 叉	
燮	傁	叜	父		叉	
 盄和鐘 集成 00270						 懷后石磬 通鑒 19817 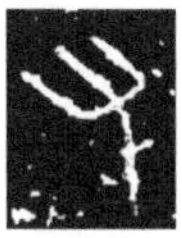 石鼓文 汧沔
	 詛楚文 亞駝  詛楚文 巫咸			 詛楚文 湫淵  詛楚文 巫咸	 秦駰玉牘 甲・正  秦駰玉牘 乙・背	
 燮		 爲 21	 日乙 176  周 247  嶽壹・占 四六	 秦泥考 1385		

0550 曼	0551 夬		0552 尹	0553 及		0554 秉
曼	夬		尹	及		秉
				 秦公鎛甲 集成 00267  盄和鐘 集成 00270	 石鼓文 汧沔  石鼓文 吾水	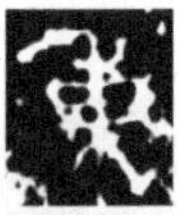 秦子簋蓋 珍秦齋秦 30  秦公簋 集成 04315
				 秦駰玉牘 甲・背  秦駰玉牘 乙・背	 詛楚文 湫淵  青川木牘 文 1982.1.11	
 封 23	 陶録 6.93.2	 日乙 197  龍 204  嶽叁(一)99	 尹豎 秦風 205  尹慶 陜出印 657	 效 18  龍 2  嶽叁(一)23		 杜秉 珍秦印展 20

盄和鐘
集成 00270

日甲 36 背

用作「柄」。

0555 反

反

陶録
6.111.2

秦泥考 1339

日乙 199

里發
[12]10 正

嶽叁(四)
243

0556 叔

叔

詛楚文
湫淵

詛楚文
亞駝

闕叔

李叔

日乙 47

周 329

用作「菽」。

0557 取

取

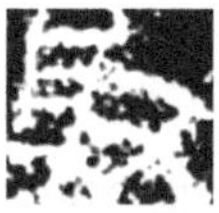
宗邑瓦書
秦陶 1610

日乙 101

天・乙
三七一

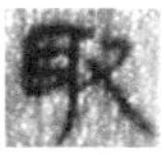
里發
[9]981 正

嶽叁(一)15

詛楚文
湫淵

詛楚文
巫咸

0561	0560			0559		0558
卑	度			友		段
卑	度			友		段
 宗邑瓦書 秦陶 1610					 秦駰玉牘甲・正 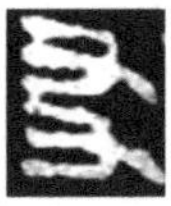 秦駰玉牘乙・正	 二年上郡守冰戈 集成 11399
 卑言	 效 30  嶽壹・爲一一正	 陶録 6.368.1  徐度	 北私府橢量 秦銘圖 147 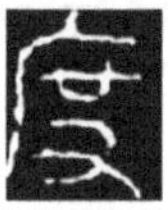 平陽銅權 秦銘圖 182	 日甲 65 背 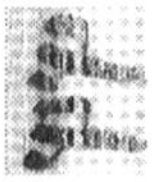 嶽壹・爲八五正	 陶新 282	 秦抄 1  龍 1  里發[9]11 背  嶽叁(一)40

	0564		0563		0562	
	支		事		史	
	支		事		史	
	 盄和鐘 集成 00270  石鼓文 霝雨	 秦公鎛甲 集成 00267  秦公簋 集成 04315	 不其簋 集成 04328  不其簋蓋 集成 04329			
	 十七年太后 漆盒 考文 2002.5.64	 杜虎符 集成 12109  五十年 詔吏戈 秦文圖 31	 秦駰玉牘 甲・正  秦駰玉牘 乙・正	 宗邑瓦書 秦陶 1610  青川木牘 文 1982.1.11	 王八年内史 操戈 珍秦齋秦 56	
 支闌  李支 陝出印 691	 嶽壹・爲 七正	 日甲 136 背  天・甲一六  周 193	 陶録 6.100.1 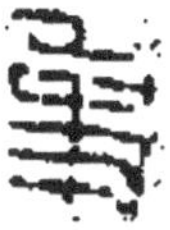 秦泥考 798  敬事 珍秦齋印 375	 龍・牘正  周 366  嶽叁(一)14	 秦泥考 47  史齒 秦風 214	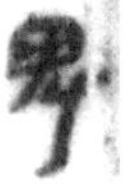 嶽叁(二) 149

0568	0567	0566		0565		
書	筆	肅		肆		
書	筆	肅		肆		
 宗邑瓦書 秦陶 1610						
 陶録 6.321.1  陶録 6.321.3	 日甲 46 背	 嶽壹・爲 十八正	 王肅 秦風 114	 日乙 191  嶽壹・爲 二五正	 陶録 6.05.3  陶録 6.305.4  楊肆 秦風 146	 法問 79  嶽壹・爲 一五正

0569 畫

畫

效 29

龍 7

里壹[8]775

嶽叁(三) 215

陶新 2119

畫鄉

日甲 111 背

天・乙 一六五

周 134

0570 晝

晝

日乙 159

封 95

嶽壹・占 一正

0571 隸

隸

高奴禾石權 集成 10384

廿年相邦冉戈

秦律 51

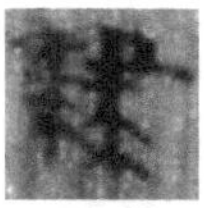
里發[9]984 背

嶽叁(一) 115

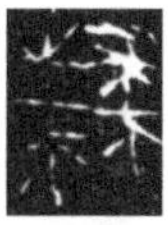
廿五年上郡守周戈

卅八年上郡守慶戈

0572 堅

堅

呂堅

王堅

	0573 竪	0574 臣		0575 臧		0576 殳
	竪	臣		臧		殳
		 不其簋 集成 04328  不其簋蓋 集成 04329				
		 高奴禾石權 集成 10384  十五年上郡守壽戈 集成 11405	 廿七年上守趞戈 集成 11374			 庶長鞅殳鐓 秦文圖 16  十九年大良造鞅殳鐓 近出 1249
 封 80  爲 3  周 328	 丁竪 秦風 221  茅竪 秦風 229	 秦泥考 1064  秦泥考 1067	 秦律 77  龍 40  周 350  嶽叁(一)65	 陶録 6.124.1  陶録 6.125.4  臧	 效 42  龍 137  周 260  嶽叁(一)86	 效 45  爲 23

0581		0580		0579	0578	0577
	段		殹	殿	毆	𣪊
	段		殹	殿	毆	𣪊
			 石鼓文 汧沔  石鼓文 霝雨			
		 詛楚文 巫咸	 杜虎符 集成 12109  新郪虎符 集成 12108			
 獄貳・數 158	 秦泥考 1494  段周  段難 陝出印 727	 效 24  龍 26  獄叁(一)24 秦文字用作「也」。	 平陽銅權 秦銘圖 182	 秦抄 10  里壹 [8]1516 正  獄壹・爲 八七正	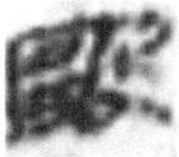 法問 89  獄叁(二) 181	 日乙 59 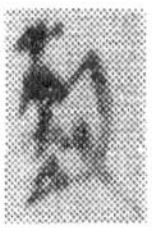 天・甲二〇  周 139  獄叁(一)23

	0586 寸	0585 伇*	0584 殺	0583 𣪕			0582 毃
	寸	伇	殺	𣪕			毃
		 秦景公石磬 秦文圖 59		 秦公簋器 外刻 集成 04315	 秦公簋甲 首金 137  秦公簋 A 新收 1343	 不其簋 集成 04328  不其簋蓋 集成 04329	
	 封 10  龍 257  嶽貳・數 130  嶽貳・數 33		 日乙 181  龍 106  嶽叁(一)16				 秦律 40  周 314

0591	0590	0589	0588		0587	
專	尋	尌	將		寺	
專	尋	尌	將		寺	
						 石鼓文 遊車  石鼓文 田車
			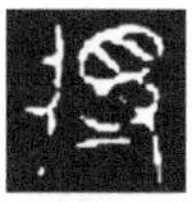 詛楚文 湫淵  詛楚文 巫咸	 秦駰玉牘 甲・背  秦駰玉牘 乙・背	 四年相邦 呂不韋戟 秦銘圖 65 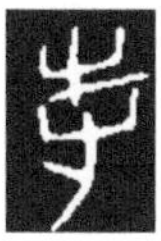 十七年寺 工鈹 秦銘圖 91	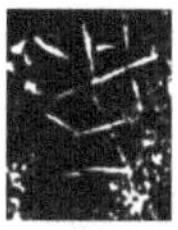 寺工師初壺 集成 09673 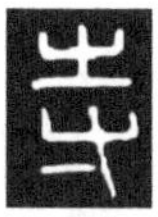 二年寺工 讋戈 集成 11250
 薛專 秦風 224	 周 57	 王尌 秦風 56	 秦律 84  爲 43  龍 16  嶽叄(一)71	 秦泥考 290  左中將馬 秦風 25		 陶録 6.260.4  陶録 6.286.1  秦泥考 763

0595	0594			0593	0592	
啓	皮			導	尃	
啓	皮			導	尃	
			 石鼓文 汧沔  石鼓文 馬薦 用作「彼」。	 石鼓文 作原  石鼓文 吾水 用作「道」。	 秦景公石磬 秦文圖 63	 秦政伯喪戈 珍秦齋秦 42  盄和鐘 集成 00270
 十七年丞相 啟狀戈 集成 11379						
 啟陵  王啟 秦風 212	 秦律 7  效 42  龍 85	 陶新 1365		 秦泥考 1432		

	0599	0598		0597	0596	
	敉	敃		敏	徹	
	敉	敃		敏	徹	
		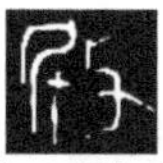 雍工敃壺 集成 09605 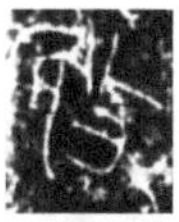 中敃鼎 集成 02228	 十七年寺工鈹 5 集成 11658	 十五年寺工鈹 秦銘圖 75  十七年寺工鈹 2 秦銘圖 83		
 里壹[8]1435  里壹[8]1435	 隗敉	 秦律 62  日甲 54 背 用作「愍」。  嶽壹・爲七四正			 日乙 47  日乙 49 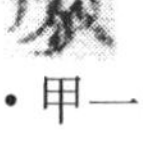 天・甲一四  嶽叁(二)168	 日乙 163  日乙 167

0603 數	0602 政		0601 故		0600 效	
數	政		故		效	
	 秦景公石磬 秦文圖 76	 秦政伯喪戈 珍秦齋秦 42  秦政伯喪戈 珍秦齋秦 43				
 詛楚文 湫淵  詛楚文 亞駝				 秦駰玉牘 乙・背  秦駰玉牘 甲・背		
	 爲 41  天・甲二〇	 卻政  范政 秦風 210	 效 48  龍 171  里發[9]3 正  嶽叁(一)67	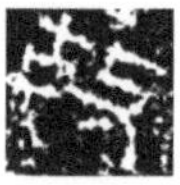 左樂兩詔 鈞權 秦文圖 43  脩故亭印 秦風 30	 秦律 28  秦律 173	 效士上

0607 更	0606 變	0605 改	0604 敞			
更	變	改	敞			
 宗邑瓦書 秦陶 1610  青川木牘 文 1982.1.11	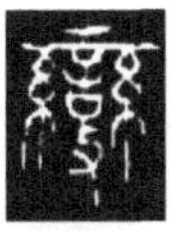 詛楚文 湫淵	 詛楚文 湫淵  詛楚文 巫咸				
 陶録 6.297.2  陶録 6.299.2  陶新 2194	 爲 40  周 237  嶽壹・占 一六正	 高改 秦風 229	 任敞 秦風 164  女敞  武敞 珍秦齋印 237	 周 132  周 263	 和數	 效 12  龍 39  里壹 [8]67 正  嶽貳・數 17

0612	0611	0610	0609	0608		
敦	赦	救	斂	敕		
敦	赦	救	斂	敕		
				 秦公簋 集成 04315  盄和鐘 集成 00270		
		 詛楚文 湫淵  詛楚文 巫咸				
 張敦 秦風 218  敦浦	 法問 125  嶽叁(一)45	 日甲 41 背	 爲 7		 秦律 181  里發 [16]5 正  嶽叁(一)65	 白更 秦風 214

0616 攻	0615 收		0614 寇		0613 敗	
攻	收		寇		敗	
					 青川木牘 文 1982.1.11	
 攻角	 秦律 84  天・甲七	 收顛	 日乙 189  里壹 [8]1363  嶽叁(四) 243	 陶録 6.283.1  秦泥考 654	 效 24  龍 125  嶽壹・爲 七一正	 秦抄 34  龍 91  嶽叁(二) 148

0620 學		0619 教		0618 牧	0617 攺	
學		教		牧	攺	
			 秦景公石磬 秦文圖 80			
 秦律 112  日乙 14  嶽叁(三) 232	 新募學佴	 語 2  秦抄 3	 相教 秦風 242  相教 秦風 242	 秦律 84  法問 76  里壹 [8]663 正	 嶽叁(二) 176	 秦律 12  周 139  嶽壹・爲 二一正

0625		0624	0623		0622	0621
貞		卦	卜		𢾭*	敓*
貞		卦	卜		𢾭	敓
				 卜淦戈 近出 1174		
				 宗邑瓦書 秦陶 1610		
 秦律 125  天・乙 三三七	 貞士  吳貞	 天・乙 二五四	 法問 194  日乙 126 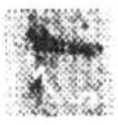 天・乙 一〇九	 陶録 6.37.2  陶新 1929  卜賢	 里壹[5]7 正	 日甲 157 背

0630 爻	0629 庸	0628 用		0627 兆		0626 占
爻	庸	用		兆		占
		 秦子戈 秦文圖 13  石鼓文 吴人	 不其簋 集成 04328  不其簋蓋 集成 04329			
			 秦駰玉牘 甲・背 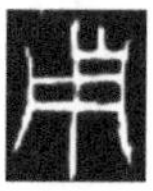 詛楚文 湫淵			
 陶新 279	 封 18  嶽壹・爲 八六正  嶽叁(一)55		 法問 25  龍 214  嶽叁(一)75	 日乙 159  日乙 173  日乙 161	 兆湯	 秦抄 32  周 191  嶽壹・占 三四正  嶽叁(一) 109

0631

爽

						爽
						 十七年商鞅殳鐓 通鑒 18549  十三年上郡守壽戈
						 日甲 54 背 用作「霜」。  里壹[8]429  嶽壹・質 0678 正

秦文字字形表 卷四

	0632 目		0633 背	0634 睆	0635 盼
	目		背	睆	盼
春秋					
戰國	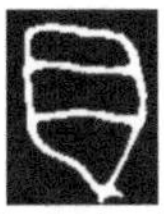 十九年寺工鈹 秦銘圖 88  十九年寺工鈹 秦銘圖 90				
秦代	 郭目 秦风 227	 日甲 70 背  周 368  里發 [9]981 正	 王背 秦風 1166	 橋睆 珍秦齋印 146	 陶録 6.50.4

0641 瞀		0640 眛	0639 睽	0638 睘	0637 盱	0636 眢
瞀		眛	睽	睘	盱	眢
			 秦景公石磬 秦文圖 76			
 卅七年上 郡守慶戈 新收 1768  卅八年上 郡守慶戈 近出 1185				 錢典・先秦 610		
 義瞀 秦風 130	 里壹 [8]1668	 陶新 1043  陶録 6.32.4		 日甲 30 背 用作「環」。  天・甲三〇	 田盱	 趙眢 珍秦齋印 356

0645 相		0644 眘	0643 睦	0642 睢		
	相	眘	睦		睢	
 秦駰玉牘甲・背 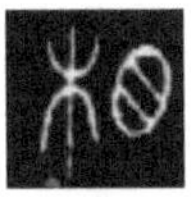 詛楚文湫淵	 四年相邦樛斿戈 集成 11361 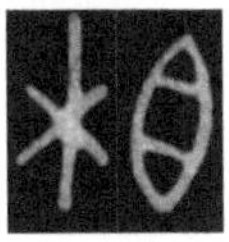 十三年相邦義戈 集成 11394					
 陶録 6.341.1  趙相 秦風 211  相思	 大騩權 秦銘圖 131  北私府橢量 秦銘圖 147	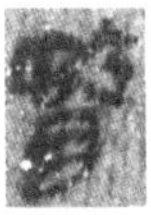 里壹 [8]458	 張睦 秦風 70	 天・乙 一四四	 賈睢	 周 368

目部

	0646 瞋	0647 鴟	0648 督	0649 瞫		0650 眚
	瞋	鴟	督	瞫		眚
						 石鼓文 鑾車
 青川木牘 文 1982.1.11						
 秦律 159  天·乙 二六二  周 191  嶽叁(一)57	 語 11	 陶録 6.297.2	 督光	 狐瞫  李瞫	 里壹 [8]877	 秦抄 17  里發 [16]6 正

0651	0652		0653	0654	0655	0656
眛	眯		睩	盻	眭	睨*
眛	眯		睩	盻	眭	睨
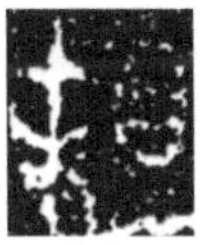 陶録 6.198.3  陶録 6.198.4	 芑眯	 日甲 24 背	 睩虒	 盻□族ナ	 陶録 6.467.4	 姚睨秦都 652

	0661	0660	0659	0658	0657	
	眉	䀠	⿰目買*	睢*	⿱聿目*	
	釁	䀠	⿰目買	睢	⿱聿目	
 秦公簋 集成 04315  秦景公石磬 秦文圖 82	 不其簋 集成 04328  不其簋蓋 集成 04329					
		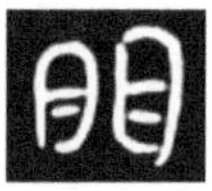 廿四年戈 秦文圖 26.2				
			 里發 [9]6 正	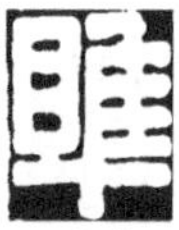 臣睢 秦風 93  王睢 秦風 228	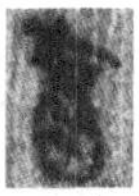 里壹 [8]239	 嶽壹・質 二六

0662 盾	0663 自		0664 皋*	0665 皆		
盾	自		皋	皆		
	 秦景公石磬 秦文圖 81  石鼓文 霝雨	 懷后石磬 通鑒 19817				
	 宗邑瓦書 秦陶 1610  秦駰玉牘 乙・背	 詛楚文 湫淵				
 效 4  龍 205  嶽叁(一)30	 效 60  龍・牘背  里壹 [8]134 正	 嶽叁(一)96	 令狐皋	 北私府橢量 秦銘圖 147  大騩權 秦銘圖 131	 陶録 6.371.1  陶録 6.346.1	 秦抄 33  龍 14  周 247  嶽叁(一)30

0666		0667			0668	
魯		者			智	
魯		者			智	
 秦公鎛甲 集成 00267  秦公簋 集成 04315	 秦公鐘 集成 00263  秦景公石磬 秦文圖 82					
		 詛楚文 湫淵			 秦駰玉牘 甲・正  秦駰玉牘 乙・正	
 秦泥考 1415  魯黠 珍秦齋印 225	 里壹 [8]258	 美陽權 秦銘圖 183  平陽銅權 秦銘圖 182	 陶録 6.343.1  楊者 秦風 148	 效 1 正  龍 35  周 191  嶽叁(一)30	 王智 秦風 197  毋智	 效 35  龍 22  里發 [9]2 正  嶽叁(一)19

0669 百		0670 鼻		0671 奭	0672 習	
百		鼻		奭	習	
 秦公鐘 集成 00262  盄和鐘 集成 00270	 秦景公石磬 秦文圖 59  懷后石磬 通鑒 19817					
 詛楚文 亞駝  詛楚文 巫咸	 青川木牘 文 1982.1.11  青川木牘 文 1982.1.11 用作「陌」。			 八年相邦呂 不韋戈 集成 11395		
 羌百賞 秦風 182  百向 陝出印 366	 秦律 164  龍 40  里發 [9]3 正  嶽叁(一)60	 淳于鼻  笵鼻	 法問 83  周 346	 陶新 1594  奭	 陶録 6.274.5  陶録 6.453.2	 爲 40

0673
羽

羽

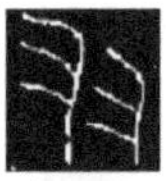
陶新 3161

爲 26

里發
[16]5 背

嶽叁(一)119

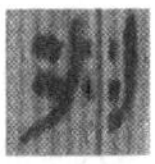
嶽壹・爲
八二正

0674
翰

翰

里壹
[8]1259 正

里壹
[8]2501

0675
翟

翟

秦泥考 1542

翟夫
秦風 226

里壹
[8]1517 背

0676
翦

翦

王翦
陝出印 629

李翦
秦風 208

0677 翁	0678 翯		0679 翏		0680 隹	0681 雅
翁	翯		翏		隹	雅
					 秦景公石磬 秦文圖66  石鼓文 汧沔	
 翁中  霍翁 陝出印817	 李翯 秦風164  王翯 秦風210	 里壹[8]1523背	 監晉翏	 日乙159  日乙163		 法問12

0688	0687	0686	0685	0684	0683	0682
雛	雞	雉	舊	闍	雒	隻
雛	雞	雉	舊	闍	雒	隻
		 石鼓文 田車  石鼓文 馬薦				 石鼓文 鑾車
 張雛 湖南古代璽印 47	 編 45.1  周 367  里壹 [8]950	 龍 34  龍 95	 日甲 53 正  日甲 53 正  周 225	 爲 23  日甲 2 正	 秦泥考 1333	

0692 雒			0691 雄	0690 雕	0689 離	
		雒	雄	雕		離
	 秦景公石磬 秦文圖 73	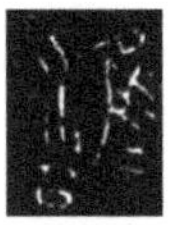 秦子鎛 文 2008.11.27				
 十六年大良造庶長鞅戈鐓 集成 11911  雍工敃壺 集成 09605		 廿一年相邦冉戈 集成 11342		 雕陰鼎 秦文圖 52		 青川木牘 文 1982.1.11
		 秦泥考 111	 楊鴟 陝出印 782	 陶新 3306	 效 28  周 51	 秦泥考 1424  臣離 秦風 109

0696 𨾴	0695 雋		0694 雌	0693 雄		
𨾴		雋	雌	雄		
 里壹 [8]78背	 嶽壹·質 三三	 陶録 6.400.1  陶録 6.400.2	 里壹 [8]1495正	 日甲70正  里壹 [8]1495正	 秦律4	 陶録 6.327.1  趙雍 陝出印802

0703	0702	0701	0700	0699	0698	0697
羊	蔑	瞢	舊	奮	奪	雜*
羊	蔑	瞢	舊	奮	奪	雜
			 石鼓文 而師			
	 詛楚文 湫淵  詛楚文 巫咸			 詛楚文 亞駝 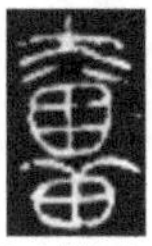 詛楚文 巫咸		
 法問 45  龍 102  嶽壹・爲 六八正		 日甲 40 背  日甲 44 背	 趙奮 秦風 88	 日甲 32 背  日甲 46 背	 封 32  日甲 2 正  天・乙 三三三	 里壹 [8]487 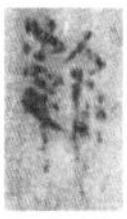 里壹 [8]487

0709	0708	0707	0706	0705	0704	
辈	羣	羸	羥	牂	羔	
辈	羣	羸	羥	牂	羔	
		 詛楚文 亞駝  詛楚文 巫咸				
 秦抄 29  爲 35 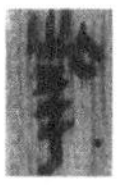 嶽壹·爲 二三正	 秦律 157  龍 90  嶽叁(一)2	 秦律 194  嶽叁(一)99	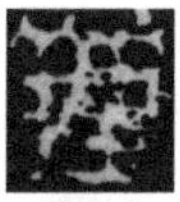 陶録 6.269.1  李羥 秦風 54	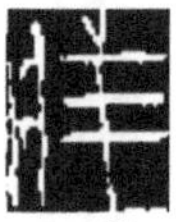 王牂 珍秦齋印 158	 龍 102	 橋羔 秦風 124

0714	0713	0712	0711			0710
瞿	⿰羊垔*	⿱夆羊*	羌			美
瞿	⿰羊垔	⿱夆羊	羌			美
						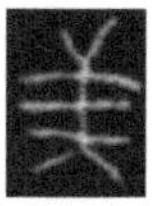 秦駰玉牘甲・正 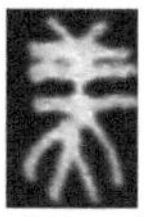 秦駰玉牘乙・正
 瞿安	 楊⿰羊垔 古印菁 44	 日甲 32 背	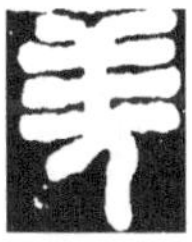 羌敬 秦風 95 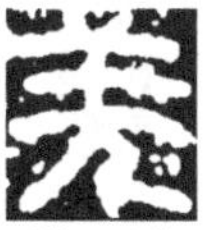 羌百賞 秦風 182	 秦律 65  日乙 24  周 247	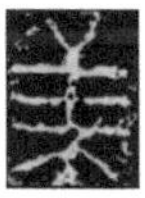 陶録 6.300.1  陶録 6.382.2  秦泥考 1315	 平陽銅權 秦銘圖 182

0715	0716	0717	0718		0719	0720
靃	雧	烏	難		鳶	鷇
靃	雧	烏	難		鳶	鷇
 霍突  霍翁 珍秦齋印 215	 法問 193	 日甲 31 背  日甲 49 背  龍 30  嶽叁(一)96	 段難 陝出印 727  魏難 珍秦齋印 219  張難 秦風 83	 封 91  天・甲一五  周 204  嶽壹・爲四二正	 日甲 30 背 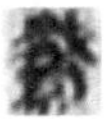 日甲 51 背 用作「弋」。	  秦律 4

0721 鳴	0722 鶱	0723 烏	0724 舄			
鳴	鶱	烏	於			舄
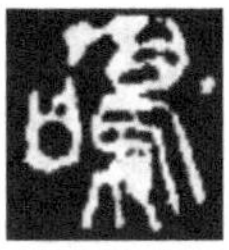 石鼓文 作原						
 編 45.1  周 173  嶽壹・占 五正	 郭鶱	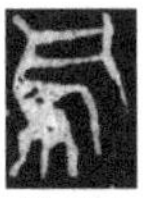 陶録 6.319.1	 旬邑權 秦銘圖 131  北私府橢量 秦銘圖 147	 秦泥考 1610	 語 1  天・乙二九〇  龍 59  嶽壹・爲 五二正	 舄

0728 棄	0727 糞	0726 畢	0725 焉			
棄	糞	畢	焉			
						 詛楚文 湫淵  詛楚文 亞駝
 江棄疾  王棄 秦風 44	 日甲 69  秦律 89  里壹 [8]1950	 日甲 54 正  天・甲三〇  周 223  嶽壹・爲 三三正	 畢鑑 秦風 103  畢禾 秦風 139	 秦律 24  龍 148  嶽叁(四)244	 陶録 6.309.3	 大騩權 秦銘圖 131  平陽銅權 秦銘圖 182

0734	0733	0732	0731	0730	0729	
幾	幽	幼	幺	爯	再	
幾	幽	幼	幺	爯	再	
 詛楚文 湫淵  詛楚文 亞駝	 詛楚文 湫淵  詛楚文 亞駝					
 徐幾		 日甲 50 背  日甲 50 背	 陶録 6.85.5  陶録 6.85.6	 天・乙七四  天・乙七七  嶽壹・爲 四〇正	 封 65  爲 22	 秦律 87  龍 17  嶽叁(二) 142

0738	0737		0736		0735	
茲	玄		叀		惠	
茲	玄		叀		惠	
 石鼓文 遊車			 盄和鐘 集成 00270	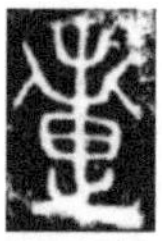 秦公簋 集成 04315  秦景公石磬 秦文圖 70		
 爲 46  爲 51 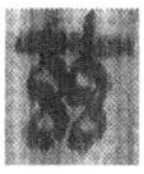 獄壹・爲 八三正	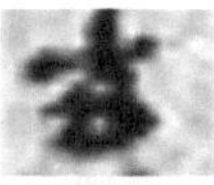 日甲 52 正  日甲 54 正  獄壹・占 一三正	 秦泥考 1470		 封 53 用作「嘒」。	 爲 2  獄壹・爲 八五正	 封 14  里壹 [8]180  獄貳・數 154

0743	0742	0741	0740			0739
敫	敖	放	舒			予
敫	敖	放	舒			予
	卷六「敖」字重見。					
 日乙 50  日乙 28  日乙 31	 秦抄 32  法問 165	 放諸	 衛舒	 里發 [9]981 正	 龍 177  龍 198  周 330	 予獿

0748 爭	0747 受		0746 ⿰鬲由*	0745 ⿱爫⿵冂又	0744 爰	
爭		受	⿰鬲由	⿱爫⿵冂又		爰
	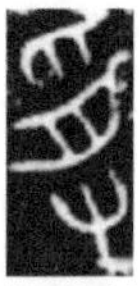 秦公簋 集成 04315  石鼓文 吳人	 秦公鐘 集成 00263  秦景公石磬 秦文圖 82	 秦景公石磬 秦文圖 73  秦景公石磬 秦文圖 74			
	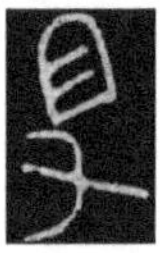 寺工矛	 詛楚文 亞駝  詛楚文 巫咸				 商鞅方升 集成 10372
 語 10  龍 203  嶽叁(一)73	 嶽叁(一)11	 日乙 207  龍 137  里發 [9]5 正		 日甲 78 背 用作「⿱䜌⿵冂又」。	 封 8  封 84	 爰

0753	0752	0751	0750			0749
殆	歾	殤	叡			𣪠
殆	歾	殤	叡			𣪠
			 盄和鐘 集成 00270			
				 秦駰玉牘 乙・正  詛楚文 巫咸	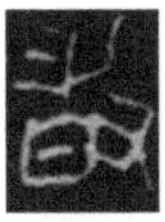 秦駰玉牘 甲・正  秦駰玉牘 乙・正	 杜虎符 集成 12109  新郪虎符 集成 12108
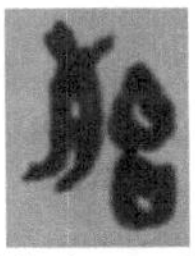 嶽壹・爲 五三正	 秦律 164  效 22	  日甲 50 背  天・乙 三五〇			 秦律 65  里發 [9]2 正  嶽叁(一)23	 陶録 6.316.2  王敢 秦風 157

	0758 别	0757 ⿰歹欲		0756 死	0755 ⿰歹氏*	0754 ⿰歹内*
	别	⿰歹欲		死	⿰歹氏	⿰歹内
 秦律 74  里發[16]5 背  嶽壹·爲七九正	 孔别 秦風 212	 陶録 6.283.6	 秦律 84  龍 37  嶽叁(一)10	 陶新 1443  陶新 1330	 日甲 81 背	 龍 90

0759	0760	0761	0762	0763	0764	0765
骨	髋*	肉	胎	膚	脣	腎
骨	髋	肉	胎	膚	脣	腎
 法問 75  日甲 55 背	 日乙 251 用作「鬼」。	 日乙 164  龍 83  周 317	 天・乙二〇七	 秦抄 29  秦抄 29	 法問 83  法問 87  封 7	 法問 25  法問 25

0771 腸	0770 胃	0769 膽	0768 肝	0767 脾		0766 肺
腸	胃	膽	肝	脾		肺
 天・乙 二〇八  周 310  嶽壹・占 二六正	 日甲 136 背  周 147  嶽壹・占 二三正	 周 309	 嶽壹・占 二三正	 天・乙 二〇八  天・乙 二二一	 陶録 6.161.3	 嶽壹・占 二三正

0772	0773		0774		0775	0776
膺	脅		肩		臂	臑
膺	脅		肩		臂	臑
 秦公鐘 集成 00263 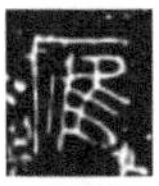 秦公鎛乙 集成 00268						
	 范脅 秦風 208	 天・乙 二三三	 李肩 秦風 199  李肩 陝出印 701	 日甲 75 背  天・乙 二二〇	 封 88  里壹 [8]151	 日甲 70 背

0783	0782	0781	0780	0779	0778	0777
胤	肖	胲	胻	腳	腹	肘
胤	肖	胲	胻	腳	腹	肘
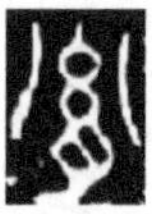 秦公簋 集成 04315  盄和鐘 集成 00270						
	 爲 2	 宋胲	 日甲 75 背	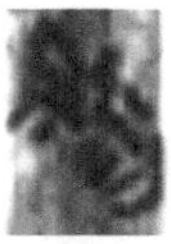  日甲 159 背	 封 60  日甲 159 背  周 368	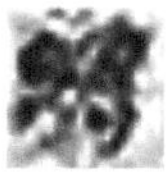  封 53

0788 腄	0787 臠	0786 脱		0785 臞		0784 膻
腄	臠	脱		臞		膻
	 石鼓文 汧沔					
 秦泥考 1619		 效 58  封 11  封 70  里發 [16]6 背	 東門脱	 里壹 [8]477	 王臞	  里壹 [8]166 背

0789 胅	0790 臘		0791 胙	0792 隋		0793 肴
胅	臘		胙	隋		肴
 法問 79	 享臘	 周 247  周 353  嶽壹・占一六正	 周 247  周 248	 李隋 秦風 1105  王隋	 日乙 249  嶽壹・爲八四正	 王肴

0798	0797		0796	0795	0794	
胥	胸		脩	脯	胡	
胥	胸		脩	脯	胡	
		 青川木牘 文1982.1.11  青川木牘 文1982.1.11	 脩武府杯 集成09939			
 陶録 6.168.1  杜胥  宋胥	 里壹 [8]63背  里壹 [8]988  里壹 [8]157	 日乙187  語4  周368 用作「滫」。	 脩武庫印 秦風25  脩身 湖南古代璽印48	 日乙187  里壹 [8]1579	 周368  嶽叁(三) 212	 陶録 6.70.2  秦泥考1025  胡贊

0805	0804	0803	0802	0801	0800	0799
肥	肎	膠	腏	散	脂	腤
肥	肎	膠	腏	散	脂	腤
				 散之鼎		
 日甲 157 背  周 309  周 373	 封 92  封 93  嶽叁(二)184	  日甲 34 背  秦律 128	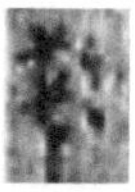 日甲 156 背  周 248  周 354	 秦律 117  龍 119	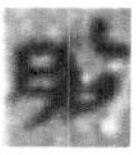 秦律 128  秦律 128  天·乙二九五	 日乙 160

0812	0811	0810	0809	0808	0807	0806
膹*	腨*	胈*	肴*	肮*	肝*	腔
膹	腨	胈	肴	肮	肝	腔
					 石鼓文 而師	
 陶録 6.49.2  陶録 6.50.1	 里壹 [8]1243	  封54	 肴身 陝出印1688	 語12		 封53

0818 初		0817 利	0816 削	0815 刀	0814 筋	0813 體*
初		利	削	刀	筋	體
 不其簋 集成 04328  不其簋蓋 集成 04329						
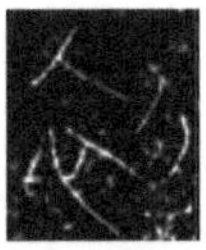 寺工師初壺 集成 09673 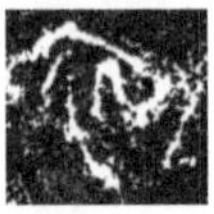 宗邑瓦書 秦陶 1610	 青川木牘 文 1982.1.11	 詛楚文 湫淵  詛楚文 亞駝				
 陽初	 爲 27  日乙 225  周 220  嶽叁(一)10	 陶録 6.329.4  陶新 2578  利紀 秦風 58	 秦抄 5  法問 17  嶽叁(一)91	 日甲 25 背  日甲 26 背 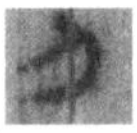 嶽叁(二)159	 秦律 17  秦律 18  龍 85	 法問 79  日乙 246

0820 剛　　　　0819 則

剛		則			𠟭	
					 石鼓文 吾水	 秦景公石磬 秦文字 67  秦景公石磬 秦文圖 68
				 青川木牘 文 1982.1.11	 詛楚文 湫淵  詛楚文 亞駝	
 日甲 79 背  日乙 126	 王剛 秦風 197	 爲 14  天・甲一七  嶽壹・爲 八五正	 商則	 平陽銅權 秦銘圖 182	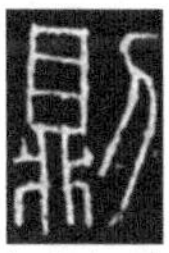 始皇詔版 秦銘圖 136  北私府橢量 秦銘圖 147	 秦律 111  里發 [16]9 正  嶽叁(一)91

0824 列		0823 辨	0822 副	0821 刻		
列		辨	副	刻		
	 詛楚文 亞駝  詛楚文 巫咸					
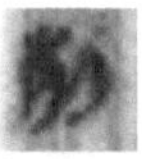 秦律 68  秦律 127  里壹 [8]1515 背  嶽叄(一)65	 王披列 秦風 193	 秦律 81  龍 11  里壹 [8]682 正	 里壹 [8]454  里發 [9]981 正	 效 40  里壹 [8]71 背  里壹 [8]156	 吕刻	 兩詔權 秦銘圖 178  大騩權 秦銘圖 131

0831	0830	0829	0828	0827	0826	0825
制	刖	剽	劑	割	劈	刊
制	刖	剽	劑	割	劈	刊
			 詛楚文 湫淵  詛楚文 亞駝			
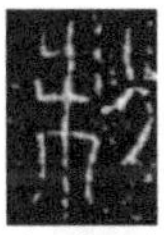 北私府橢量 秦銘圖 147  大騩權 秦銘圖 131	 爲 9  爲 29	 日乙 26  日乙 31  日乙 37		 爲 29  嶽壹・爲 四四正	  日甲 25 正	 日甲 25 背  日甲 66 背

0836	0835	0834		0833	0832	
刺	券	刑		劓	罰	
刺	券	刑	⿰自刂	劓	罰	
 封 53 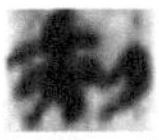 日甲 35 背  日甲 124 背	 秦律 80  秦律 81  龍 11  嶽叁(一)20	 嶽叁(二)140  嶽叁(二)163	 嶽壹・占三三正	 法問 2  法問 120	 語 13  里壹[8]707 正  嶽壹・爲五〇正	 龍 8

0843	0842	0841	0840	0839	0838	0837
劍	刃	劄*	勢	劅*	剋	劐
劍	刃	劄	勢	劅	剋	劐
						 詛楚文亞駝  詛楚文巫咸
 秦泥考 1113	 法問 90  封 56  嶽壹・爲七二正	 周 317 用作「劙」。	 爲 5	 封 61	 龍 203	

0848 角	0847 耕*	0846 耤		0845 耦	0844 耒	
角	耕	耤		耦	耒	
 石鼓文 遊車						
 二年寺工讋戈 集成 11250					 二十六年蜀守武戈 集成 11368	
 陶録 6.66.6  周角 秦風 93	 陶録 6.47.3	 法問 204  爲 2	 井耤	 日甲 9 正		 日甲 42 背 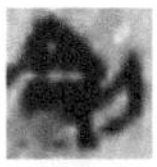 日乙 25  周 323  里壹 [8]519

0853	0852		0851	0850	0849	
解	衡		觸	觭	觽	
解	衡		觸	觭	觽	
			  丞相觸戈 集成 11294			
 封 70  日甲 68 背  周 207  嶽叁(二)202	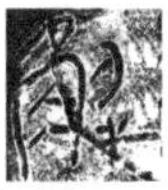 陶新 3351  解署 秦風 206  解延平 秦風 231	 效 3  效 7  嶽叁(一)13	 嶽叁(二)154 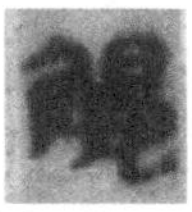 嶽叁(二)154 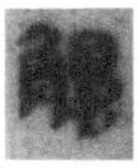 嶽叁(二)169	 橋觭 陝出印 825  王觭 秦風 193	 姚觽	 秦律 18  封 56  封 57  周 131

0854 觿

觿

韓觿 陝出印135

周150

用作「觿」。

里[9]1背

0855 觚

觚

里壹[8]205背

里壹[8]1101

0856 觷

觷

秦律87

秦律139

秦律183

秦文字字形表　卷五

	0857 竹		0858 簜	0859 筍	0860 箬
	竹		簜	筍	箬
春秋					 石鼓文 作原
戰國					
秦代	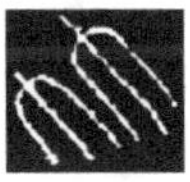 陶新 3156	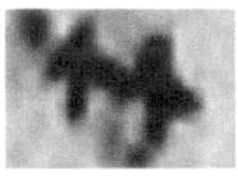 封 81 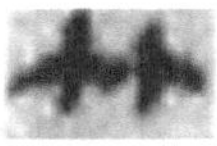 日甲 5 背	 張簜	 王筍 秦風 186	 嶽壹・質 0006 正

0861 節	0862 筡	0863 籍		0864 籥	0865 簡	
節	筡	籍		籥	簡	
					 石鼓文 田車	
 效 54  里發 [16]5 正  嶽壹・爲 三九正	 忌茶	 王籍	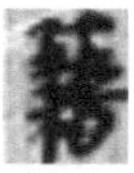 秦律 172  秦律 37  嶽叁(一)126	 法問 30  法問 30	 王簡	 爲 9

0869	0868			0867	0866	
筮	符			笵	等	
筮	符		笆	笵	等	
		 新郪虎符 集成 12108				
 日甲 101 正  日乙 126	 法問 146  龍 2	 陽陵虎符 近出 1255  秦泥考 1424  符黟	 笆毗 珍秦齋印 249  笆柏 陝出印 828	 笵臣 秦風 54  笵贺 秦風 60  笵卯 秦風 138	 秦律 55  嶽叁(一)37  嶽叁(二)142	 賈等 秦風 47  章等印

0875 簍	0874 箸	0873 笱		0872 筥	0871 簟	0870 笄
簍	箸	笱		筥	簟	笄
	 詛楚文 湫淵  詛楚文 亞駝					
 嶽壹・爲 八六正		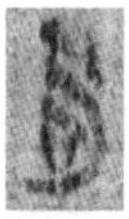 里壹 [8]145 正  里壹 [8]906  嶽壹・占 三五正	 里壹 [8]1074	 王筥  筥忠	 目簟	 龍 140

0882	0881	0880	0879	0878	0877	0876
箾	箴	籣	箠	簦	簋	答
箾	箴	籣	箠	簦	杌	答
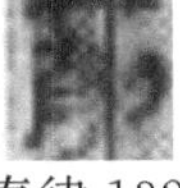 秦律 132	 法問 86  法問 86	 里壹［8］113	 日甲 50 背	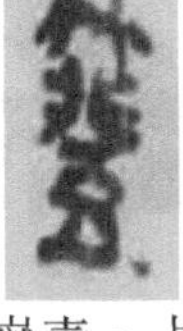 嶽壹・占一二正	 杌交  杌偃  杌南	 嶽叁(四)241

0888		0887	0886	0885	0884	0883
箕		笑	箅	筑	管	竽
箕		笑	箅	筑	管	竽
 周 199  周 199	 箕衷  箕□  箕齊	 隗笑	 日乙 191	 日甲 100 正  日甲 10  嶽貳・數 179	 楊管 陝出印 787  管眉	 天・乙 三三四

0893	0892	0891	0890	0889		
⿱竹執*	⿱竹侖*	⿱竹灰*	⿱竹欿*	笴*		
⿱竹執	⿱竹侖	⿱竹灰	⿱竹欿	笴	其	
					 石鼓文 遊車  懷后石磬 通鑒 19817	 不其簋蓋 集成 04329  秦子簋蓋 珍秦齋秦 30
					 青川木牘 文 1982.1.11	 詛楚文 湫淵  詛楚文 巫咸
 周 299	 嶽壹・爲六七正	 里壹[8]2254	 周 374	 陶録 6.138.3	 效 1 正  天・甲二七  嶽叁(一)74	 秦泥考 1566

0898	0897		0896		0895	0894
畀	典		丌		箞*	簜*
畀	典		丌		箞	簜
					 石鼓文 汧殹	
			 秦駰玉牘 乙・正  秦駰玉牘 乙・背	 廿年相 邦冉戈 集成 11359		
 畀我  張畀	 法問 164  龍 239  里壹 [8]157 正	 秦泥考 1535  秦泥考 1538  顛里典 秦風 19	 日乙 217  嶽壹・占 26  嶽壹・占 1	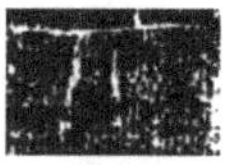 陶録 6.166.3  陶録 6.166.4		 畢簜 古印菁 51  牛簜

0902 工	0901 差			0900 左	0899 蒷	
工	差			左	蒷	
 不其簋 集成 04328  不其簋蓋 集成 04329					 秦公鐘 集成 00265  秦公鎛甲 集成 00267	
 王四年相邦張義戈 秦文圖 17  王五年上郡疾戈 集成 11296		 左工銀盤 考 2004.4.70	 新郪虎符 集成 12108	 十五年寺工鈹 秦銘圖 75  十七年寺工敏鈹 秦銘圖 83		
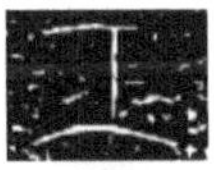 陶録 6.106.3 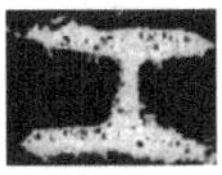 陶録 6.461.4  秦泥考 387	 橋差  路差  差	 秦抄 23  龍 2  嶽貳・數 17	 陶録 6.65.2  秦泥考 96	 陽陵虎符 近出 1255  大騩權 秦銘圖 131  美陽權 秦銘圖 183	 陶録 6.382.4	 法問 23  法問 2

0908	0907	0906	0905	0904	0903	
甘	巫	巻*	巨	巧	式	
甘	巫	巻	巨	巧	式	
					 懷后石磬 通鑒 19817	 石鼓文 遊車
	 詛楚文 巫咸 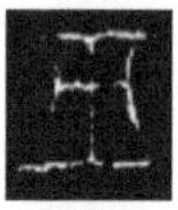 詛楚文 巫咸					 高奴禾石權 集成 10384
 甘纏 陝出印 659	 日乙 162  里發 [16]6 背  嶽叁(一)89	 陶録 6.44.1 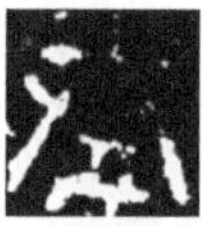 陶録 6.44.2	 語 5  龍 96  嶽貳・數 71	 日甲 154 正  日乙 98	 秦律 66  封 89  嶽壹・爲 八七正	 秦律 100  秦律 113 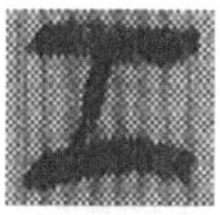 嶽壹・爲 八一正

0912 乃	0911 曹		0910 曰		0909 甚	
乃	曹		曰		甚	
 不其簋 集成 04328  不其簋蓋 集成 04329			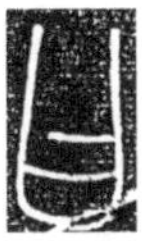 秦景公石磬 秦文圖 63  懷后石磬 通鑑 19817	 不其簋 集成 04328  不其簋蓋 集成 04329		
 新郪虎符 集成 12108		 秦駰玉牘 甲・正	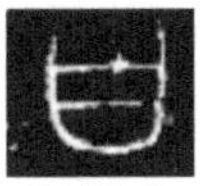 詛楚文 巫咸  卌年銀耳杯 新收 1078	 宗邑瓦書 秦陶 1610  秦駰玉牘 乙・正	 詛楚文 湫淵  詛楚文 巫咸	
 大騩權 秦銘圖 131  旬邑權 秦銘圖 131	 秦抄 23 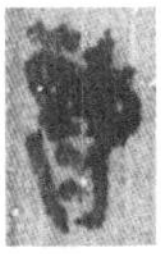 里壹 [8]71 背  里壹 [8]98	 陶録 6.449.1  曹縮		 秦抄 24  天・乙 二五三  周 247 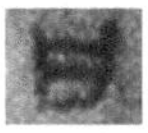 里壹 [8]134 正	 日乙 60  周 325  嶽叁(二)167	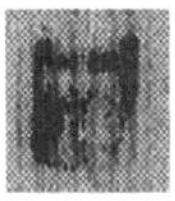 嶽壹・爲 五正

	0915 可				0914 寧	0913 鹵	
	可		宁		寧	鹵	
		 石鼓文 汧沔  石鼓文 汧沔				 石鼓文 田車  石鼓文 作原	
	 詛楚文 亞駝  詛楚文 巫咸	 秦駰玉牘 甲・正  秦駰玉牘 甲・正	 二年上郡 守廟戈 集成 11362				
		 秦律 113  天・甲一三  嶽叁(一)57	 陶新 2823	 封 91  封 92	 陶録 6.48.4 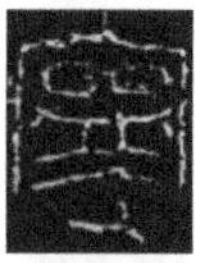 陶録 6.338.1  秦泥考 1241	 封 17 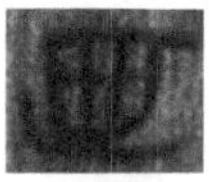 里發 [9]981 正	 秦律 89  龍 279  周 327  嶽壹・占 一二正

0919 于	0918 號		0917 哥	0916 奇		
于		號	哥		奇	
 不其簋 集成 04328  不其簋 集成 04328						
 秦駰玉牘 甲・正 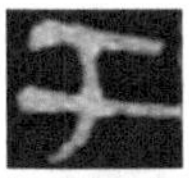 秦駰玉牘 乙・背						 青川木牘 文 1982.1.11
 于改 秦風 183	 法問 98  嶽叁(一)47  嶽叁(一)47	 始皇詔版 秦銘圖 136  平陽銅權 秦銘圖 182	 日甲 40 正  日甲 42 正	 日乙 195  日乙 194	 陶録 6.40.1  陶録 6.40.4  奇眾	

0922	0921	0920				
嘗	旨	平				
嘗	旨	平				
 仲滋鼎 新收 632			 秦景公石磬 秦文圖 59  石鼓文 吾水	 秦公鎛乙 集成 00268  盄和鐘 集成 00270	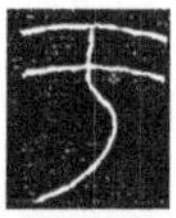 秦景公石磬 秦文圖 64  懷后石磬 通鑒 19817	
				 卌年上郡守 起戈 3 近出 1192 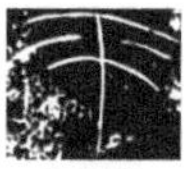 平鼎 集成 01236	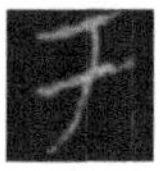 卅八年上郡 守慶戈 近出 1185	 詛楚文 湫淵 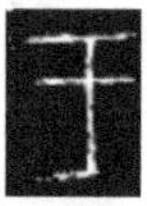 詛楚文 湫淵
 封 93	 日乙 243 用作「嗜」。	 效 35  天・甲一六 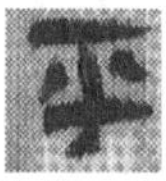 嶽壹・質 0051 正  周 24	 陶録 6.50.1  陶録 6.298.2  臣平 秦風 212	 平陽銅權 秦銘圖 182		 秦律 134  法問 129 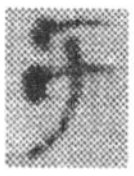 天・甲一八  龍 111

0923 喜		0924 憙		0925 壴	0926 尌	
喜	歖	憙		壴	尌	
 秦景公石磬 秦文圖 59	古文「喜」，與「歡」同。				 石鼓文作原  石鼓文吾水	
 日乙 192  天・乙七二  嶽叁(四)243  嶽叁(一)69	 任歖 珍秦齋印 325  橋歖 珍秦齋印 295	 陶録 6.33.4  臣憙 秦風 61  憙	 日乙 208  日乙 209  天・乙八一	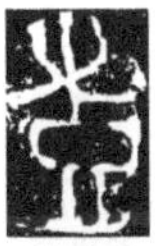 陶録 6.92.1  陶録 6.240.1  吴壴 秦風 162	 嬰尌	 日乙 127 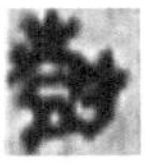 日乙 128  嶽壴・爲十八正

0931	0930	0929	0928		0927	
豈	鼛	鼓	嘉		彭	
豈	鼛	鼓	嘉		彭	
				 石鼓文 吾水		
	 詛楚文 湫淵  詛楚文 亞駝			 十七年丞相 啟狀戈 集成 11379  □年寺 工讋戈 集成 11197		
 爲 10		 爲 22  日甲 32 背  嶽壹・占 三六正	 周・櫝背  里發 [9]11 背  嶽壹・質 0092 背	 陶録 6.77.4  尹嘉  衛嘉	 嶽叁(二)151 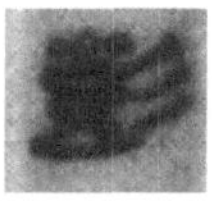 嶽叁(二)154	 秦泥考 1457  秦泥考 1459

0936	0935		0934		0933	0932
虖	虔		虞		豐	豆
虖	虔		虞		豐	豆
	 盄和鐘 集成 00270 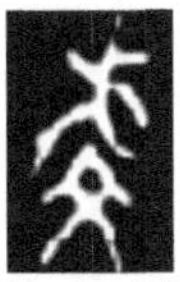 懷后石磬 通鑒 19817	 秦公鐘 集成 00262 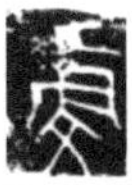 秦公簋 集成 04315				
					 王七年上郡守疾戈 秦銘圖 29	
 秦泥考 1380  梁戎虖印  者虖		 任虔 珍秦齋印 324	 秦律 125	 郭虞 秦風 191  虞年  王虞 陝出印 625	 秦泥考 1456	 法問 27  嶽壹・占三三正

0941 盛		0940 虒	0939 虢		0938 虎	0937 虐
盛		虒	虢		虎	虐
			 秦公簋 集成 04315  盄和鐘 集成 00270		 秦景公石磬 秦文字圖版 62 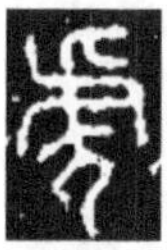 石鼓文 鑾車	
 詛楚文 湫淵  詛楚文 亞駝						 詛楚文 湫淵  詛楚文 巫咸
 大騩權 秦銘圖 131 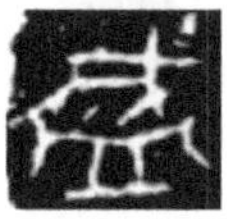 二世詔版 秦銘圖 167	 日甲 160 正 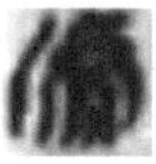 日甲 163 正	 官虒  戠虒		 秦抄 26  秦抄 26  嶽壹・占 三八正	 陶新 1880  臣虎 秦風 63	

0945	0944	0943	0942			
醘	盎	盄	盧			
醘	盎	盄	盧			
		 盄和鐘 集成 00270  秦景公石磬 秦文圖 83				
 日甲 26 背	 封 88  日甲 58 背		 嶽壹・爲八二正  嶽叁(一)52	 秦泥考 903  盧佗 古印菁 50	 周 309  周 341  嶽叁(二)162	 盛疪

0949			0948	0947		0946
鹽*			盡	盈		益
鹽			盡	盈		益
			 懷后石磬 通鑒 19817	 石鼓文 霝雨		 懷后石磬 通鑒 19817
 嶽壹・爲 十八正	 秦律 46  龍 185  里壹 [8]214  嶽叁(一)75	 陶録 6.350.1	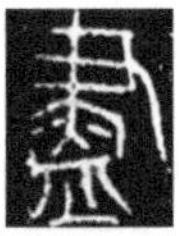 始皇詔版 秦銘圖 136  大騩權 秦銘圖 131  平陽銅權 秦銘圖 182	 效 3 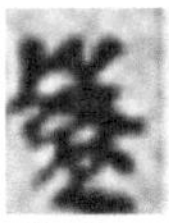 秦律 73  龍 188	 秦律 57  里壹 [8]147  嶽叁(一)81	 段益來  聶益耳  王益 秦風 96

0954	0953	0952	0951			0950
主	衋	卹	血			去
主	衋	卹	血			去
		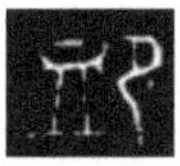 詛楚文 湫淵  詛楚文 亞駝				
 公主田印  主壽	 日乙 11  嶽壹・爲 八三正		 封 88  日乙 62  周 316	 秦律 163  日乙 240  里壹 [8]159 正  嶽叁(一)48	 江去疾  江去疾  張去疢 珍秦齋印 34	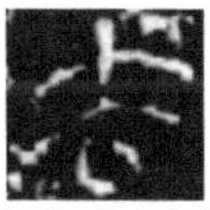 北私府橢量 秦銘圖 147  兩詔橢量 秦銘圖 148

0958 靜		0957 青	0956 彤		0955 丹	
靜		青	彤		丹	
 秦公鐘 集成 00262 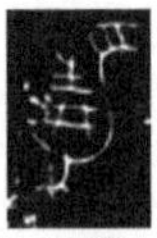 秦公鎛乙 集成 00268			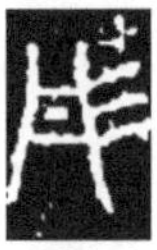 石鼓文 鑾車			
 臣靜 秦風 154  吴靜	 青明	 秦泥考 415  朱青  青肩		 秦律 102  爲 36 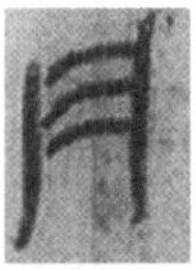 嶽叁(一)99	 陶録 6.1.1  陶録 6.2.2  高丹	 語 6  效 51  周 297  里發 [9]4 正

0961 荆　0960 穽　0959 井

	荆	穽	井		瀞	
			 盄和鐘 集成 00270		 秦景公石磬 秦文圖 77  秦景公石磬 秦文圖 78	 秦公簋 集成 04315  盄和鐘 集成 00270
 詛楚文 湫淵  詛楚文 亞駝	 秦駰玉牘 甲・正  秦駰玉牘 乙・正				「瀞」字重見。	
 法問 188  秦律 135	 邢荊 陝出印 721	 秦律 5  龍 103	 日甲 5 背  天・乙 一三六  周 58  周 161	 陶録 6.330.1 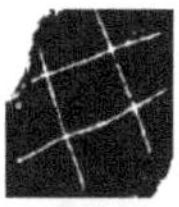 陶録 6.330.2  井楷		

0965	0964	0963		0962		
食	爵	既		即		
食	爵	既		即		
			 石鼓文 遊車  石鼓文 吾水		 秦景公石磬 秦文圖 64  石鼓文 霝雨	 秦公鐘 集成 00265  秦公鎛乙 集成 00268
			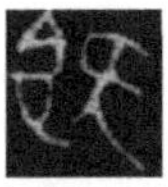 秦駰玉牘 甲・正 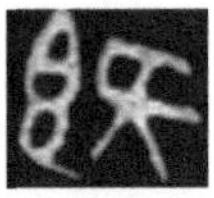 秦駰玉牘 乙・正			
 陶録 6.111.1	 秦抄 37  嶽叁(一)92  嶽叁(一)115	 爲 39  爲 40	 陶録 6.146.3	 嶽叁(一)77  嶽叁(二)154	 法問 38  龍 159  周 352	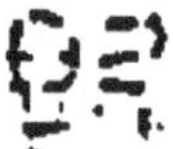 秦泥考 1632  即成  蔡即

0971	0970	0969	0968	0967	0966	
饒	飽	餔	飤	飯	養	
饒	飽	餔	飤	飯	養	
 里壹[8]55 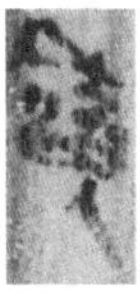 里壹[8]1554正	 嶽壹・占一正	 日甲135正  周367	 陶録6.108.1  陶録6.109.1  秦泥考58	 爲26	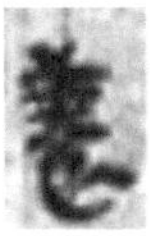 秦律72  里壹[8]1560正  嶽叁(一)53	 秦律46  天・甲一六  嶽壹・占四二正

0978	0977	0976	0975	0974	0973	0972
餖*	餗*	餽	餓	飢	饈	餘
餖	餗	餽	餓	飢	饈	餘
 里壹[8]169正  里壹[8]1467背	 周373	 法問129	 日甲62背	 爲31  嶽壹・爲二一正	 秦律60	 秦律172  效31 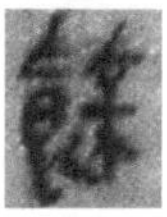 里發[9]1正  嶽叁(一)67

0979	0980	0981		0982		0983
合	僉	今		舍		會
合	僉	今		舍		會
 秦公鐘 集成 00262  秦公鎛乙 集成 00268						
		 詛楚文 湫淵  詛楚文 巫咸				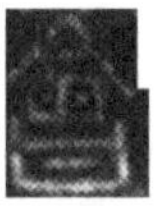 杜虎符 集成 12109  新郪虎符 集成 12108
 日甲 137 背  龍 5  里壹 [8]720 正	 龍 226	 旬邑權 秦銘圖 131  北私府橢量 秦銘圖 147	 法問 163  周 368  里發 [9]3 正  嶽叄(一)56	 陶録 6. 80. 5  陶録 6. 442. 2  徐舍 秦風 207	 法問 180  龍 15  周 249	 許會 陝出印 737  會

0986 內			0985 入	0984 倉		
內			入	倉		
			 秦景公石磬 秦文圖 59  秦景公石磬 秦文圖 62			
	 王八年內史 操戈 珍秦齋秦 56  青川木牘 文 1982. 1. 11	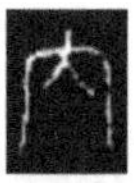 詛楚文 湫淵  詛楚文 亞駝	 廿四年戈秦 文圖 26. 2			
 全宣	 秦律 87  秦律 175  里發 [16]6 正  嶽叁(二)151	 秦泥考 51  陶録 6. 187. 1  茝陽少內	 秦律 8  龍 12 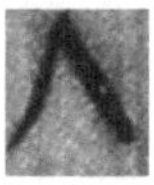 里發 [9]9 正  嶽壹・占 一九正	 秦律 2  里發 [16]6 背  嶽貳・數 177	 陶録 6. 50. 3  秦泥考 419  泰倉	 法問 153  嶽壹・質 0720 正

0993	0992	0991	0990	0989	0988	0987
鉐*	鉅	缺	䍃	匋	缶	全
鉐	鉅	缺	䍃	匋	缶	全
 嶽壹・爲 五九正	 秦律 97	 里壹 [8]157 正  里壹 [8]768 正	 日甲 137 背 用作「摇」。  日甲 139 背	 秦泥考 1601  匋冉	 陶録 6.325.2  陶録 6.325.3  陶録 6.326.2	 法問 69  日甲 75 背  日甲 80 背

	0997	0996		0995		0994	
	矰	矯		射		矢	
	矰	矯		射		矢	
				 石鼓文 田車  石鼓文 鑾車	 石鼓文 鑾車  石鼓文 而師	 不其簋 集成 04328  不其簋蓋 集成 04329	
 日甲 139 背  嶽壹・爲六九正  嶽叁(三)215	 王矰 秦風 92	 語 2  法問 55	 秦抄 26  龍 29  嶽壹・質 0728 正  嶽叁(四)243	 王射 秦風 113  射弋		 封 25  封 66  天・乙七七  周 313 用作「屎」。	

1002 輚*	1001 矣	1000 知	0999 短			0998 矦
輚	矣	知	短			矦
						 詛楚文 湫淵  詛楚文 亞駝
 嶽叁(一)98	 封 84  日甲 14 背  天·乙 三二一  嶽叁(一)114	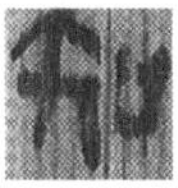 嶽壹·占 三六正	 秦律 98  爲 15  天·乙六九	 秦抄 4  嶽叁(一)24	 陶録 6.343.1  矦嬰 秦風 182	 始皇詔版 秦銘圖 136 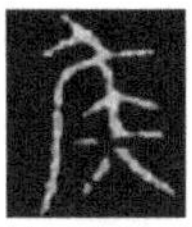 平陽銅權 秦銘圖 182  旬邑權 秦銘圖 131

1003

高

高

不其簋
集成 04328

不其簋蓋
集成 04329

卜淦戈
近出 1174

秦公簋
集成 04315

高奴禾石權
集成 10384

六年上郡守閒戈
近出 1194

高陵君鼎
秦文圖 22

四年相邦呂不韋矛
近出 1213

青川木牘
文 1982.1.11

青川木牘
文 1982.1.11

陶録
6.33.4

陶録
6.383.4

楊高慮
秦風 184

里壹
[8]341

嶽壹・占
四正

嶽叁(四)242

1004

亭

亭

陶録
6.1.3

陶録
6.3.3

陶録
6.4.1

秦泥考 1161

效 52

里壹
[8]665 正

嶽叁(一)66

1005

市

市

秦子戈
新收 1349

秦子戈二
集成 11353

陶録
6.55.1

陶録
6.384.

1008 京		1007 𩫏	1006 央			
京		𩫏	央			
		 石鼓文 吴人				 秦子戈 新收 1349  秦子矛 集成 11547
 嶽叁(一)35  嶽叁(一)38	 陶録 6.99.2  陶録 6.99.3  郭京間 秦風 168	 𩫏者  𩫏図  𩫏臘	 日乙 135  日乙 134	 高未央 秦風 60  王央 珍秦齋印 52	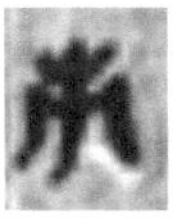 秦律 65  周 210  嶽叁(一)64	 秦泥考 1591  丁市

1013	1012	1011	1010		1009	
厚	𩫏	享	亯		就	
厚	𩫏	享	亯		就	
	 不其簋 集成 04328  不其簋蓋 集成 04329		 秦子簋蓋 珍秦齋秦 30  盄和鐘 集成 00270	 不其簋 集成 04328  不其簋蓋 集成 04329		
 青川木牘 文 1982.1.11						
 嶽貳·數 180		 秦律 5  日甲 37 背			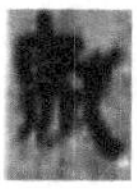 秦律 48  效 49  日甲 56 正	 陶録 6.11.3  陶録 6.93.4  就邦

1018	1017	1016			1015	1014
亶	稟	㐭			良	畗
亶	稟	㐭			良	畗
					 仲滋鼎 新收 632	
	 寺工師初壺 集成 09673  三年相邦呂不韋矛 近出 1215	 㐭丘戈 秦銘圖 191	 宗邑瓦書 秦陶 1610	 十九年大良造鞅殳鐓 近出 1249 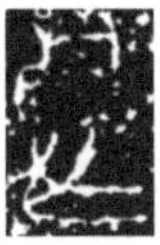 商鞅方升 集成 10372	 十三年大良造鞅戟 集成 11279  十六年大良造庶長鞅戈鐓 集成 11911	
 亶耐	 秦律 34 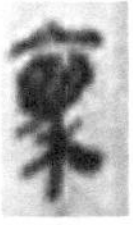 秦律 44  秦律 11			 日乙 68  周 363  周 363	 良夫	 日乙 195

1022 麥			1021 來	1020 牆	1019 嗇	
麥			來	牆	嗇	
		 石鼓文 避車  石鼓文 而師	 不其簋 集成 04328  不其簋蓋 集成 04329			
			 商鞅方升 集成 10372  宗邑瓦書 秦陶 1610			
 秦律 38  日乙 46  日乙 65  里壹 [8]258	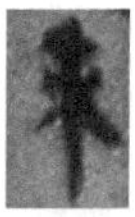 里壹 [8]134 正  嶽叁(一)38	 秦律 46  天・乙 三三六  龍 116  周 187	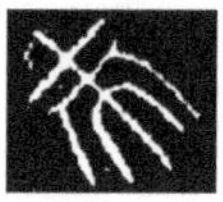 陶新 3155 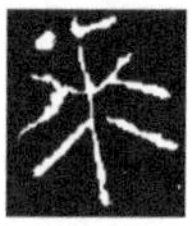 陶新 3157  段益來 珍秦齋印 32	 秦律 195  日乙 114	 效 8  天・甲一四  嶽壹・爲 九正	 嶽壹・爲 一四正  嶽壹・爲 四四正

1027	1026		1025		1024	1023
𪍿	憂		致		夌	䴷
𪍿	憂		致		夌	䴷
 石鼓文 作原						
	 秦駰玉牘 乙・正 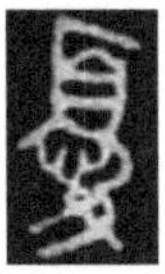 秦駰玉牘 乙・正	 秦駰玉牘 甲・正  秦駰玉牘 甲・正		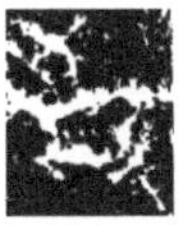 宗邑瓦書 秦陶 1610		
 日甲 153 正  日乙 82  嶽壹・爲 六四正		 爲 40  周 205 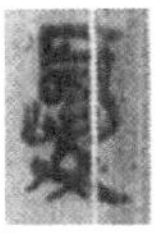 嶽叁(二)142	 秦律 11  秦律 46  龍 8  嶽叁(一)3	 陶録 6.45.1	 里壹 [5]5 正  里壹 [5]5 背	 秦律 43

1032 韋		1031 韏		1030 夒	1029 夏	1028 愛
韋		韏		夒	夏	愛
				 秦子簋蓋 珍秦齋秦 30	 秦公簋 集成 04315  盄和鐘 集成 00270	
 五年相邦呂 不韋戈 集成 11396  七年相邦呂 不韋戟 秦銘圖 70	 三年相邦呂 不韋戟 秦銘圖 61  四年相邦呂 不韋戟 秦銘圖 65					
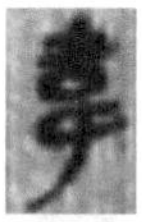 秦律 89  嶽壹・爲 四八正	 韋游	 日甲 28 正	 周 333  日乙 48  日乙 49  日乙 50		 秦泥考 1450  夏侯偃  段夏	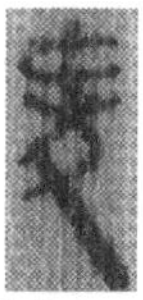 嶽壹・占 二六正

1035 弟		1034 轓*			1033 韓	
弟		轓	韓		韓	
						 九年相邦呂 不韋戟 近出 1199
 秦抄 7  天・乙 二五四  周 193  嶽壹・占 一一正	 張弟 秦風 109  孝弟 珍秦齋印 363  孫弟	 日甲 81 背	 韓駕 秦風 205	 編 24.2  日甲 22 背  周 2	 韓窯 秦風 55  韓枯 秦風 71  韓杞 秦風 171	

1039		1038	1037	1036		
乘		磔	桀	久		
乘		磔	桀	久		
 公乘	 陶録 6.98.1  陶録 6.307.4  王乘 秦風 82	 法問 67  嶽叄(二)147  嶽叄(二)166	 日甲 93 正  日乙 93 用作「傑」。	 效 40  秦抄 24	 陶録 6.425.3  陶録 6.435.1  亭久	 美陽權 秦銘圖 183  大騩權 秦銘圖 131

					 里發[16]6正 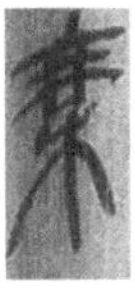 嶽叁(一)47	 日乙68  日乙95  龍59  周187

秦文字字形表 卷六

	1040 木	1041 橘		1042 梬	1043 杏
	木	橘		梬	杏
春秋					
戰國					
秦代	 秦律 10  天・乙七七  周 316  嶽壹・占六正	 秦泥考 1091  橘監	 嶽叁(一)96	 楊梬	 陶録 6.171.1

1047	1046	1045		1044		
杜	棠	桃		李		
杜	棠	桃		李		
 杜虎符 集成 12109  宗邑瓦書 秦陶 1610						
 陶録 6.394.2  秦泥考 1263  杜禄 秦風 52	 陶新 256	 日甲 36 背  周 313  嶽壹・占 三一正	 秦泥考 1518  左礜桃支 秦風 27  桃目	 日甲 145 背  日乙 67  嶽壹・占 三二正	 陶録 6.451.4  李萃 秦風 52  李羥 秦風 54	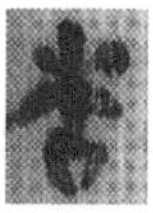 嶽壹・質 0192 正

1053	1052		1051	1050	1049	1048
桔	栩		棫	柀	梓	楷
桔	栩		棫	柀	梓	楷
			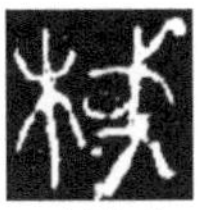 石鼓文 作原			
 日乙 104	 天・乙 一八一	 栩公 秦風 53  火栩	 龍 38	 效 19  日乙 58  嶽壹・占 一〇正	 里壹 [8]71 正  里壹 [8]1445 正	 龍 38

		1058	1057	1056	1055	1054
		楊	枋	櫑	枸	柞
		楊	枋	櫑	枸	柞
		 石鼓文 汧沔				 石鼓文 作原
 嶽壹・質 四四  嶽壹・爲 七九正  嶽叁(二) 208	 楊贏	 陶録 6.281.6  陶録 6.293.2  楊儹 秦風 126	 日甲 66 背 用作「柄」。	 里壹 [8]1221	 秦律 134  里壹 [8]455  里壹 [8]855	

1059		1060	1061	1062	1063	1064
柳		梬	欒	枳	權	柜
柳		梬	欒	枳	權	柜
 石鼓文 汧沔						
		  梬矛				
 陶録 6.6.1  王柳  柳	 秦律 131  日甲 1 正  周 154  周 160	 陶新 1241  梬邑尉印 秦風 23	 王欒	 日甲 49 正  日甲 153 背  里壹 [8]855	 封 67  爲 27  嶽壹・爲八四正	 爲 19

1065 槐	1066 楮	1067 杞		1068 檀	1069 櫟	
槐	楮	杞		檀	櫟	
					 四年相邦樛斿戈 集成 11361  元年丞相斯戈 近出 1189	
 陶録 6.425.4 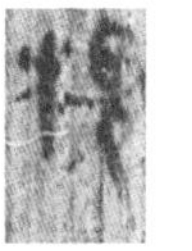 里壹 [8]217	 日甲 130 正  日甲 130 正	 韓杞 秦風 171	 天・乙 一四四	 檀佗	 左樂兩詔鈞權 秦文圖 43 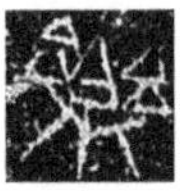 左樂兩詔鈞權 秦文圖 43	 陶録 6.384.1  陶録 6.384.4  陶録 6.136.1

1073	1072	1071		1070		
橎	桐	榮		梧		
橎	桐	榮		梧		
 龍 38	 日甲 52 背	 日甲 81 背	 榮祿	 里壹[8]376 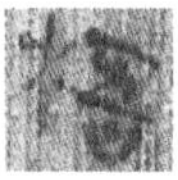 里壹[8]758	 蒼梧侯丞	 櫟讙

1077	1076		1075		1074	
某	柏		梗		榆	
某	柏		梗		榆	
 陶録 6.25.2	 日甲 35 背 用作「白」。  里壹 [8]823 正	 范柏 陝出印 828  孔柏 秦風 191  李柏 秦風 115	 日甲 71 背	 南郭梗	 日乙 67	 陶録 6.297.1  长榆根

1081 朱　1080 柢　1079 本　1078 樹

朱	柢	本		樹		
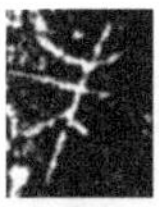 私官鼎 集成02658  卌年銀耳杯 新收1078						
 朱頎 秦風218  朱獲 陝出印714	 語11  封69  周191  周191	 封53  爲47  周315	 陶録 6.81.3	 周195	 嶽壹·爲 五四正  嶽壹·爲 七四正	 效27  效28  天·乙 二七〇  周343

1085	1084		1083		1082	
枝	果		末		根	
枝	果		末		根	
						 卌一年 銀耳杯 新收 1077 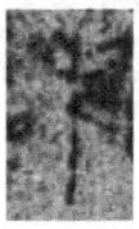 三年詔事鼎 集成 02651
 枝起  閭枝長左  楊枝 陝出印 776	 日甲 3 背  日甲 129 背  嶽叁(一)4	 陶録 6.169.3  王果 秦風 148	 周 201	 陶録 6.171.3	 爲 6	 效 7 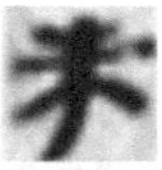 法問 140

1090		1089	1088	1087	1086	
柖		朵	梃	櫜	枚	
柖		朵	梃	櫜	枚	
 日甲 47 正	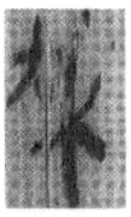 嶽壹・爲七九正	 畢朵	 法問 90	 櫜	 陶新 1663	 里壹[8]455
 日甲 54 正	 嶽叁(一)63	 李朵 珍秦印展 137	 法問 91	 櫜	 傅枚 秦風 106	
 日甲 55 正	 嶽叁(一)63		 法問 91		 枚嘉 秦風 202	

1091	1092		1093	1094	1095	1096
榣	樛		枉	柣	格	枯
榣	樛		枉	柣	格	枯
	 太官盉 近出 940					
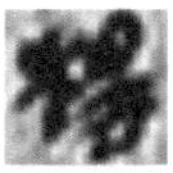 日甲 58 正  日甲 55 正 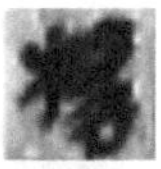 日甲 56 正	 高居樛競 秦風 197  莊樛	 里壹 [8]134 正	 嶽叁(一)29  嶽叁(一)29	 秦律 134  秦律 135  里壹 [8]2247	 法問 66  里壹 [8]455	 韓枯 秦風 71

1101 材	1100 杒		1099 柔	1098 樸	1097 槀	
材	杒	⿰卣夒	柔	樸	槀	
		 盄和鐘 集成 00270		 石鼓文 遊車		
 秦泥考 1570	 杒華		 爲 35		 爲 32	 日甲 55 背  里壹[8]1221 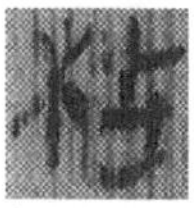 嶽壹・占一〇正

1106		1105	1104	1103	1102	
榦		築	栽	杲	榑	
榦		築	栽	杲	榑	
 秦抄 24  爲 42  里壹[8]1831	 秦泥考 465  秦泥考 932	 封 97  天・甲一五	  秦律 125	 陶録 6.13.1  陶録 6.13.2	 任榑 秦風 183	 法問 52  法問 140  嶽壹・爲一三正  嶽叁(一)62

1113	1112	1111	1110	1109	1108	1107
桯	桓	槍	樓	椽	柱	極
桯	桓	槍	樓	椽	柱	極
						 秦景公石磬 秦文圖 64
 楊桯	 秦泥考 1477  秦泥考 1479	 爲 23	 爲 22	 周 49	 李柱	 封 3

1120	1119	1118	1117	1116	1115	1114
梧	杵	櫌	枱	苿	櫝	𣏟
梧	杵	櫌	枱	釪	櫝	𣏟
					 詛楚文湫淵 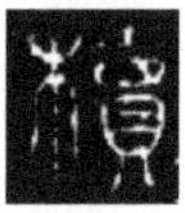 詛楚文亞駝	
 封 93  周 369	 日甲 8 背  日甲 50 背	 周 316	 日甲 24 背	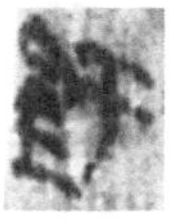 里壹[8]410 「苿」之或體。	 秦律 135  天・乙三〇三  龍 122	 日甲 125 正  周 119

1126	1125	1124	1123	1122	1121	
機	暴	椑	杓	枓	案	
機	暴	椑	杓	枓	案	杯
 龍 103  里壹 [6]25	 日乙 111  日乙 111  日乙 156	 爲 22	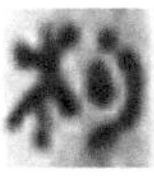 日甲 138 背	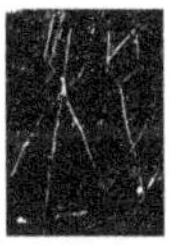 陶新 2644	 語 7  里發 [8]156  嶽壹·爲 七一正	 周 344  周 338  周 341

1127	1128	1129	1130	1131	1132	1133
縢	杼	椱	楥	棧	椯	椎
縢	杼	椱	楥	棧	椯	椎
				 詛楚文 湫淵  詛楚文 亞駝		
 里壹 [6]25	 里壹 [6]25	 里壹 [8]1680	 楥媛		 日甲 25 背  嶽壹・爲 七二正	 令狐椎 秦風 206

1138 棱		1137 杘	1136 柲	1135 柄	1134 柯	
棱		杘	柲	柄	柯	
 爲 33	 司馬棱	 日甲 64 正	 柲得	 爲 5	 里壹[8]478	 日甲 36 背  日甲 40 背

1143 极	1142 欙	1141 檢	1140 札	1139 樂		
极	欙	檢	札	樂		
 石鼓文 靁雨					 懷后石磬 通鑒 19817	 秦景公石磬 秦文圖 59  石鼓文 田車
					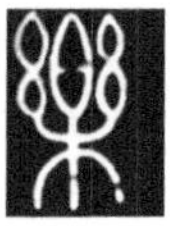 樂府鐘 秦銘圖 186	 十四年相邦 冉戈 秦文圖 38
	  秦律 134  秦律 135	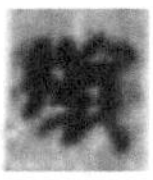  法問 202	 效 41  效 41	 日乙 132  里壹 [8]1286  嶽叁(一)18	 樂弌 秦風 200  樂陰右尉 秦風 20  長樂	 櫟陽虎符 近出 1256  陶新 2938  秦泥考 61

1147 校		1146 楫	1145 樓			1144 橋
校		楫	樓	橋		
						 青川木牘 文 1982.1.11
 效 56  封 95  里發 [9]1 正  嶽叄(一)1	 陶録 6.75.5	 嶽壹・爲 六〇正	 里壹 [6]4  嶽壹・爲 二三正	 爲 21  龍 60  嶽壹・爲 七四正	 橋邦 珍秦齋印 144	 橋欸 秦風 48  橋鳥 秦風 53  橋稱 陝出印 822

1153	1152	1151	1150	1149	1148	
析	槎	柧	横	梜	采	
析	槎	柧	横	梜	采	
 封 60  里壹 [8]1221  嶽壹・質 1951 正	 里壹 [8]355	 里壹 [8]478	 郭横 秦風 109  王横	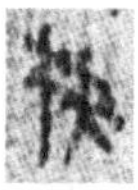 里壹 [8]145 正	 秦抄 23 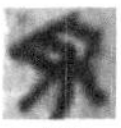 法問 7 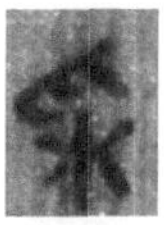 里發 [9]11 正  嶽壹・爲 二〇正	 秦泥考 415  秦泥考 1556

1158 槽	1157 棺	1156 桓	1155 休	1154 枼		
槽	棺	桓	休	枼		
			 不其簋 集成 04328  不其簋蓋 集成 04329			
			 秦駰玉牘 甲・正  秦駰玉牘 乙・正	 詛楚文 湫淵  詛楚文 亞駝	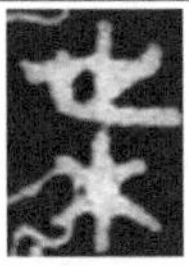 秦駰玉牘 甲・背  秦駰玉牘 乙・背	
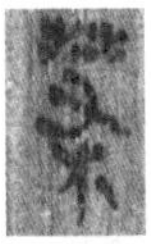 里壹 [8]648 正  里壹 [8]139	 嶽叄(一)62  嶽叄(一)65  嶽叄(一)65	 周 316 用作「恒」。		 里壹 [8]737 正  里壹 [8]1469 正	 日乙 176  里發 [16]9 正  里壹 [8]145 正	 嶽壹・質 0066 正

1165	1164	1163	1162	1161	1160	1159
椋*	楫*	梀*	柞*	柁*	杋*	楬
椋	楫	梀	柞	柁	杋	楬
 日甲 2 背	 里壹[8]1562 正	  封 66 用作「椒」。	 龍 38	 日甲 119 正	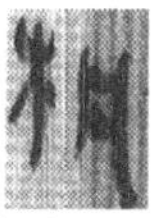 嶽壹・爲六五正	 周 211  里壹[8]92

	1171	1170	1169	1168	1167	1166
	東	㯓*	榬*	棨*	椓*	𣐊*
	東	㯓	榬	棨	椓	𣐊
	 秦政伯喪戈 珍秦齋秦 42					
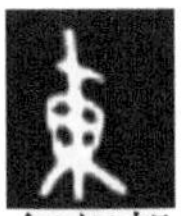 九年相邦呂不韋戟 近出 1199  九年相邦呂不韋戟 近出 1199	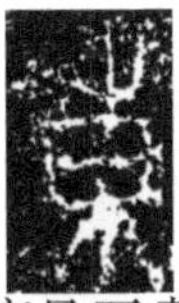 宗邑瓦書 秦陶 1610 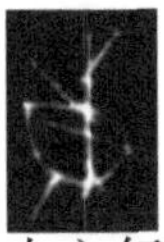 二十六年蜀守武戈 集成 11368					
 日乙 180  天・甲六九  天・甲七一  周 144	 陶録 6.296.2  陶録 6.414.6	 秦律 132	  里發 [12]10 背	  秦律 131	 里壹 [8]1243	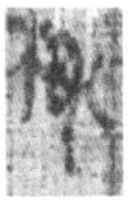 里壹 [8]645 正

1174 鬱	1173 舞			1172 林		
鬱	舞			林		
	 盄和鐘 集成 00270  秦景公石磬 秦文圖 73	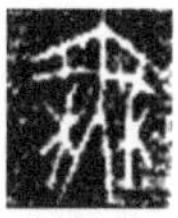 秦公鐘 集成 00263 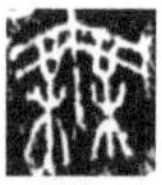 秦公簋 集成 04315	 不其簋 集成 04328  不其簋蓋 集成 04329			
		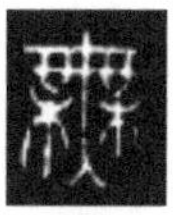 詛楚文 湫淵  詛楚文 亞駝	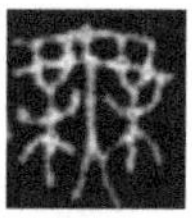 秦駰玉牘 甲・正  秦駰玉牘 乙・正			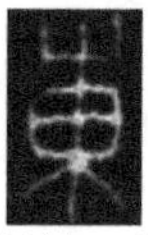 秦駰玉牘 甲・正
 封 66  封 71		 秦律 8  日乙 40	 秦泥考 1442  王無 秦風 206	 編 24.1  秦律 4  天・乙 二二九	 秦泥考 1044 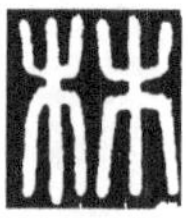 上林郎池 秦風 29  林趨 珍秦齋印 70	

1178	1177		1176		1175	
之	桑		才		楚	
之	桑		才		楚	
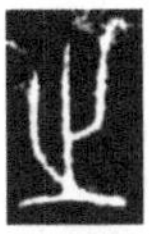 秦公簋 集成 04315 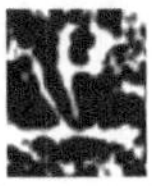 秦子簋蓋 珍秦齋秦 30			 秦公簋 集成 04315  盄和鐘 集成 00270	 秦公鐘 集成 00263		
 十三年大良 造鞅戟 集成 11279  庶長鞅殳鐓 秦文圖 16		 宗邑瓦書 秦陶 1610 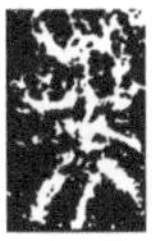 宗邑瓦書 秦陶 1610	 宗邑瓦書 秦陶 1610	 新郪虎符 集成 12108		 詛楚文 湫淵  詛楚文 亞駝
 旬邑權 秦銘圖 131 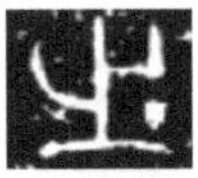 美陽權 秦銘圖 183	 日甲 48 背  日乙 67  周 316	 秦泥考 1044  秦泥考 1046	 秦律 30  封 21  封 34 用作「在」。	 陽陵虎符 近出 1255 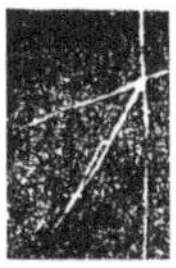 陶録 6.456.2	 日乙 243  日甲 64 正	 陶新 3304  楚萃 秦風 46  楚

1180 師 師			1179 巿 巿			
 石鼓文 而師		 秦子戈 新收 1349  秦子矛 集成 11547	 秦子戈 集成 11353  秦子戈二 集成 11352			 有司伯喪矛 珍秦齋秦 46  石鼓文 遊車
 六年漢中守 運戈 集成 11367  六年上郡守 閒戈 近出 1194	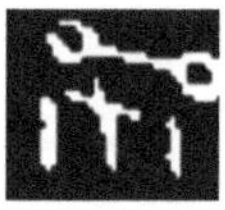 廿九年太后 漆匳 秦文圖 27	 卅一年相邦 冉戈 秦文圖 38 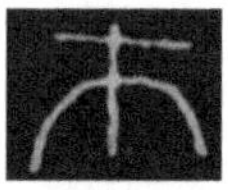 工師文罍 秦文圖 28	 十四年相邦 冉戈 集成 11342  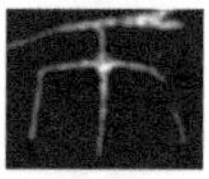 丞相觸戈 集成 11294	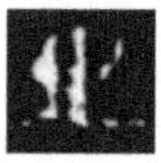 青川木牘 文 1982.1.11  青川木牘 文 1982.1.11	 秦駰玉牘 甲・正  秦駰玉牘 乙・正	 宗邑瓦書 秦陶 1610 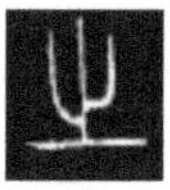 詛楚文 湫淵
 工師之印 秦風 19  師越  師			 日甲 149 背 用作「師」。		 效 1 正  龍 21  周 224  周 243	 陶録 6.365.2  秦泥考 47

1182	1181					
敖	出					
敖	出					
卷四「敖」字重見。				 石鼓文 田車  石鼓文 吳人		
				 宗邑瓦書 秦陶 1610	 詛楚文 湫淵  十七年太后 漆盒 考文 2002.5.64	 七年上郡守 閒戈 秦銘圖 33  高陵君鼎 秦文圖 22
 爲 19  秦律 191	 嶽叁(一)56  嶽叁(一)57	 龍 2  周 367  里壹 [8]774	 秦律 85  日乙 247  天・乙六九  龍 230	 陶新 615		 秦律 111  秦抄 17  秦抄 18  日甲 7 正

1183 賣	1184 索		1185 南			
賣	索		南			
 嶽簡 1265	 陶新 2378  陶新 2379	 秦律 22  封 70  封 71 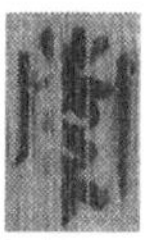 嶽壹・爲四九正	 陶録 6.315.1  秦泥考 907  南池里印 秦風 31	 南鄉 秦風 37	 日乙 199  天・甲六〇  龍 214  周 156	 周 337  里壹[8]228  嶽叄(一)40

1186 生

生

盄和鐘
集成 00270

秦景公石磬
秦文圖 75

陶録
6.100.3

陶録
6.284.2

富生

生樂

秦律 77

天・甲一六

周 344

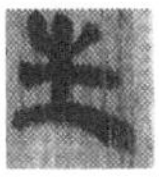
嶽壹・占
六正

1187 產

產

陶新 196

王產
秦風 195

法問 177

龍 38

周 379

里壹
[8]100—2

嶽叁(一)
132

周 145

嶽壹・占
二四正

1193 桼	1192 巢	1191 稽		1190 華		1189 牲*
桼	巢	頧	稽		華	牲
		 不其簋 集成 04328  不其簋蓋 集成 04329			 石鼓文 作原	
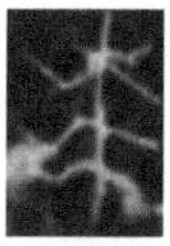 七年上郡守 閒戈 秦銘圖 33  十三年上郡 守壽戈 秦文圖 21						
  日甲 68 正	 嶽壹・爲 七六正 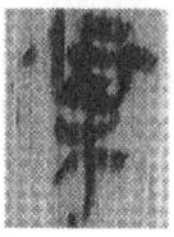 嶽壹・爲 八四正		 編 52.1  爲 5	 編 34.1 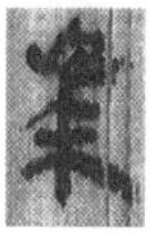 嶽壹・占 六正	 陶録 6.324.1  秦泥考 894  杒華	 日乙 174

<table>
<tr><td>1196
柬</td><td>1195
束</td><td colspan="2">1194
髤</td><td colspan="3"></td></tr>
<tr><td>柬</td><td>束</td><td colspan="2">髤</td><td colspan="3"></td></tr>
<tr><td></td><td>
不其簋
集成 04328

不其簋蓋
集成 04329</td><td></td><td></td><td></td><td></td><td></td></tr>
<tr><td></td><td></td><td></td><td></td><td>
漆垣戈</td><td>
卅七年上
郡守慶戈
新收 1768

漆垣戈
集成 10935</td><td>
十八年上
郡戈
集成 11378
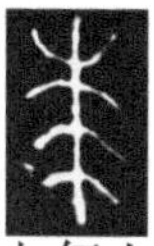
廿七年上守
趞戈
集成 11374</td></tr>
<tr><td>
周 375</td><td>
秦律 8

嶽叁(四)240

嶽叁(四)24</td><td>
里壹
[8]383

里壹
[8]1548</td><td>
效 45
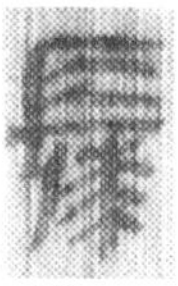
效 46

日乙 67</td><td></td><td></td><td></td></tr>
</table>

1201		1200		1199	1198	1197	
國		圖		回	囊	橐	
國		圖		回	囊	橐	
 盄和鐘 集成 00270							 石鼓文 汧沔
	 八年相邦呂 不韋戈 集成 11395	 五年相邦呂 不韋戈 集成 11380  五年相邦呂 不韋戈 集成 11396	 詛楚文 湫淵  詛楚文 亞駝				
 陶録 6.328.2  國强  國友		 日甲 44 背  日甲 73 背	 趙圖 珍秦齋印 141  商圖	 日甲 159 背	 爲 18  日甲 4 背  周 313 用作「蠹」。	 陶新 3152  陶新 3153  橐治勝	

	1205		1204		1203	1202
	園		囿		圈	困
	園	圞	囿		圈	困
		 石鼓文 吴人	 秦公簋 集成 04315			
 陶新 907  秦泥考 1047  咸陵園相 秦風 19	 驪山園鐘			 日甲 19 背 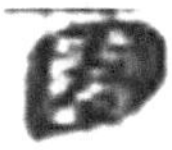 日甲 20 背	 秦泥考 1021	 日甲 115 正  爲 15  天・甲七三  周 351

	1206	1207	1208		1209	1210
	因	囚	固		圍	困
	因	囚	固		圍	困
 秦抄 20  秦抄 21  龍 200	 語 11  爲 20  周 316  嶽叁(三)219	 法問 93  法問 12  天・乙三七一  周 299	 李固  田固	 爲 1  爲 3  嶽叁(一)28	 秦抄 36  封 67	 爲 15  日甲 59 正  日甲 61 正

1211		1212	1213	1214	1215	1216
圂		囚*	㐭*	圚*	䨏*	員
圂		囚	㐭	圚	䨏	員
					 秦景公石磬 秦文圖 63 讀「固」。	
 遽圂  亶圂  楊圂 陝出印 784	 日乙 188  天·乙七七  里壹[8]154 背	 爲 13 用作「究」。	 爲 34 用作「囿」。	 里壹[8]1680		 員奢  行員

1220	1219	1218	1217			
資	貨	財	貝			
資	貨	財	貝		鼏	
					 石鼓文 遊車	
 日乙 18  嶽壹・占 一一正  嶽壹・占 一二正	 效 2  日乙 18  周 219  嶽叁(二)195	 天・乙 一〇二  周 219  嶽壹・爲 五九正	 爲 18  嶽壹・爲 四六正	 陶録 6.17.1  陶録 6.72.4  陶録 6.73.2		 秦律 123  爲 29  嶽壹・爲 六九正

1223 賀		1222 賁		1221 賢		
賀		賁		賢		
						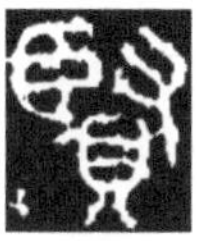 石鼓文 鑾車
						 卅七年上郡 守慶戈 新收 1768
 日乙 95  天・乙 三〇九	 范賀 秦風 60  薛賀 秦風 228  王賀 秦風 82	 日甲 56 背  周 320	 賁鮮  賁	 爲 5  爲 27  里壹 [8]133 背	 泠賢  泠賢	 畢賢 秦風 124  韓賢 秦風 115  石賢 秦風 222

1224 贊	1225 齎	1226 貣		1227 賸	1228 贛	
贊	齎	貣		賸	贛	
 橋贊 秦風 57  牢贊 珍秦齋印 69  李贊 秦風 65	 秦律 177  效 39  嶽叁(三)216	 趙貣 秦風 73	 秦律 44  秦律 45  嶽壹·爲三二正  嶽叁(三)226	 法問 170  法問 171	 陶録 6.292.1  陶録 6.297.1	 里壹 [8]459

1231 贏	1230 賜				1229 賞	
贏	賜				賞	
				 秦駰玉牘乙・背  詛楚文巫咸		
 效 41  效 1 正  龍 116  嶽壹・爲八一正	 孟贏  楊贏	 周 195 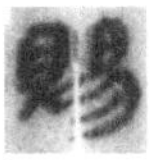 嶽叁(二)175	 秦律 153  秦律 1  龍 166	 陶録 6.145.4  賜璽	 秦律 174  秦律 174  嶽壹・爲八三正	 羌百賞秦風 182  商賞秦風 83

1238	1237	1236	1235	1234	1233	1232
質	贅	貰	賓	貳	賴	負
質	贅	貰	賓	貳	賴	負
 詛楚文 湫淵  詛楚文 亞駝				 秦駰玉牘 乙·背  秦駰玉牘 乙·背		
 法問 148 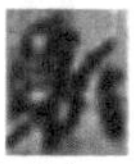 法問 148  龍 48  嶽壹·質 一背	 爲 19  爲 21	 爲 13  嶽壹·爲 十八正  嶽壹·爲 三二正	 里壹 [8]461 正	 爲 14  里壹 [8]163 正  里壹 [8]163 背	 爲 15	 秦律 80  效 34  嶽叁(一)51

1242	1241		1240		1239	
責	費		贖		貿	
責	費		贖		貿	
 秦律 76  秦律 76  里發[9]1 正	 秦律 37  秦抄 22  嶽叁(一)85	 費默 秦風 177	 里發[16]5 正  嶽叁(一)13	 秦律 61  秦律 133  龍 234	 法問 202  嶽叁(一)69	 陶新 1970  陶新 1971

1245 買　　1244 販　　1243 賈

買		販	賈		賫	
					 秦公簋 集成 04315	
 秦抄 14  周 247  嶽叁(一)82	 李買 秦風 78  殷買臣	 龍 180  嶽叁(一)74	 效 12  效 58  嶽叁(一)40	 陶録 6.326.2  賈等 秦風 47  賈禄 秦風 90		 嶽叁(一)51  嶽叁(一)78

1246	1247	1248	1249	1250	1251	
賤	賦	貧	賃	購	貲	
賤	賦	貧	賃	購	貲	
 王四年相邦 張義戈 秦文圖 17	 詛楚文 湫淵  詛楚文 亞駝					
 日甲 116 正  嶽叁(三) 222	 秦抄 22  嶽壹・爲 五九正	 日乙 101  日乙 102  里發 [9]2 正	 爲 9  爲 9	 法問 138  法問 139  龍 145	 陶録 6.292.2  陶録 6.293.2  陶録 6.297.2	 效 9  里發 [9]1 正  嶽叁(一)30

1255 饑*	1254 贊*	1253 斯*	1252 貴			
饑	贊	斯	貴			
 效 24  日甲 81 背 用作「負」。	 陶録 6.277.5	 陶録 6.247.3	 嶽叁(一)76	 日乙 237  爲 2  周 146	 王貴 陝出印 619  富貴 陝出印 1732	 陶新 1244  解貴 陝出印 769

1258		1257				1256
邦		邑				賷*
邦		邑				賷
	 盄和鐘 集成 00270  盄和鐘 集成 00270					
 十四年相邦 冉戈 秦文圖 38  廿年相邦 冉戈 集成 11359	 四年相邦樛 斿戈 集成 11361  十三年相邦 義戈 集成 11394			 宗邑瓦書 秦陶 1610	 元年丞相 斯戈 近出 1189	
 秦律 201  日乙 19  嶽叁(一)33	 陶録 6.303.1 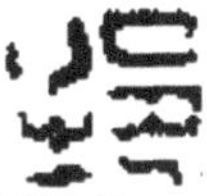 秦泥考 356  呂邦 陝出印 677	 周 55  里發 [12]10  嶽叁(二)167	 秦律 21  天・乙 一六五  龍 250	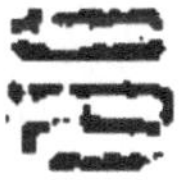 秦泥考 1461  救邑	 陶録 6.52.1  陶録 6.312.3  旬邑權 秦銘圖 131	 法問 203

1260

都

1259

郡

		都			郡	
	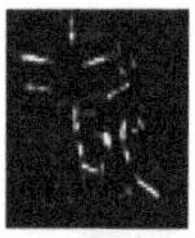 武都矛 集成 11506	 十二年上郡 守壽戈 2 集成 11404  九年相邦呂 不韋戟 近出 1199		 卅七年上郡 守慶戈 新收 1768  卅八年上郡 守慶戈 近出 1185	 王六年上郡 守疾戈 集成 11297  王七年上郡 守疾戈 秦銘圖 29	 詛楚文 亞駝
 里發 [9]2319 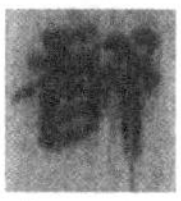 嶽叁(二)153	 秦律 86  周 14  里發 [9]8 正	 陶録 6.318.3  陶録 6.423.1  都亭	 里發 [9]2 正  里發 [9]3 正  里發 [9]4 正	 秦律 157  龍 214	 秦泥考 318	

1265	1264		1263		1262	1261
郵	邸		鄙		鄸	鄰
郵	邸		鄙		鄸	鄰
 語 8  秦律 3  周 12	 里壹［8］904 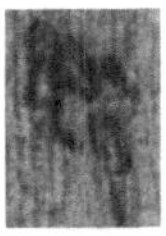 里壹［8］904	 秦泥考 351  邸弱	 爲 5  爲 9	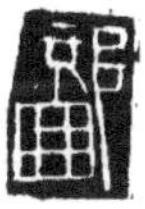 鄙□	 秦泥考 1334	 法問 98  日乙 21  嶽壹·爲六二正

	1266	1267		1268	1269	
	郂	郝		酆	鄭	
	岐	郝		酆	鄭	
				 宗邑瓦書 秦陶 1610	 十九年大良 造鞅殳鐓 近出 1249	
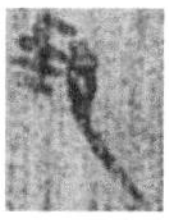 里壹 [6]1 背  里壹 [6]2	 秦泥考 1598 《説文》或體。	 陶新 1849  郝氏 秦風 57	 郝縠 珍秦齋印 303  郝蚖 珍秦齋印 304	 秦泥考 1260  酆丞 陜出印 25	 秦泥考 1387  鄭大夫 秦風 54  鄭得 秦都咸陽考 古報告 652	 封 34  周 173  嶽壹・質 0050 正

1270	1271	1272		1273	1274	
郚	邽	部		邵	郤	
郚	邽	部		邵	郤	
 十七年丞相啟狀戈 集成 11379  十七年丞相啟狀戈 集成 11379				 詛楚文 湫淵  詛楚文 亞駝		
	 陶録 6.460.4  秦泥考 1243  下邽	 趙部耆 秦風 133  隅陵之部	 秦抄 14  里壹 [8]573  嶽叁(一)4		 郤政	 日乙 197  日乙 199  里壹 [8]134 正

1279	1278		1277		1276	1275
鄴	鄲		邯		祁	鄔
鄴	鄲		邯		祁	鄔
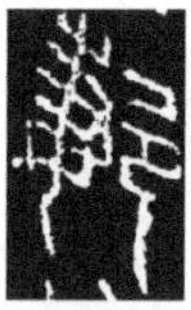 新鄴虎符 集成 12108						 詛楚文 亞駝  詛楚文 巫咸
	 里壹 [8]894	 秦泥考 1192  秦泥考 1194	 編 50.1 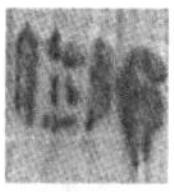 里壹 [8]894	 陶録 6.401.1  秦泥考 1214	 祁鄉	

1284 邛	1283 郫	1282 鄢	1281 郢		1280 鄧	
邛	郫	鄢	郢		鄧	
 里壹 [8]645背	 里壹 [8]1364	 編14.2  里壹 [8]807  嶽壹·質 四九	 日甲69背  日甲82背	 上官郢 秦風134  上官郢 陝出印833	 編27.1  里壹 [8]136正  嶽壹·質 0071正	 陶録 6.444.1  陶録 6.444.4

1291	1290	1289	1288	1287	1286	1285
邪	郲	鄣	鄴	邳	郎	鄒
邪	郲	鄣	鄴	邳	郎	鄒
			 懷后石磬 通鑒 19817			
 十七年丞相 啟狀戈 集成 11379						
 秦泥考 1578	 秦泥考 1412	 嶽壹・爲 二一正  嶽壹・爲 二四正		 邳亭	 秦泥考 133  上林郎池 秦風 29	 秦泥考 1611  鄒乙  鄒劉

1295	1294			1293	1292	
邱	郣			郭	邦	
邱	郣	⿰阝享		郭	邦	
		「郭」字異體，卷十四重見。				
 宗邑瓦書 秦陶 1610		 宗邑瓦書 秦陶 1610				
	 王郣		 爲 8  嶽壹・占二七正	 郭夸 秦風 154  郭馬童 秦風 223  郭目 秦風 227	 秦泥考 1410	 語 6  秦律 89

1301 郗*	1300 ⿰完阝*	1299 邹*	1298 ⿰百阝*	1297 ⿰介阝*	1296 郤	
郗	⿰完阝	邹	⿰百阝	⿰介阝	郤	
 里壹 [8]1811	 陶録 6.32.3  陶録 6.32.4	 里壹 [8]1364	 龍 120 用作「陌」。	 陶録 6.23.3	 里壹 [8]664 背  里壹 [8]665 正	 段郤  陽成郤  郤

1302 郒*	1303 ⿰屈阝*	1304 ⿰負阝*	1305 ⿰屢阝*	1306 鄉		
郒	⿰屈阝	⿰負阝	⿰屢阝	鄉		
 詛楚文 亞駝  詛楚文 巫咸						
	 陶録 6.8.1  陶録 6.54.1  咸⿰屈阝里竭 秦風 19	 日甲 103 正	  日甲 53 背 用作「屢」。	 陶録 6.415.4  咸陽右鄉 陝出印 26  北鄉之印 秦風 29	 安陽鄉印 秦風 30  櫟陽鄉印 秦風 30	 日乙 75  日乙 75  龍 10  周 263

1307

巷

		衖		巷	卿	
			「巷」字異體。		卷九重見。	
		 日甲 83 背	 秦泥考 563  秦泥考 569	 封 79  嶽貳・數 67	 日乙 199  日乙 200  嶽貳・數 134  嶽貳・數 134	 嶽壹・質 0068 正  嶽壹・質 0051 正

秦文字字形表 卷七

	1308 日 日			1309 時 時	
春秋	 石鼓文 吾水			 石鼓文 避車	
戰國	 秦駰玉牘 乙・背	 青川木牘 文 1982.1.11  青川木牘 文 1982.1.11			
秦代	 陶録 6.274.1 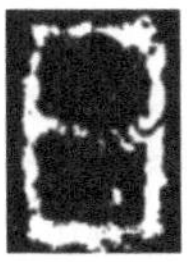 陶録 6.287.2	 日利  日利  日光	 秦律 77  龍 243  周 363  嶽壹・質 一背	 王毋時 秦風 172  臣時  時產	 秦律 87  龍 12  嶽叁(一)91

1315	1314	1313		1312	1311	1310
景	晏	昫		晉	昭	早
景	晏	昫		晉	昭	早
 橋景 珍秦齋印 147  徐景 秦風 219  景除	 日甲 161 正  日甲 162 正  周 163	 秦泥考 1434  歐昫閭  烏昫閭	 周 372 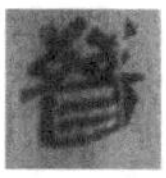 嶽叁(二)166	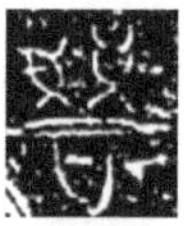 陶録 6.136.1  陶録 6.306.4  秦泥考 1275	 趙昭  顔昭  昭妥	 秦律 5

1320	1319	1318		1317		1316
昌	𣅀	旱		晦		昏
昌	𣅀	旱		晦		昏
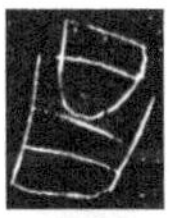 陶録 6.295.2  陶録 6.461.1  陶新 2693	 陶新 1328	 日乙 59 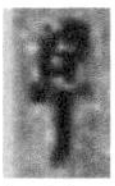 秦律 2  嶽壹・占二五正	 陶録 6.287.5  陶録 6.287.6  秦泥考 1557	 封 73  嶽壹・占五正 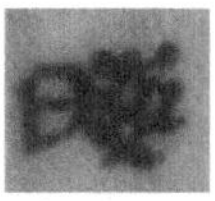 嶽叁(二)178	 秦泥考 1458	 日乙 156  天・甲五九  天・甲六九  周 170

1324 昆	1323 昔		1322 暴	1321 暑		
昆	昔		暴	暑		
	 詛楚文 湫淵  詛楚文 亞駝	 詛楚文 湫淵  詛楚文 亞駝				
 周 193	 日甲 113 正  日乙 120		 秦律 2  爲 8  嶽壹・爲五〇正	 日甲 50 背	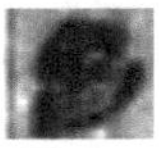 日甲 34 正  日甲 120 正  里壹[8]134 正	 秦泥考 1606  秦泥考 1607

1331	1330	1329	1328	1327	1326	1325
暋*	晋*	晢*	替*	昊*	暺	晐
暋	晋	晢	替	昊	暺	晐
				 石鼓文 田車		
					 廿二年臨汾 守暺戈 集成 11331	
 爲 6  爲 10	 日乙 217  日乙 221  日乙 223	 天・甲二七  天・乙 二三六	 橋替 秦風 57 下訛寫爲「目」。			 陶録 6.51.3  申晐 秦風 83

1335 旗	1334 朝		1333 暨		1332 旦	
旗	朝		暨		旦	
						 卅七年上郡 守慶戈 新收 1768
 陶録 6.9.4  張旗 秦風 94	 日乙 169  周 245  嶽壹・爲 三六正	 陶録 6.133.4  李朝 秦風 57  朝陽	 嶽叁(一)102  嶽叁(一)105	 王暨 珍秦齋印 157	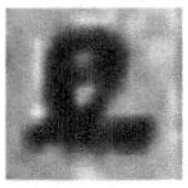 秦律 145  秦抄 19  法問 123 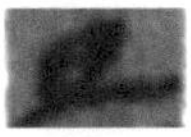 法問 124	 陶録 6.68.3  旦客  左旦

1340 旖	1339 施	1338 旞		1337 旃	1336 旌	
旖	施	旞		旃	旌	
 旖者	 爲 45	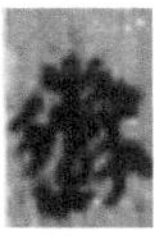 秦抄 26	 秦泥考 1148	 旃郎廚丞	 里壹[8]1031	 旌
 李旖者印 珍秦齋印 165	 爲 49	 法問 204	 王旞 秦風 182			

1344 旅	1343 旃	1342 旋	1341 游			
旅	旃	旋	斿			
			 石鼓文 遊車  石鼓文 作原			
					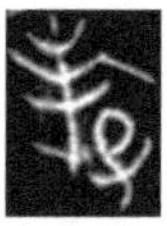 四年相邦樛 斿戈 集成 11361	 宗邑瓦書 秦陶 1610
 效 41  法問 200  法問 200  周 216	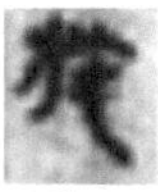 爲 26	 封 64  封 65		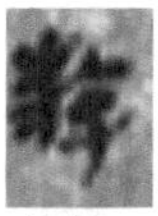 秦抄 4  秦抄 5  嶽壹・占 三四正	 趙游 秦風 77	 陶録 6.295.1  陶録 6.446.1  秦泥考 1372

1349 參		1348 星	1347 冥	1346 旃*	1345 族	
參		星	冥	旃	族	
				 石鼓文 田車		 秦子矛 集成 11547
			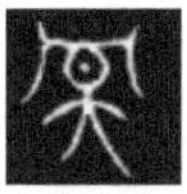 詛楚文 湫淵  詛楚文 亞駝			
 李參 秦風 88  汪參 陝出印 720	 陶新 2930  陶録 6.278.4  秦泥考 1584	 日乙 41  日乙 92  周 366			 天・乙 一八一	 公族周

		1352	1351	1350		
		月	疊	晨		
		月	疊	晨		
	 秦景公石磬 秦文圖 67	 不其簋 集成 04328  不其簋蓋 集成 04329				
 青川木牘 文 1982.1.11  青川木牘 文 1982.1.11	 秦駰玉牘 甲・正	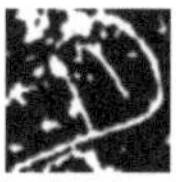 商鞅方升 集成 10372 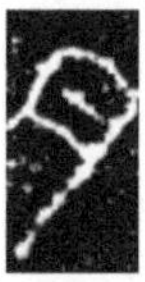 宗邑瓦書 秦陶 1610				
	 編 18.2  周 138  周 136  嶽壹・質二	 陶録 6.167.4  月黎	 陶新 2633	 日甲 77 正  日乙 105  天・乙 三四四	 周 151  周 374  嶽壹・占 三正	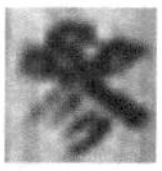 秦律 80  天・乙 三二一  龍 11

1356 有	1355 朗*	1354 期		1353 朔		
有	朗	期		朔		
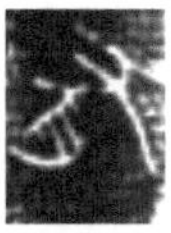 秦公鐘 集成 00263 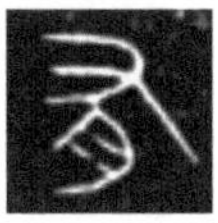 秦公鎛甲 集成 00267	 石鼓文 汧沔					
 詛楚文 巫咸  青川木牘 文 1982.1.11						 青川木牘 文 1982.1.11
 大騩權 秦銘圖 131 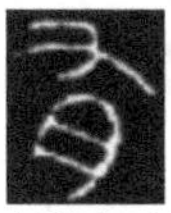 平陽銅權 秦銘圖 182		 秦律 194 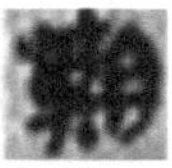 秦抄 29  天・乙 二五四  嶽叁(一)77	 毋期	 里發[9]10 背  里發[9]11 背	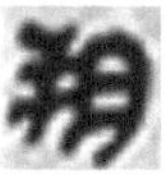 日乙 53  周 263  嶽叁(一)40	 秦朔  王朔 秦風 190

1358 盟　　　　1357 朙

盟	明		朙			
			 秦公簋 集成 04315  盄和鐘 集成 00270	 秦公鐘 集成 00262  秦公鐘 集成 00262		
 詛楚文 湫淵  詛楚文 巫咸		 廿四年戈 秦文圖 26.2  平陽銅權 秦銘圖 182		 秦駰玉牘 甲・正  秦駰玉牘 乙・正		
 爲 48	 語 5  語 6  周 249 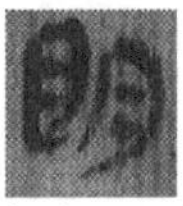 嶽壹・爲 三九正	 明	 陶録 6.365.2	 武城橢量 秦銘圖 109  大騩權 秦銘圖 131	 龍 12  里發[9]1 正  嶽叁(一)69	 陶録 6.20.1  程有 秦風 84  郝有 珍秦齋印 226

1361 夢			1360 夜			1359 夕
夢			夜			夕
			 石鼓文 田車  懷后石磬 通鑒 19817	 石鼓文 吴人	 秦公鎛甲 集成 00267  盄和鐘 集成 00270	 秦公鐘 集成 00262 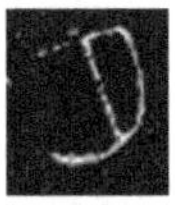 秦公鐘 集成 00264
 秦泥考 1037	 周 174  嶽壹・占 五正	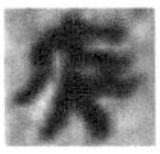 爲 33 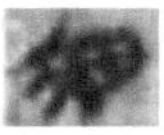 日甲 29 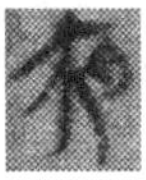 天・甲六四	 戎夜		 日甲 60 背 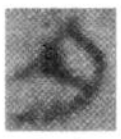 天・甲五五  周 166  里壹[8]1823	 夕陽丞印  張夕 秦風 114

1365 多	1364 夙		1363 外		1362 夤	
多		夙		外	夤	
 不其簋 集成 04328  不其簋蓋 集成 04329	 秦公鐘 集成 00264  秦公簋 集成 04315	 秦公鎛乙 集成 00268  秦公鎛丙 集成 00269		 秦子簋蓋 珍秦齋秦 30	 秦公簋 集成 04315  盄和鐘 集成 00270	
 詛楚文 湫淵				 詛楚文 湫淵		
 陶録 6.278.3		 秦律 184  天・甲一六	 日乙 160  龍 53  天・甲二〇 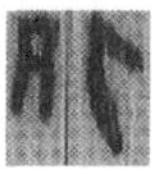 嶽壹・占 三三正	 秦泥考 108  中精外誠  外宅窯	 陶匯 5.129  夤律	 日乙 189  日乙 193  嶽壹・占 四正

1369 粟		1368 栗	1367 甬	1366 函		
粟		栗	甬	函		
		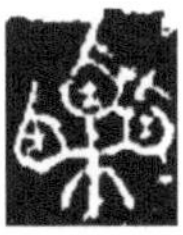 石鼓文 作原 籀文「栗」。		 不其簋 集成 04328  不其簋蓋 集成 04329 用作「陷」。	 石鼓文 鑾車	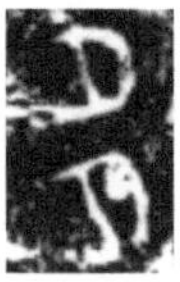 秦公簋 集成 04315  盄和鐘 集成 00270
			 八年丞甬戈 秦文圖 34			
 效 22  效 22  嶽壹・占 二八正	 銍粟將印 秦風 20		 效 3  龍 31 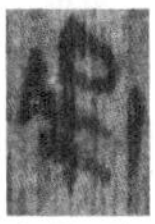 里壹[8]982			 效 1 正  嶽壹・爲 三二正

1375	1374	1373	1372	1371		1370
牒	牘	版	棗	朿		齊
牒	牘	版	棗	朿		齊
						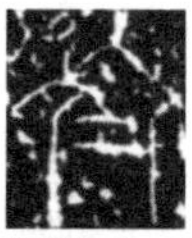 商鞅方升 集成 10372  六年漢中守 運戈 集成 11367
 秦律 35 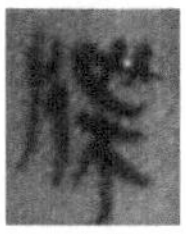 里壹[8] 134 正 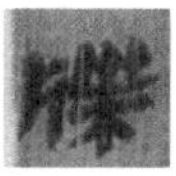 嶽叁(二)148	 里壹[8] 169 背  里壹[8] 1019	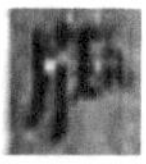 秦律 131	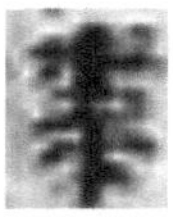 日甲 14 正 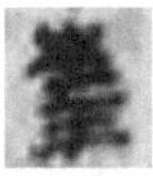 日乙 67  嶽壹・占 三四正	 趙朿 珍秦齋印 290	 封 76  周 365  嶽壹・爲 八三正	 陶録 6.88.6  司馬齊

1381 禾		1380 克	1379 鼏	1378 鼎	1377 牏	1376 牑
禾		克	鼏	鼎	牏	牑
		 秦公鐘 集成 00262  秦公鎛乙 集成 00268	 秦公簋 集成 04315  秦景公石磬 秦文圖 59	 秦公鼎甲 近出 293 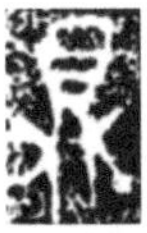 秦公鼎乙 近出 294		
 高奴禾石權 集成 10384		 詛楚文 湫淵  姚克 珍秦印展 28		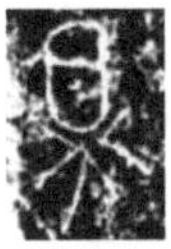 中敃鼎 集成 02228  秦駰玉牘 甲・正		
 陶録 6.69.2  陶録 6.69.6	 天・乙 三二八	 陶録 6.317.1  趙克 陝出印 797		 秦泥考 1025  鼎胡苑丞	 秦律 125	 日甲 143 背

片部　鼎部　克部　禾部

	1382	1383	1384	1385		1386
	秀	稼	穜	稺		稀
	秀	稼	穜	稺		稀
	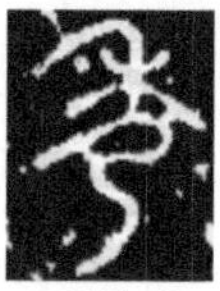 石鼓文 田車					
 秦律 164  天・乙 一五五 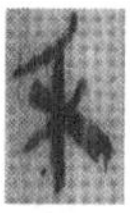 嶽壹・爲 六三正	 日乙 13  天・乙 一五五	 秦律 1  里壹[8]1554  嶽壹・爲 六三正	 日乙 64  周 350  嶽壹・爲 七七正	 陶録 6.140.4  陶録 6.141.1  陶録 6.141.2	 里壹[8]2210	 封 78

1387 穆　　1388 私　　1389 稷

穆		私			厶	稷
 五十年詔 吏戈 秦文圖 31	 詛楚文 湫淵				 私官鼎 集成 02658	
 解穆		 北私府橢量 秦銘圖 147	 秦泥考 943  私宮 珍秦齋印 16  武柏私府 秦風 31	 秦抄 11  嶽壹・爲 四六正  嶽叁(一)103		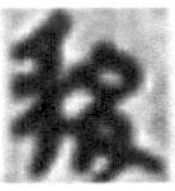 日乙 65

1393	1392	1391			1390	
稗	秏	稻			秫	
稗	秏	稻	⿱术米	朮	秫	禝
						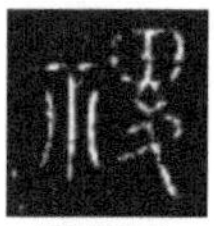 詛楚文亞駝  詛楚文巫咸
 龍 10	 效 24  里壹[8]183  里壹[8]1033	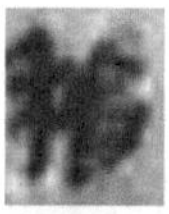 秦律 35 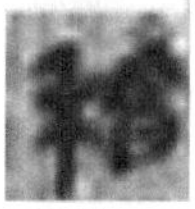 秦律 35  日乙 47	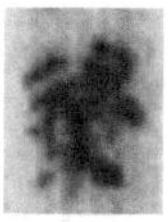 秦律 34	 周 243	 日甲 18 正  里壹[8]200 正  里壹[8]200 正	

1400	1399	1398	1397	1396	1395	1394
康	秩	積	穫	采	穎	移
康	秩	積	穫	采	穎	移
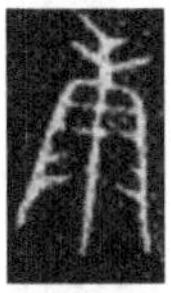 秦公鐘 集成 00262  秦公鎛甲 集成 00267						
 詛楚文 湫淵  詛楚文 亞駝		 商鞅方升 集成 10372				
 秦泥考 883  楊康 珍秦齋印 217  笱康	 秦律 31  秦律 46  法問 55	 秦律 27  里壹[8] 135 正  嶽壹・爲 十九正	 日甲 152 背	 日乙 48  日乙 49	 秦泥考 1353	 秦律 174  里發[9]1 正  嶽叁(一)6

1404 年　1403 穰　1402 稍　1401 稾

年		穰	稍	稾		
	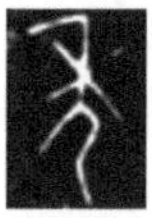 秦公鐘 集成 00262  秦公鎛甲 集成 00267					 秦公鎛丙 集成 00269  秦景公石磬 秦文圖 82
 十六年大良造庶長鞅戈鐓 集成 11911  十九年大良造鞅殳鐓 近出 1249	 十三年大良造鞅戟 集成 11279 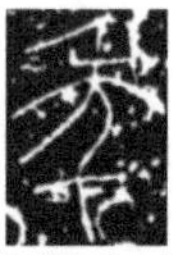 商鞅方升 集成 10372					
 陶録 6.352.  陶新 3151  陶新 3158	 旬邑權 秦銘圖 131  旬邑權 秦銘圖 131	 䵼穰  王穰  杨穰樓	 稍	 秦律 10  秦律 28  周 315	 稾斗	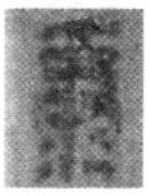 天・乙二四五 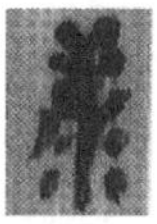 嶽壹・質 0080 正  嶽叁(一)14

1406 租　　1405 穀

租	穀					
				 青川木牘 文 1982.1.11  青川木牘 文 1982.1.11	 王八年内史 操戈 珍秦齋秦 56  六年漢中守 運戈 集成 11367	 四年相邦樛 斿戈 集成 11361  王四年相邦 張義戈 秦文圖 17
 法問 157  龍 136  嶽壹・占 四二正	 日乙 246  里發[16]6  嶽壹・爲 六三正	 趙穀 陝出印 803  趙穀 珍秦齋印 41	 公孫穀印  郝穀 珍秦齋印 303  魏穀正		 編 34.2  里發[9]4 正  嶽壹・質 0611 背	 萬年 秦風 249  虞年  殷多年

		1410		1409	1408	1407
		秦		秋	稍	税
[illegible]	[illegible]			秋	稍	税
 秦公鼎 B 首金 132  秦公鼎 新收 1337	 秦公簋甲 首金 137  秦公簋乙 首金 138	 秦公鼎乙 近出 294  秦公簋甲 首金 137				
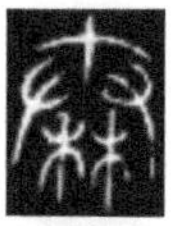 詛楚文 湫淵  詛楚文 巫咸				 青川木牘 文 1982.1.11		
 秦泥考 1241			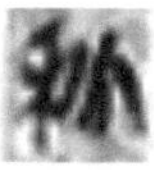 日甲 134 背  日甲 136 背  嶽壹・爲 二五正	 陶新 2533  秋城之印	 秦律 78  嶽壹・爲 五九正	 龍 1479  周 329  嶽叁(一)130

1411

稱

稱			𥢶			
			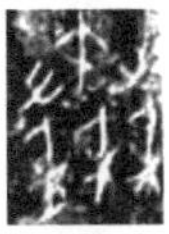 秦政伯喪戈 珍秦齋秦 42 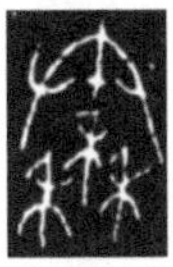 秦子鎛 文 2008.11.27	 秦子簋蓋 珍秦齋秦 30	 秦公簋 集成 04315  盄和鐘 集成 00270	 秦子戈二 集成 11352  秦子戈 新收 1350
	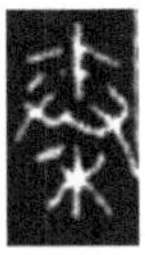 秦駰玉牘 甲・正  秦駰玉牘 乙・正	 卅七年上郡 守慶戈 新收 1768  卅八年上郡 守慶戈 近出 1185				
 旬邑權 秦銘圖 131  大騩權 秦銘圖 131  平陽銅權 秦銘圖 182	 法問 203  嶽叁(一)34  嶽叁(一)38	 陶録 6.459.1  陶新 2045  秦類 秦風 228				

1414 秸*	1413 秳*		1412 程			
秸	秳		程			
 陶録 6.138.4  陶録 6.139.1	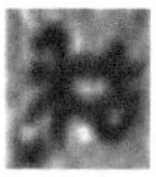 秦律 35  嶽叁(四)240	 陶録 6.139.4  陶録 6.139.3	 秦律 108  秦律 110  龍 129  里壹[8]153	 程有 秦風 84  程更 秦風 167  程嬰 陝出印 768	 秦律 55	 橋稱 秦風 68

1415	1416	1417	1418		1419	
䅨*	⿰禾昜*	⿰禾俞*	積*		兼	
䅨	⿰禾昜	⿰禾俞	積		兼	
 秦駰玉牘 乙・正					 十七年丞相 啟狀戈 集成 11379	 詛楚文 湫淵  詛楚文 亞駝
 嶽壹・爲 八六正	 效 4	 陶録 6.451.5	 秦毋積	 嶽叁(一)109	 武城橢量 秦銘圖 109  美陽權 秦銘圖 183	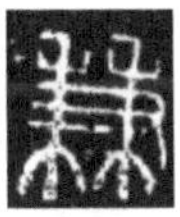 陶録 6.355.3  赤章兼

1423	1422		1421		1420	
梁	米		黎		桼	
梁	米		黎		桼	
 梁兇 秦風 224  梁戎虖印 古印菁 66	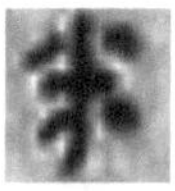 秦律 41 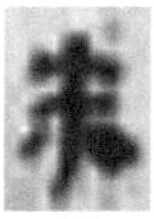 秦律 43  周 331	 陶新 222	 秦律 21 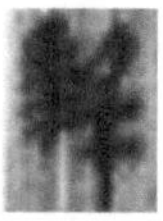 秦律 168  效 27	 月黎	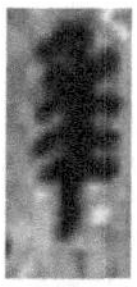 秦律 33 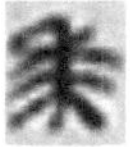 日乙 47  周 354	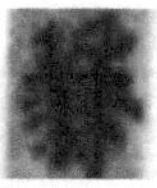 秦律 137

1428	1427	1426		1425	1424	
糗	粺	精		糲	粲	
糗	粺	精		糲	粲	
			 秦駰玉牘甲・正  秦駰玉牘乙・正			
 戴糗 秦風 129	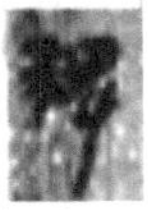 秦律 43  秦律 181  嶽貳・數 99	 嶽壹・爲四四正	 爲 31  爲 45  日甲 59	 秦律 180  嶽貳・數 94	 秦律 43  秦律 134  里壹[8]805	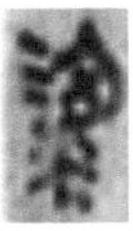 日甲 157 背

1434 ⿱林米*	1433 竊	1432 粉	1431 氣	1430 糴	1429 糧	
⿱林米	竊	粉	氣	糴	糧	
			 秦駰玉牘 甲・正  秦駰玉牘 乙・正			
 周 339	 嶽叁(一)70	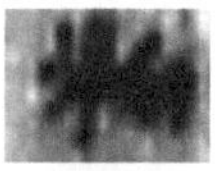 日甲 107 正	 效 29  法問 207  周 312	 嶽貳・數 148  嶽貳・數 147	 嶽叁(三)212	 日甲 158 背

1440 臽	1439 臿	1438 舂		1437 臼	1436 ⿰米藋*	1435 糙*
臽	臿	舂		臼	⿰米藋	糙
 日乙 89 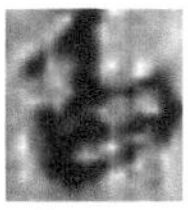 日乙 93  日乙 95	 陶録 6.92.2  陶録 6.246.2	 龍 33  嶽貳・數 9	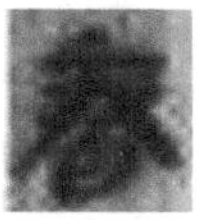 秦律 141  法問 132  里壹[8]59	 陶録 6.92.3  公臼敵	 里壹[8]84	 嶽貳・數 153

1444 麻		1443 枲	1442 兇		1441 凶	
麻		枲	兇		凶	
 秦律 43  日乙 65  嶽貳・數 106	 麻留	 里發[9]981 正  里壹[8]913  嶽貳・數 18	 日乙 177  日乙 206 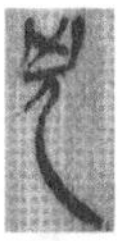 嶽壹・占三正	 郭兇奴  梁兇 秦風 224	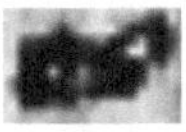 日甲 81 正  日甲 99 正  周 219	 王凶 秦風 51

1449	1448		1447	1446		1445
宅	家		瓜	韱		韭
宅	家		瓜	韱		韭
 秦公鐘 集成 00262 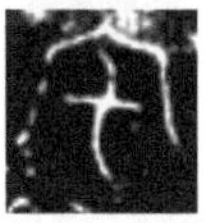 秦公鎛甲 集成 00267		 不其簋 集成 04328  不其簋蓋 集成 04329				
		 秦駰玉牘 甲・背  秦駰玉牘 乙・背				
 外宅窯	 日乙 25  周 193  里發[9]7 正	 文家  家府  秦泥考 299	 日乙 65	 嶽壹・爲 四八正  嶽壹・爲 六五正 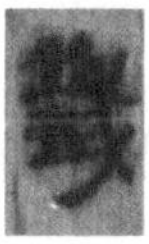 嶽叁(二)168	 韱虒	 秦律 179

1452 向　　1451 宣　　1450 室

向	宣			室		
			 石鼓文 鑾車			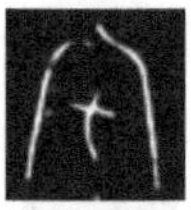 秦公鎛丙 集成 00269 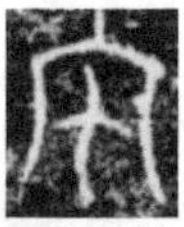 秦公簋 集成 04315
 廿九年太后漆匜 秦文圖 27			 詛楚文 湫淵 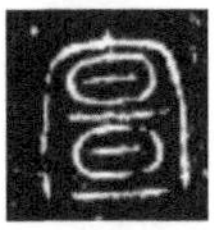 詛楚文 巫咸	 秦駰玉牘 乙·背  詛楚文 湫淵	 廿六年武庫戈 秦銘圖 44  五年相邦呂不韋戈 秦銘圖 69	
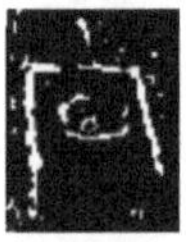 陶新 638  王向 秦風 57	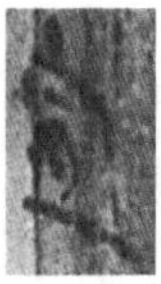 里壹[8] 170 背	 陶録 6.51.2  陶録 6.240.4  宣曲喪事	 公宣	 日乙 176 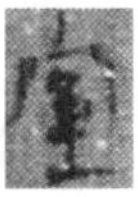 天·甲一五  周 229 二六正	 陶録 6.468.4  室印	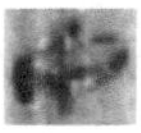 日甲 37 背  嶽叁(一)115  嶽叁(一)132

1455 院	1454 宇				1453 宛	
院	宇			惌	宛	
 法問 186 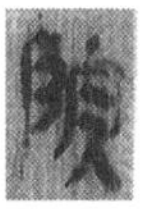 嶽壹・爲一正	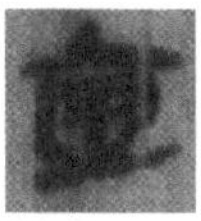 嶽叁(二)173 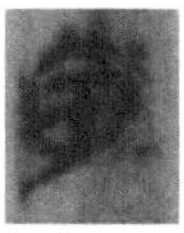 嶽叁(二)175	 魏宇 秦風 183  蘇宇  呂宇 珍秦齋印 342	 日甲 14 背  日甲 15 背  嶽貳・數 67	 嶽壹・爲五五正	 日乙 194  日乙 195  周 364  里壹[8]261	 宛臣 湖南古代璽印 47  宛戎夫 秦風 145  宛

		1459		1458	1457	1456
		安		定	盗	宏
		安		定	盗	宏
		 石鼓文 田車			 石鼓文 吾水	
		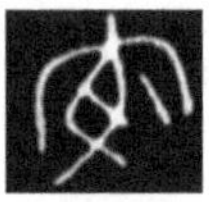 工師文罍 秦文圖 28  長安 錢典・先秦 613		 十二年上郡 守壽戈 集成 11404		
 賈安 珍秦齋印 23  焦安 秦風 188	 陶録 6.98.2  陶録 6.106.4  秦泥考 986	 旬邑權 秦銘圖 131  平陽銅權 秦銘圖 182	 封 13  天・甲八  里發 [9]981 正  嶽壹・爲 七一正	 陶録 6.98.5  陶新 2938  秦泥考 1591		 王宏

1462 富	1461 完				1460 察	
富	完				察	
 富昌 陝出印 1731  富貴 陝出印 1732	 陶録 6.292.2  大富 陝出印 1718  大富 陝出印 1719	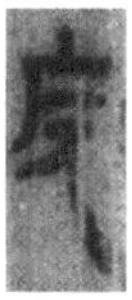 嶽叁(四) 244	 秦抄 15  法問 6  龍 42  里壹[8]291	 陶録 6.1.2  陶録 6.26.1	 秦抄 37  爲 5	 爲 28  天・甲四九  嶽壹・質 0636 正  嶽叁(二)152

1466 容			1465 宲		1463 實	
		容	宲	[illegible]	實	
		 三年詔事鼎 集成 02651				
 秦泥考 1509	 陶録 6.115.1  陶録 6.325.2  陶録 6.326.2	 驪山園鐘	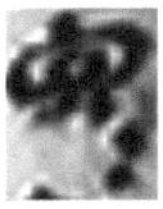 日甲 44 背  日甲 46 背 通「殍」或「褓」或「媬」。	 嶽貳・數 16  嶽貳・數 38  嶽貳・數 85	 日乙 31  龍 157  嶽壹・爲六七正	 日乙 197  日乙 200  日乙 199

1470 宰	1469 宧		1468 寶		1467 宂	
宰	宧		寶		宂	
			 秦公鼎甲 近出 293  盄和鐘 集成 00270	 不其簋蓋 集成 04329		
		 二十六年蜀守武戈 集成 11368				
 秦泥考 54  華宰	 秦律 181  日乙 141  周 241	 陶録 6.441.2  秦泥考 956			 秦律 50  嶽叁(一)48  嶽叁(一)55	 封 19 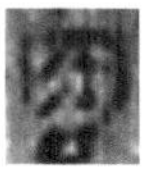 封 20

		1473 宜	1472 寵			1471 守
		宐	寵			守
 秦公簋 集成 04315  盄和鐘 集成 00270	 秦子戈 新收 1350  卜淦戈 近出 1174	 秦政伯喪戈 珍秦 42  秦子戈 集成 11353				
				 卌七年上郡守慶戈 新收 1768 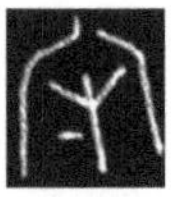 廿六年武庫戈 秦銘圖 44	 六年漢中守運戈 集成 11367  十三年上郡守壽戈 秦文圖 21	 王六年上郡守疾戈 集成 11297  王七年上郡守疾戈 秦銘圖 29
		 陶録 6.305.4  宜民和眾  宜陽津印	 日甲 19 背  日乙 238  日乙 244		 秦抄 1  里發[9]4 正  嶽叁(一)63	 秦泥考 1565  善守  慎守 珍秦齋印 380

寫

寫						
 石鼓文 田車 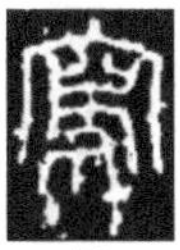 石鼓文 鑾車						
					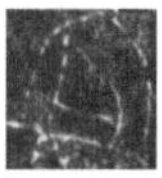 吾宜戈 集成 10936	
 法問 55  法問 56  龍 177  里發[9]8 正	 宜 陝出印 1660  宜官 陝出印 1693	 嶽壹・占 三正  嶽叁(二)152	 秦律 185  日甲 121  里發[9]1 正	 宜秦  中宜徒府 秦風 21	 陶録 6.305.3  陶録 6.464.4	 宜千金 陝出印 1769

1475	1476			1477	1478	
宵	宿			宴	寬	
宵	宿			宴	寬	
				 秦景公石磬 秦文圖 74  秦景公石磬 秦文圖 75		
 封 73  天・乙 二四五	 陶録 6.448.4	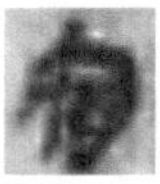 秦律 196  秦抄 34  周 244	 嶽壹・質 三三	 秦泥考 883	 寬璽	 爲 3  爲 12  嶽壹・爲 五四正

1484	1483	1482	1481		1480	1479
害	寒	寓	寄		客	寡
害	寒	寓	寄		客	寡
		 石鼓文 吴人				
 女不害  害	 日甲 50 背  周 318  嶽壹·爲七八正	 寓	 日乙 121  日乙 121  嶽叁(三)218	 法問 200  天·甲一六  周 211  嶽叁(一)121	 廬客  趙客 秦風 64	 日乙 255  日乙 255  嶽壹·爲八四正

1488		1487		1486	1485	
宗		宋		宕	寨	
宗		宋		宕	寨	
	 秦公簋 集成 04315			 不其簋 集成 04328  不其簋蓋 集成 04329		
	 宗邑瓦書 秦陶 1610  詛楚文 湫淵			 五十年詔 吏戈 秦文圖 31		
 爲 25  嶽叁(一)114	 秦泥考 395  宗正	 日甲 36 背	 宋譊之印 秦風 47  宋鬻 秦風 65  宋樂 秦風 114	 里壹[8]429	 秦律 32  效 25  嶽壹・爲 六八正	 語 1  周 207  嶽壹・爲 十五正

1495	1494	1493	1492	1491	1490	1489
𡪢*	𡫄*	𡪫*	𡪸*	𡧶*	𡦼*	寘
𡪢	𡫄	𡪫	𡪸	𡧶	𡦼	寘
 秦駰玉牘甲・正						 詛楚文湫淵  詛楚文亞駝
	 李𡫄 秦風 172	 日甲 68 背 用作「鋪」。	 爲 5	 笵𡧶奴 秦風 207	 陶録 6.91.5  陶録 6.91.6	

1499 穴	1498 呂		1497 營	1496 宮		
穴	呂		營	宮		
					 石鼓文 田車	 秦子簋蓋 珍秦齋秦 30  秦景公石磬 秦文圖 75
	 八年相邦呂 不韋戈 集成 11395  九年相邦呂 不韋戟 近出 1199	 三年相邦呂 不韋戈 秦銘圖 60 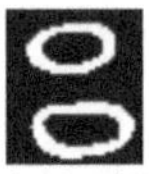 三年相邦呂 不韋戟 秦銘圖 61				
 封 74  天・甲七三  周 371	 爲 19	 陶録 6.325.1  秦泥考 1447	 日甲 56 正 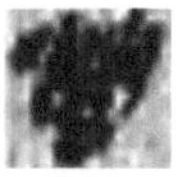 日甲 56 正  嶽貳・數 69	 陶録 6.240.3  陶録 6.241.1  陶録 6.240.2	 秦律 17  法問 113  嶽壹・占 一一正	 陶録 6.116.1  陶録 6.457.3

1504	1503			1502	1501	1500
穿	窐			竈	窯	窨
穿	窐			竈	窯	窨
		 秦景公石磬 秦文圖 63  懷后石磬 通鑒 19817	 盄和鐘 集成 00270  石鼓文 吴人	 秦公簋 集成 04315  秦政伯喪戈 珍秦 42		
				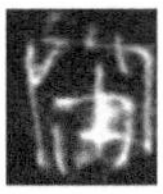 廿五年上郡 守厝戈 集成 11406		
 趙穿 秦風 109  徒穿	 王窐 秦風 72		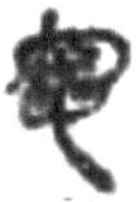 日乙 402  嶽壹・質 三一  嶽叁(一)96	 杜竈	 韓窯 秦風 55 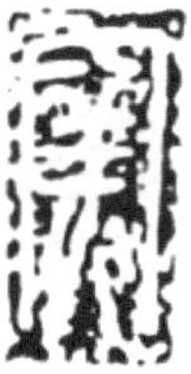 外宅窯	 天・乙 三五三

1507 空　1506 窊　1505 竇

空		窊	竇			
 秦律 126  里壹[8] 133 正  嶽叁(一)67	 陶録 6.198.2  秦泥考 556	 里壹[8]407	 法問 197  封 76  龍 2	 竇齊	 周 371	 日乙 57  天・乙一三六  龍 103

1512	1511	1510	1509	1508		
窴	窋	窬	窌	窅		
窴	窋	窬	窌	窅		
 天・甲七一  天・乙二四四	 日甲25背 用作「屈」。	 趙窬 秦風197	  天・甲三四	 日乙29  日乙30	 日乙32  日乙36	 窅隋

1513	1514		1515	1516	1517	1518
窒	突		窣	竄	究	竆
窒	突		窣	竄	究	竆
 日甲 31 背	 陶録 6.53.3  秦泥考 1563  王突	 效 42  龍 36	 嶽叁(一)47  嶽叁(一)48	 周 312 用作「撮」。	 薛究	 高竆 秦風 175

1522	1521	1520	1519			
疾	寠*	窨*	⿱穴可*			
疾	寠	窨	⿱穴可	⿱宀躳	⿱宀郡	⿱宀䢿
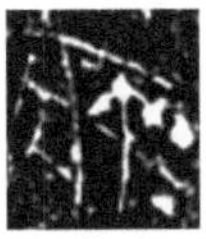 王五年上郡疾戈 集成 11296  王六年上郡守疾戈 集成 11297			 卌年上郡守起戈 近出 1192	 秦駰玉牘甲・正  秦駰玉牘乙・正		
 平陽銅權 秦銘圖 182  旬邑權 秦銘圖 131	 秦律 82	 嶽壹・爲七五正			 周 223	 日甲 22 背  周 143 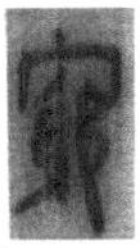 嶽叁(三)236

1527 疵	1526 瘨	1525 瘣	1524 病		1523 痛	
疵	瘨	瘣	病		痛	
	 私官鼎 集成 02658			 秦駰玉牘 甲・正  秦駰玉牘 乙・正		
 王疵 陝出印 649		 王瘣 珍秦齋印 163	 日甲 72 正  天・乙 二三六  獄壹・爲 七五正	 病午	 封 85	 語 10  天・甲一五  龍 119  周 336

1528
疕

疕

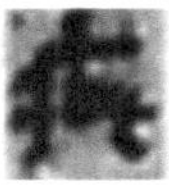
日乙 256

天・甲二二

里壹[8] 657 背

陶録 6.257.2

醫疕

賈疕 珍秦齋印 67

封 52

1529
痤

痤

吳痤 陝出印 707

張痤 秦風 60

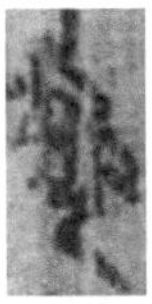
里壹[8] 145 正

1530
癰

癰

馮癰 秦風 48

李癰 秦風 79

癰

封 86

周 339

1537	1536	1535	1534	1533	1532	1531
瘕	痍	痏	疻	瘧	癘	疥
瘕	痍	痏	疻	瘧	癘	疥
  封 60	 法問 208  法問 208  封 33	 法問 87  法問 88  封 35	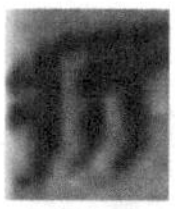 法問 87  法問 88  法問 89	 周 376	 法問 122  里壹[8]238  嶽壹・占四二正	 呂疥 陝出印 674

1541		1540		1539	1538	
瘁		痞		瘴	疢	
瘁		痞		瘴	疢	
 日乙 110 日乙 250  嶽壹・爲八四正	 牛瘁 秦風 51	 嶽壹・質 0733 正	 痞	  天・甲一四	 周 298	 陶録 6.3.4  遂疢

1547	1546	1545	1544	1543	1543	1542
⿸疒枼*	痤*	⿸疒凵*	癡		瘳	疫
⿸疒枼	痤	⿸疒凵	癡		瘳	疫
					 秦駰玉牘 甲・正  秦駰玉牘 乙・正	
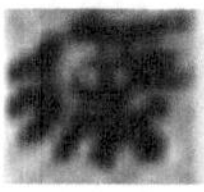 日甲 89 背	 日甲 86 正	 陶録 6.218.1	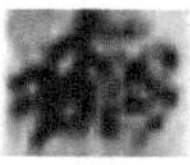  日甲 47 背	 日乙 108  周 240  里壹[8]248	 焦瘳 珍秦齋印 203  楊瘳 秦風 86  王瘳 秦風 71	 日甲 37 背  日甲 40 背

	1553 同	1552 冠	1551 ⿸疒麗*	1550 ⿸疒童*	1549 ⿸疒靡*	1548 癧*
	同	冠	⿸疒麗	⿸疒童	⿸疒靡	癧
 石鼓文 遊車	 不其簋 集成 04328  不其簋蓋 集成 04329					
	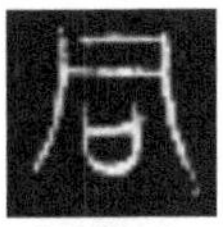 詛楚文 湫淵  詛楚文 巫咸					
 效 35  秦律 151  龍 27  嶽叁(一)115	 侯同 秦風 70	 秦泥考 653	 周 341  周 341	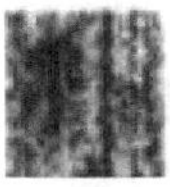  日甲 15 正	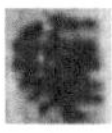  日甲 57 背 用作「⿰米靡」。	 上官癧 秦風 225

1558		1557		1556	1555	1554
兩		最		冒	冑	冢
兩		最		冒	冑	冢
 工師文罍 秦文圖 28  官鼎 集成 02658	 詛楚文 湫淵 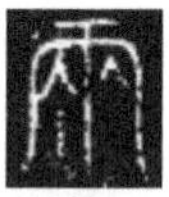 詛楚文 亞駝			 詛楚文 湫淵  詛楚文 亞駝		
	 效 3  龍 1  周 336  嶽叁(一)36	 日甲 56 背  周 297  嶽叁(四)244	 畢最 秦風 143  董最 秦風 179	 語 11  秦律 147	 法問 74  里壹[8]458  嶽壹・占 一八正	 冢璽 珍秦齋印 20  冢府 珍秦齋印 21  樂冢

1562 羅	1561 罟	1560 罪	1559 罔			
羅	罟	罪	罔			
	 石鼓文 作原					
					 錢典・秦漢 47  錢典・秦漢 48	 錢典・先秦 608  錢典・秦漢 44
 陶録 6.298.1	 罟趨丞印	 天・甲一四  龍 32  龍 22  嶽壹・爲八七正	 爲 35  日甲 86 正	 罔子		

1566 置		1565 罷		1564 署	1563 罝	
置		罷		署	罝	
 嶽叁(一)67	 日乙 86 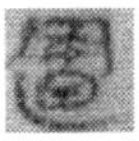 天・甲七三  周 372	 法問 133	 張罷 陝出印 745	 秦抄 34 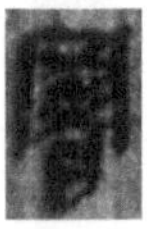 里發[9]4 正  里發[9]6 背	 蹄罝	 日乙 17  日乙 223  周 53

1572		1571	1570	1569	1568	1567
帥		巾	覆	羈	罵	詈
帥		巾	覆	羈	罵	詈
 秦公簋 集成 04315  盄和鐘 集成 00270						
					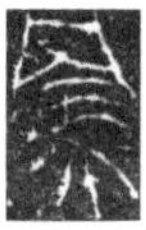 宗邑瓦書 秦陶 1610	
	 封 87	 陶録 6.249.1  陶録 6.250.2	 封 21  日甲 101 正  嶽壹・質 2004 正	  秦律 188  周 142		 里壹[8] 1562 正

1576 常		1575 帶		1574 幣	1573 幅	
常		帶		幣	幅	
						 石鼓文 作原
			 七年上郡 守閒戈 近出 1193			
 日乙 23 日乙 144 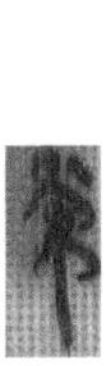 嶽壹・占 二七正	 脩常	 日乙 15 日乙 125  嶽壹・占 二六正	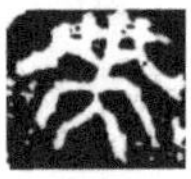 陶録 6.81.6 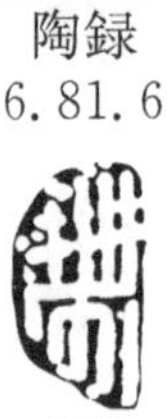 宋帶 秦風 134  王帶 秦風 230	 嶽壹・占 三〇正	 日甲 13 背	

1582	1581	1580	1579	1578	1577	
帚	飾	幏	幕	帷	褁	
帚	飾	幏	幕	帷	褁	
	 詛楚文 湫淵  詛楚文 巫咸					
 天・乙 二三二		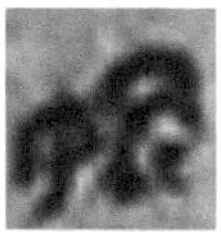  秦律 91	 幕苛	 秦泥考 1572	 里壹[8] 159 正  嶽叁(二)15	 封 58  封 61  里壹[8] 158 正

1588	1587	1586	1585		1584	1583
帛	希	⿰巾亶*	帒		布	席
帛	希	⿰巾亶	帒		布	席
 石鼓文 汧沔  石鼓文 汧沔						
					 詛楚文 湫淵  詛楚文 亞駝	
 封 22  封 82	 日甲 69 背  龍 131  龍 133	 秦律 147	 嶽壹・爲 五一正	 里發[9]1 正  里發[5]7 正  里發[9]4 正	 秦律 79  周 311  嶽叁(一)109	 秦抄 4  周 335  嶽壹・占 一九正

	1593 敝	1592 㡀	1591 晢	1590 白		1589 錦
	敝	㡀	晢	白		錦
				 秦政伯喪戈 珍秦 42   有司伯喪矛 珍秦齋秦 46	 不其簋 集成 04328  不其簋蓋 集成 04329	
	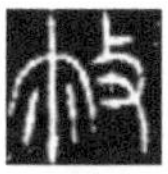 詛楚文 湫淵  詛楚文 巫咸					
	 秦律 104 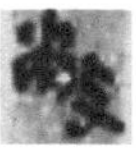 日甲 5 背  嶽叁(一)60 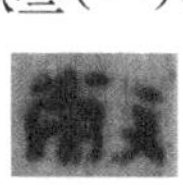 嶽叁(二)162	 陶録 634.3	 天・甲二七  天・乙 二三六	 日乙 58  周 188  里壹[8] 529 背	 秦泥考 1028  白更  張白 秦風 201	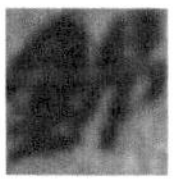 法問 162  法問 162  里壹[8] 2204

秦文字字形表 卷八

	1594 人				1595 僮
	人				僮
春秋	 秦子鎛 文 2008.11.27				
戰國	 杜虎符 集成 12109  新郪虎符 集成 12108	 十三年相邦 義戈 集成 11394  寺工師初壺 集成 09673	 秦駰玉牘 甲・正  秦駰玉牘 甲・背	 秦駰玉牘 乙・正  廿九年太后 漆匳 秦文圖 27	
秦代	 陶録 6.331.2  陶録 6.331.3  秦泥考 1110	 董它人 秦風 211  徐非人 秦風 222  王毋人 秦風 89	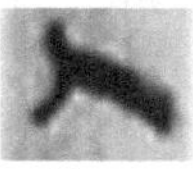 效 60 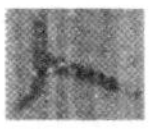 天・乙 二五六  龍 24  周 199	 里發[9]2 正  嶽叁(一)2	 秦泥考 1426

1599		1598	1597		1596	
佩		企	仁		保	
佩		企	仁		保	
					 秦子簋蓋 珍秦齋秦 30	 秦公簋 集成 04315  盄和鐘 集成 00270
 日甲 146 正  龍 5	 秦泥考 668	 龍 120  嶽壹・爲 四三正  嶽壹・占 八正	 法問 63  爲 36  里發[9]2 正  嶽叁(二)199	 趙仁 陝出印 795  仁士  兼仁		 封 86  嶽壹・爲 六正 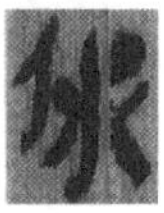 嶽壹・爲 八六正

1606	1605	1604	1603	1602	1601	1600
儠	伀	倩	伊	仲	伯	俊
儠	伀	倩	伊	仲	伯	俊
  嶽壹・爲六一正	 范伀子印 秦風 158	 嶽壹・爲四八正	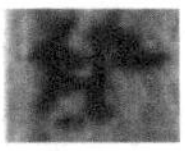 編 13.1  編 14.1	 仲山賀  和仲印	 陶新 2919	 周 367

1611		1610		1609	1608	1607
何		佗		倨	佶	僓
何		佗		倨	佶	僓
 里發[9]3 正  里發[9]4 正  嶽叁(一)10	 何傷 珍秦齋印 301  何明 陝出印 678	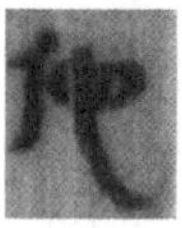 嶽叁(二)162	 耿佗 秦風 114  李佗 秦風 115  李佗 秦風 208	 爲 38	 陶録 6.106.5	 陶録 6.5.1  陶録 6.5.2  趙僓

1616 傳		1615 俱	1614 偕		1613 備	1612 儋
傳		俱	偕		備	儋
						 十三年少府矛 集成 11550
 語 8  周 319  周 318	 秦泥考 1608  傳枚 秦風 106  傳魁	 里壹[8]50  里壹[8]452	 嶽壹・質 0733 正  嶽叁(四)241	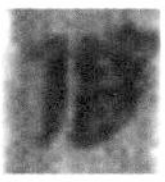 秦律 37  秦律 92  法問 180  龍 182	 效 1 正  嶽壹・爲 二正  嶽叁(一)13	 里發[9]1 正 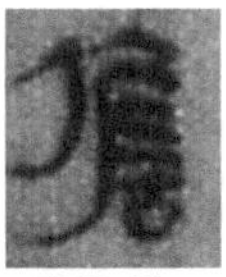 里發[9]8 正

1622	1621	1620	1619		1618	1617
付	側	侍	佴		依	倚
付	側	侍	佴		依	倚
	 秦駰玉牘甲·正  秦駰玉牘乙·正					
 封 11  里發[9]3 正  里發[9]4 正		 封 61  周 351  嶽壹·爲四三正	 析募學佴	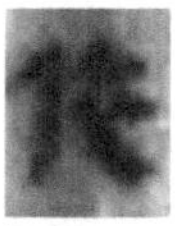 秦律 198  日甲 19 背 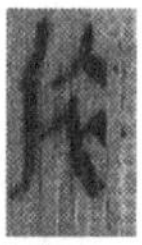 嶽壹·爲二六正	 楊依	 憲倚  姚倚秦風 187

1629	1628	1627	1626	1625	1624	1623
候	侵	假	作	佰	什	伍
候	侵	假	作	佰	什	伍
 陶録 6.379.1  秦泥考 1577  秦泥考 1578	 龍 120  龍 121	 龍 26  龍 180  里壹[8] 134 正	 語 2  天・甲一六  龍 59  里發[9]10 正	 法問 64  爲 14  龍 154  嶽叁(二)155	 秦抄 36	 秦抄 33  秦抄 37  龍 21  嶽叁(四)240

1633 任	1632 便			1631 代	1630 償	
任	便			代	償	
				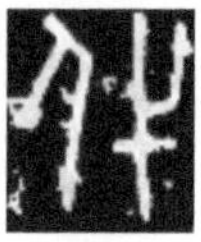 石鼓文 吴人		
 陶録 6.329.4  秦泥考 1403  任届 秦風 73	 語 1  語 4  嶽叁(一)73	 陶録 6.293.1	 秦律 79  周 351 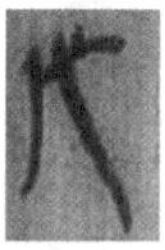 嶽叁(一)132	 陶録 6.403.1  秦泥考 1226	 龍 101  龍 162	 法問 179  法問 203

1638	1637	1636		1635	1634	
使	俾	俗		儉	優	
使	俾	俗		儉	優	
 宗邑瓦書 秦陶 1610  詛楚文 湫淵						
 美陽權 秦銘圖 183  平陽銅權 秦銘圖 182	 趙俾 秦風 146	 語 1  語 5	 王俗 秦風 103  衷俗	  封 27	 優	 秦抄 1  秦抄 3  嶽叁(三)222

1642 偏	1641 傿	1640 倍			1639 傳	
偏	傿	倍			傳	
		 詛楚文 湫淵  詛楚文 巫咸				 秦駰玉牘 甲・正  秦駰玉牘 乙・正
 宋偏 秦風 175	 里壹[8]1263	 周 264 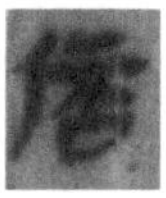 嶽叁(二)178	 龍 4  里發[16] 5 背  嶽壹・爲 六二正	 秦律 18  龍 2  龍 3	 傳舍之印 秦風 25  傳舍  沈登傳送	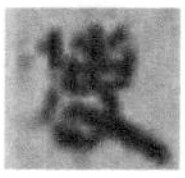 語 14  法問 180  嶽壹・爲 四九正

1643 侈	1644 佁	1645 僞		1646 伿	1647 佝	1648 傷
侈	佁	僞		伿	佝	傷
				 高陵君鼎 秦文圖 22		
 王侈 秦風 224	 里壹[8]520  里壹[8]1291	 效 34  法問 180  龍 24  龍 12	 嶽叁(三)230		 閔佝	 法問 202  日乙 230  嶽壹・爲三一正

1649 僨

僨

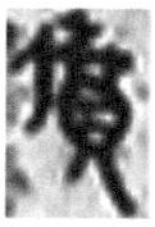
封 84

1650 偃

偃

矦偃
秦風 182

胡毋偃
秦風 221

夏侯偃

尹偃
古印菁 50

封 56

嶽叁(一)99

1651 傷

傷

何傷
珍秦齋印 301

胡傷
珍秦齋印 59

傷平里

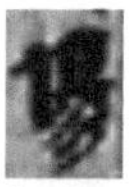
秦律 2

秦律 106

龍 106

龍 109

嶽叁(二)147

嶽叁(一)33

1657 傻	1656 但	1655 伐		1654 係	1653 促	1652 伏
傻	但	伐		係	促	伏
		 不其簋 集成 04328  不其簋蓋 集成 04329				
	 上造但車害 集成 12041	 詛楚文 湫淵 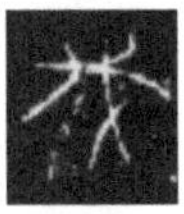 詛楚文 巫咸		 廿二年臨汾守曋戈 集成 11331		
 爲 22  日甲 70 背  嶽壹・爲 二二正	 周 28	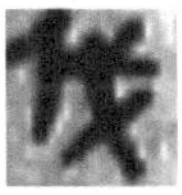 日乙 127  嶽壹・占 三六正 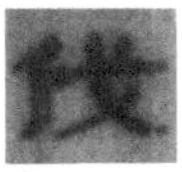 嶽叁(二)163	 周 309 用作「繫」。	 陶録 6.118.1  陶録 6.120.6  張係 秦風 220	 天乙 二六三	 日乙 147

1658	1659	1660	1661	1662		1663
咎	僰	仗*	仮*	佐*		傘*
咎	僰	仗	仮	佐		傘
 秦駰玉牘甲・背				 宗邑瓦書 秦陶1610		
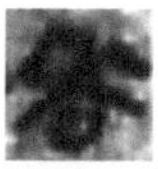 日甲4背  嶽壹・爲八六正	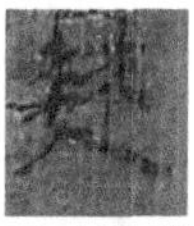 里壹[8]60背	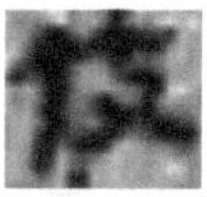 秦律147 用作「杖」。	 日乙22 用作「返」。	 秦泥考491	 秦律73  效19  嶽叁(一)66	 日甲45背 從方勇《秦簡牘文字編》釋。

	1669	1668	1667	1666	1665	1664
	眞	僃*	傣*	偪*	㑮*	免*
	眞	僃	傣	偪	㑮	免
				 詛楚文 湫淵  詛楚文 亞駝		
 法問 49  法問 177	 真心	 秦律 125	 陶録 6.22.4		 日甲 34 正	 周 341  里壹[8]775  嶽叁(一)119

1675	1674		1673	1672	1671	1670
從	㫗		印	𡿺	頃	匕
從	㫗		印	𡿺	頃	𣬉
 不其簋 集成 04328  不其簋蓋 集成 04329						
					 青川木牘 文 1982.1.11	 私官𣬉鼎 集成 01508
 陶新 52.268  秦泥考 772  從志 陝出印 1744	 封 53  日甲 47 正  日甲 49 正  天・乙 二〇七	 司馬印  里發[9]1 背  里發[9] 12 背	 虎印  解印 秦風 170  宋印 秦風 127	 封 57	 陶録 6.52.1  陶録 6.52.2	 周 314  嶽壹・占 八正

并

并				竝		
				 詛楚文 巫咸  詛楚文 湫淵		
 秦律 137  秦抄 39	 法問 49  周 369 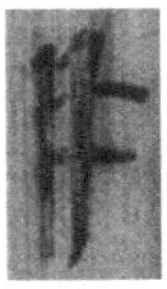 嶽叁(一)84	 陶録 6.339.1  陶録 6.356.1	 旬邑權 秦銘圖 131  始皇詔權 秦銘圖 113  平陽銅權 秦銘圖 182		 里發[9]1 背  周 357  嶽叁(一)52	 秦律 180  日乙 176  龍 8  周 132

1780 丘		1779 冀	1678 北		1677 比	
丘		冀	北		比	
				 石鼓文 吴人		
	 廩丘戈 秦銘圖 191	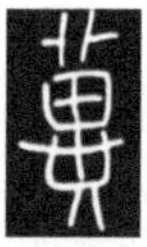 五十年詔 吏戈 秦文圖 31		 寺工師初壺 集成 09673 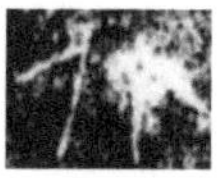 雍工敃壺 集成 09605		
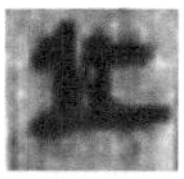 封 47  封 49  龍 35 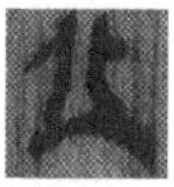 嶽壹·占 六正	 陶録 6.322.2  秦泥考 1295	 陶録 6.318.2  冀丞之印  冀駢	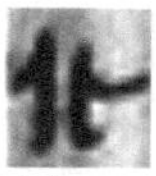 封 57  封 57  天·乙 四〇  周 181	 陶録 6.102.4 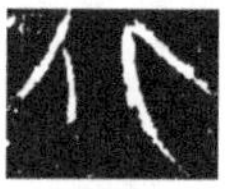 陶録 6.158.1  陶録 6.223.6	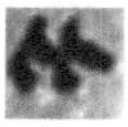 秦抄 22  法問 75  嶽壹·爲 五一正	 比沓

1783 聚				1782 衆		1781 虛
聚				衆		虛
			 秦駰玉牘 甲·正  秦駰玉牘 乙·正	 商鞅方升 集成 10372		
 爲 2  日乙 132  天·乙 二五四	 高聚 秦風 160  慶聚	 法問 52  日甲 86 背 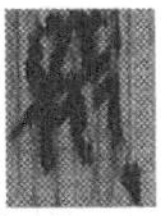 嶽壹·占 三七正	 和眾 秦風 238	 陶録 6.446.3  陶録 6.446.4  奇眾	 日乙 32  日乙 34  龍 143  周 357	 陶録 6.305.1  陶録 6.305.2

1786 重	1785 朢			1784 徵		
重	朢		⿰𡈼攴	徵		
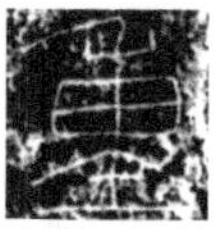 商鞅方升 集成 10372  卌年銀耳杯 新收 1078						
 陶録 6.53.1 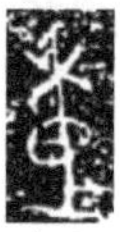 陶録 6.136.1	 日乙 118  爲 29  里壹[8]2153	 鞠毋望 秦風 168	 秦律 115	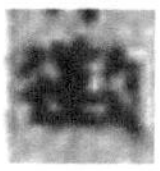 爲 20  嶽壹・爲 二二正 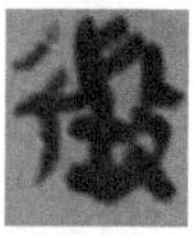 嶽壹・爲 四七正	 王徵 陜出印 618	 里壹[8] 1434 正  嶽壹・爲 十九正

1789 監		1788 臥		1787 量		
監		臥		量		
						 錢典・先秦 608
 法問 151  龍 144  嶽壹・爲六三正  嶽叁(一)14	 中郎監印  橘監	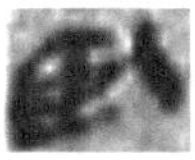 日甲 64 背  周 37  嶽叁(二)175	 秦泥考 426  秦泥考 1498 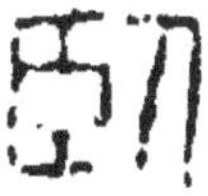 尚臥	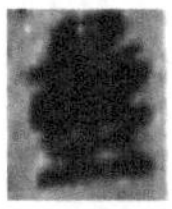 法問 195  嶽壹・爲六五正	 武城橢量 秦銘圖 109 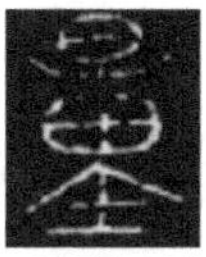 平陽銅權 秦銘圖 182	 效 60  龍 174  里發[16]5 背

1794 衫	1793 衣		1792 殷	1791 身	1790 臨	
衫	衣		殷	身	臨	
 詛楚文 湫淵  詛楚文 亞駝				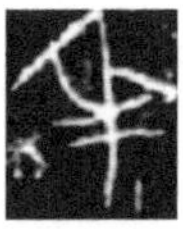 身文鼎 集成 02100		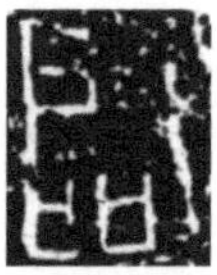 商鞅方升 集成 10372  廿二年臨汾 守瞫戈 集成 11331
	 秦律 93  天・甲六九 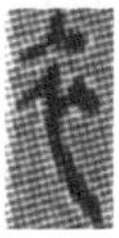 周 297  嶽叁(一)60	 陶録 6.130.5  陶録 6.137.1  陶録 6.137.3	 杜殷周印 秦風 158  殷難 秦風 227	 封 46  龍 43  嶽壹・爲 八六正  嶽叁(一)15	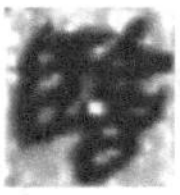 日乙 237  里壹[8] 1445 背 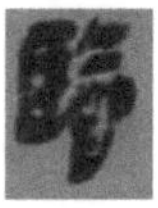 嶽壹・爲 五九正	 陶録 6.306.3  秦泥考 1275

1800 衮	1799 袍	1798 襲		1797 衽	1796 裏	1795 表
衮	袍	襲		衽	裏	表
 青川木牘 文 1982.1.11						
 秦律 66  封 80  里壹[8] 135 正	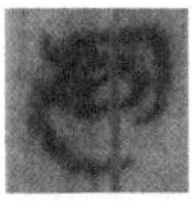 嶽叁(二)159	 日甲 35 背  里壹[8] 1518 正	 大騩權 秦銘圖 131 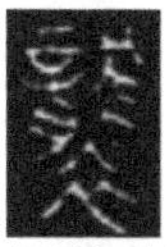 平陽銅權 秦銘圖 182	 日甲 68 背	 封 22  封 82  周 354	 爲 3  爲 3  爲 3

1801	1802	1803	1804		1805	1806
褎	裹	衦	袑		襑	複
褎	裹	衦	袑		襑	複
 封 22	 苦成裹  裹  任裹	 嶽壹・爲五七正	 鄭袑  王袑 秦風 191	 里發[16]6背  嶽叁(二)191  嶽叁(二)199	 日乙 130	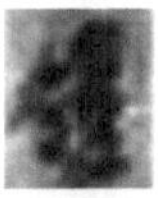  日甲 117 背

1811		1810	1809	1808	1807	
襄		襌	襦	移	禔	
襄		襌	襦	移	禔	
 日甲 28 正  日甲 37 背  獄壹・占八正	 陶録 6.403.4  王襄 秦風 111  張襄	 封 58  封 68	 封 58  封 58  獄叁(二)142  獄叁(二)152	 移閭	 里發[9]6 正  里發[9]7 正  獄壹・爲六九正	 王禔 秦風 136  王禔 湖南古代璽印 47

1816	1815	1814		1813	1812	
裂	雜	衷		衾	被	
裂	雜	衷		衾	被	
						 杜虎符 集成 12109  新郪虎符 集成 12108
 法問 80	 效 28  周 210  里壹[8]210	 里發[9]4 正  里發[9]4 正 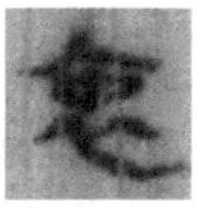 嶽叁(二)169	 衷俗  箕衷	 里 J1[12] 10 正	 日乙 76  日乙 189  嶽叁(三)228	 蘇被 湖南古代 璽印 47  王更被 秦風 201

1821	1820	1819	1818			1817
褐	裛	裹	裝			補
褐	裛	裹	裝			補
 右褐府印	 里壹[8]2186  里壹[8]2200	 封 85 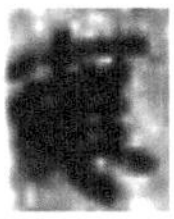 日甲 68 正	 封 82	 嶽壹・爲六三正 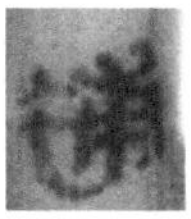 嶽叁(二)149	 秦律 120  秦抄 41  里壹[8]1532	 補□

	1822 衰		1823 卒		1824 製	1825 褱
	衰		卒		䙝	褱
 秦律 91  秦律 91  秦律 91	 衰  衰	 爲 33 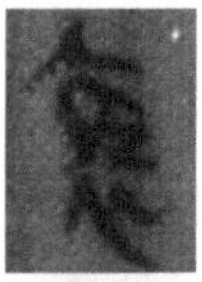 里壹[8]134 正  嶽貳・數 150	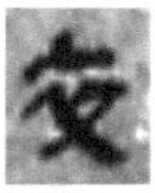 秦抄 11  周 323 用作「淬」。  里發[9]2 正	 嶽叁(一)62	 日乙 15  爲 16	 里發[16]5 背

		1830 裘	1829 ⿰衤壽*	1828 ⿰衤雚*	1827 ⿰衤兆*	1826 ⿰衤寺*
	求	裘	⿰衤壽	⿰衤雚	⿰衤兆	⿰衤寺
	 石鼓文 避車  石鼓文 吴人					
	 詛楚文 亞駝  詛楚文 巫咸					
 法問 66  日甲 153 正  周 260  里發[16]5 背	 求犬	 日乙 189	 日乙 87	 嶽壹・爲四九正 用作「權」。	 龍 119 用作「逃」。	 日甲 25

1834 壽	1833 耈	1832 耆		1831 老		
壽	耈	耆		老		
 不其簋 集成 04328  不其簋蓋 集成 04329						
 十二年上郡守壽戈 集成 11404  十三年上郡守壽戈 秦文圖 21			 十三年相邦義戈 集成 11394	 詛楚文 湫淵  詛楚文 亞駝	 王廿三年戈 珍秦齋秦 68	
 秦泥考 1617  王壽 秦風 148  善壽 陜出印 1747	 李耈者 秦風 191	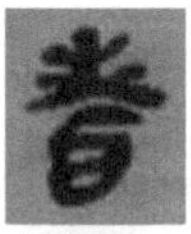 秦律 136 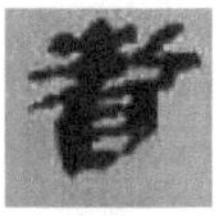 日甲 142 正 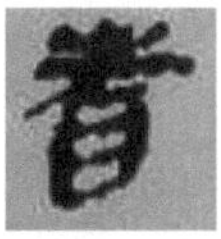 日甲 143 正	 趙部耆 秦風 133  王耆 秦風 139  王淳耆 古印菁 75		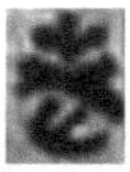 秦律 61  秦抄 32  嶽壹・爲 七五正	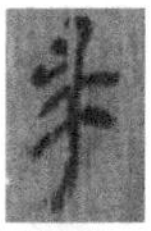 嶽叁(一)1  嶽叁(一)40

1836 孝　　1835 考

孝		考	[illegible]			
	 盄和鐘 集成 00270				 盄和鐘 集成 00270  秦子鎛 文 2008.11.27	 秦公鎛甲 集成 00267  秦公簋 集成 04315
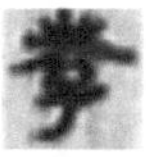 爲 41  里發[9]4 正  嶽壹・爲 一三正	 孝弟 珍秦齋印 363  孝弟 珍秦齋印 364	 日乙 238  日乙 241	 日甲 107 正	 嶽壹・占 三〇正	 日乙 75  周 148  天・乙 二四五	 安壽 秦風 252

1840 眉			1839 居	1838 尸		1837 毛
眉			居	尸		毛
 管眉  李眉  眉	 秦律 76  龍 17  嶽叁(一)33  嶽叁(一)53	 陶録 6.468.4	 陶録 6.292.2  陶録 6.295.1  陶録 6.297.2	 日甲 112 正  嶽叁(一)40	 日甲 5 背  日甲 47 背  嶽壹・爲 十七正	 陶録 6.246.3  高毛  毛遂 秦風 216

1846 屠	1845 辰		1844 尼	1843 屍	1842 届	1841 展
屠	辰		尼	脽	届	展
				 十七年丞相 啟狀戈 集成 11379		
 屠行	 天・乙 七一	 天・甲七二  天・乙 三〇七	 陶録 6.15.2  陶録 6.15.4  公孫閻尼	 脽狀  范脽輿  上官脽	 郝届 珍秦齋印 47  任届 秦風 73  上官届 秦風 127	  封 2

1852	1851	1850	1849	1848		1847
屚*	屪*	屡*	屎*	屏		屋
屚	屪	屡	屎	屏		屋
 嶽壹・爲五九正 用作「廡」。	 秦律 27	  日甲 119 正 用作「殿」。	 日乙 101	 日甲 157 背 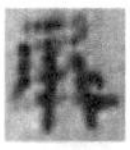 日乙 190  天・乙七七	 楊屏 秦風 78	 日乙 111  天・甲三五  嶽壹・爲二四正

1856			1855	1854		1853
屈			屬	尾		尺
屈			屬	尾		尺
	 寺工矛 近出 1212	 十三年少 府矛 集成 11550  十四年屬 邦戈 集成 11332	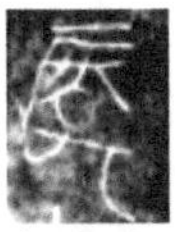 五年相邦呂 不韋戈 集成 11396  八年相邦呂 不韋戈 集成 11395			 青川木牘 文 1982.1.11  青川木牘 文 1982.1.11
 陶録 6.162.1  陶録 6.162.2  楊屈 秦風 124		 秦律 201  效 53  里壹[8] 134 正	 秦泥考 358  秦泥考 356  屬印	 日甲 53 正  日甲 56 正  周 136  周 171	 嶽叁(一)85	 秦律 61  封 65  龍 140  里壹[8] 134 正

1861 船		1860 俞	1859 舟	1858 屨	1857 履	
	船	俞	舟	屨	履	
		 不其簋 集成 04328  不其簋蓋 集成 04329	 石鼓文 霝雨  石鼓文 霝雨			
 日甲 128 背  日乙 44  里發[9] 981 正  嶽壹・占 二八正	 陶録 6.257.2  陶録 6.466.1  秦泥考 180			 日甲 57 背  日甲 58 背  日甲 61 背	 封 59  日甲 79 背  嶽叁(二)152	 爲 34  日甲 120 正  日甲 41 背

1865	1864		1863	1862		
服	般		舫	朕		
服	般		舫	朕		
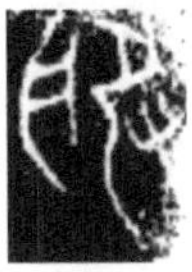 秦公鐘 集成 00263  秦公鎛甲 集成 00267			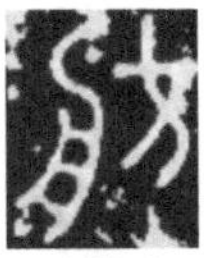 石鼓文 霝雨	 盄和鐘 集成 00270	 秦公鐘 集成 00262 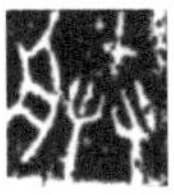 秦公簋 集成 04315	 不其簋 集成 04328 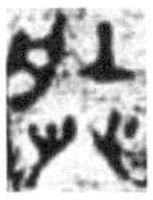 不其簋蓋 集成 04329
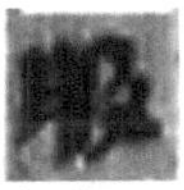 秦律 20 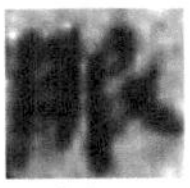 封 4	 封 88 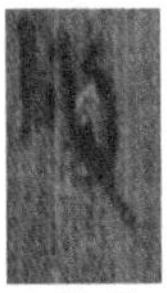 里壹[8]405	 秦泥考 1417  般午				

1867 兒		1866 方				
兒		方				
		 石鼓文 霝雨	 盄和鐘 集成 00270 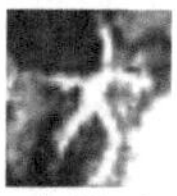 秦政伯喪戈 珍秦 42	 秦公鐘 集成 00262 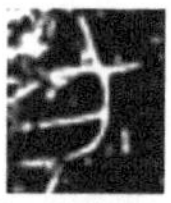 秦公鎛甲 集成 00267	 不其簋 集成 04328  不其簋蓋 集成 04329	 秦景公石磬 秦文圖 64
					 秦駰玉牘 乙・正 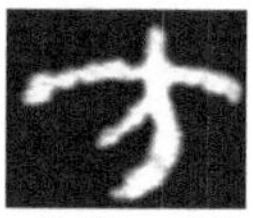 秦駰玉牘 乙・正	
 秦律 50  封 86  嶽叁(一)89	 郝兒 陝出印 742  潘兒  王兒		 嶽叁(一)78  嶽叁(一)81	 天・甲二六  語 4  周 326	 方言身 秦風 228  方□私印 秦風 210  王方 陝出印 622	

1871	1870	1869	1868			
兢	兄	兑	允			
兢	兄	兑	允			
			 懷后石磬 通鑒 19817	 秦景公石磬 秦文圖 59  石鼓文 鑾車	 秦公鐘 集成 00262  秦公鎛丙 集成 00269	 不其簋 集成 04328  不其簋蓋 集成 04329
 張兢 秦風 64  苟兢  王兢 秦風 149	 天・乙 二五四  日乙 170  封 93  嶽壹・占 二六正	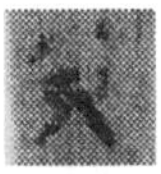 天・乙 二二九 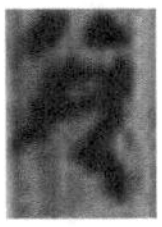 日甲 11 正 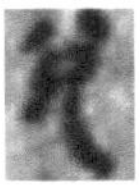 日甲 69 背				

1876			1875	1874	1873	1872
積			先	兒	皃	兂
積			先	兒	皃	簪
		 秦公鎛乙 集成 00268	 秦公鐘 集成 00262  秦公鐘 集成 00264			
 十三年相邦義戈 集成 11394		 秦駰玉牘乙・正  詛楚文湫淵	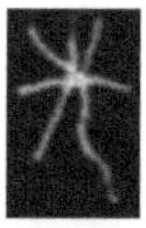 秦駰玉牘甲・正  秦駰玉牘甲・背			
 陶録 6.53.1  陶録 6.133.1  陶録 6.236.3	 里發[16]6 正  嶽壹・爲六四正  嶽叁(一)13	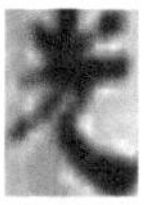 秦律 159  秦律 167  周 249  周 351	 陳先 陝出印 734  張女先	 兒胡	 周 367	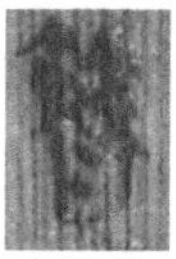 里壹[8]781

1879 觀	1878 視		1877 見			
觀	視		見			
 爲 34	 里壹[6]1 背  嶽壹・質 0701 正  嶽叁(一)64	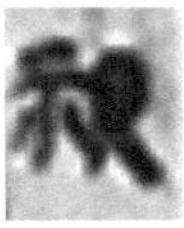 語 12  秦律 159  天・甲六七	 周 247  里壹[8]147  嶽叁(二)152	 秦律 73  天・甲六一  龍 43	 嶽叁(四)240	 王覿 秦風 184

1884	1883	1882			1881	1880
歐	歎	欽			親	覺
歐	歎	欽	敍		親	覺
			 詛楚文亞駝  詛楚文巫咸		 詛楚文湫淵  詛楚文巫咸	
 陶録 6.191.2  陶録 6.192.2  秦泥考 1505	 茀歎	 效 11		 嶽壹・爲四八正	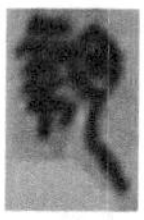 日甲 73  天・乙二五四  嶽壹・爲六五正	 日乙 194  法問 10  日甲 13 背  嶽叁(一)58

1885		1886	1887	1888		1889
欣		款	歌	欲		歙
欣		款	歌	欲		歙
				 秦駰玉牘 甲・正  秦駰玉牘 乙・正	 詛楚文 湫淵  詛楚文 巫咸	 廿二年臨 汾守曋戈 集成 11331
 陶録 6.32.1  臣欣 秦風 154  任欣 秦風 81	 里壹[8]156  里發[9]4 正	 李款 秦風 208	 日甲 76 背  日乙 132  嶽壹・占 一一正	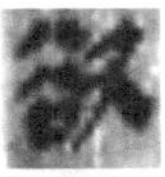 秦律 30  秦律 31  龍 30  周 322	 里發[16]5 正  嶽叁(一)48  嶽叁(一)76	 楊歙 秦風 226  王歙 秦風 98

1894			1893	1892	1891	1890
歍			歐	歊	欦	⿰亀欠
歍			歐	歊	欦	⿰亀欠
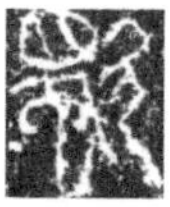 宗邑瓦書 秦陶 1610				 十七年太后 漆盒 考文 2002.5.64		
 矦歍 秦風 85  楊歍 秦風 204	 里發[16] 6 背  嶽叁(一)52  里壹[8] 209 正	 歐眗閭  芥歐	 陶録 6.38.3  陶録 6.254.4  王歐	 歊	 日甲 56 背	 嶽叁(一)70

1897 歙		1896 欬		1895 歎		
歙		欬		歎		
 趙歙 秦風 77	 里發[9]7 正  里發[9]7 正	 橋欬 秦風 48  張欬 秦風 167	 陶録 6.121.2  陶録 6.122.1  陶録 6.123.2	 陶録 6.381.1	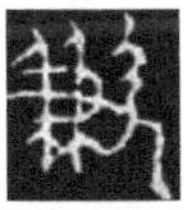 平陽銅權 秦銘圖 182  大騩權 秦銘圖 131  北私府橢量 秦銘圖 147	 里壹[8]39

1898		1899	1900		1901	1902
次		欺	歠		羨	盜
次		欺	歠		羨	盜
 石鼓文 遊車						
 李次非 秦風 137	 語 8  封 36  周 369 用作「恣」。	 王欺  范欺 秦風 216	 日甲 36 背  日乙 132  周 344  周 373	 嶽叁(一)114	 龍牘正  嶽叁(一)5  嶽叁(一)10	 效 35  天・甲二九  龍 20  周 211

						 里發[16]5背  嶽叁(一)81  嶽叁(一)82

	1903 頭		1904 顏		1905 顯
	頭		顏		顯
春秋					
戰國					
秦代	 陶新 1360  郭頭 秦風 176	 封 69  封 70 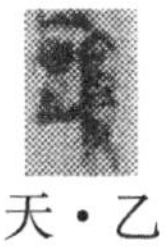 天・乙二三三  周 328	 顏嘉  顏讙  顏昭	 法問 74  法問 88	 顯  趙顯 秦風 87

1909		1908	1907		1906	
頸		頫	頯		顛	
 日甲35背  日甲75背	 日甲79背	 徒頫	 法問74  法問88  日甲153正	 周374 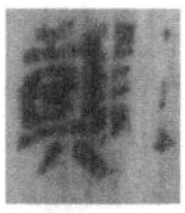 嶽叁(二)180	 陶録 6.264.2  杜顛 秦風89  趙顛 陝出印800	 爲23  里壹[8]36

1916	1915	1914	1913	1912	1911	1910
頎	顝	頪	碩	顉	項	領
頎	顝	頪	碩	顉	項	領
			 石鼓文 鑾車			
	 宗邑瓦書 秦陶 1610  宗邑瓦書 秦陶 1610					
 朱頎 秦風 218  頎		 頪印	 臣碩 秦風 196	 史顉 秦風 102	 法問 75  封 65  封 66  嶽壹・占 二二正	 封 22

1922	1921		1920		1918	1917
頓	順		顧		顆	頑
頓	順		顧		顆	頑
 陶新 2944	 日甲 3 正	 陶新 1081	 日甲 130 正	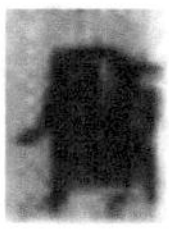 日乙 107	 南顆	 □頑
 秦泥考 1362	 里發 [9]984 正	 秦泥考 1472		 嶽壹・爲 四一正		
 秦泥考 1363	 嶽壹・占 二正	 王順		 嶽叁(一)75		

1928	1927		1926	1925	1924	1923
煩	顫		頰	頼	⿰乚頁	頡
煩	顫		頰	頼	⿰乚頁	頡
 陶録 6.457.3  范煩 秦風 827	 任顫 秦風 115  刑顫	 陶新 1367  楊顫 秦風 59  顫里典	 陶録 6.116.2  陶録 6.131.2  頰 陝出印 589	 張頼 秦風 159  郭頼 秦風 163	 ⿰乚頁印	 嶽叁(一) 125

1933 面	1932 ⿰彔頁*		1931 顯	1930 須	1929 顡	
面	⿰彔頁		顯	須	顡	
			 秦公簋 集成 04315  盄和鐘 集成 00270			
			 詛楚文 湫淵 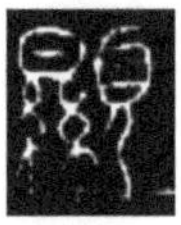 詛楚文 亞駝			
 法問 204  日甲 69 背 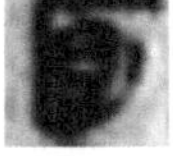 日甲 72	 日甲 72 背  里發[9]9 正  里發[9]9 正	 法問 191 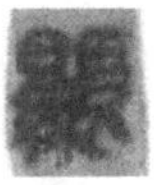 嶽叁(二)147  嶽叁(二)147	 張顯 陝出印 754	 陰須	 顡  任顡 秦風 139	 爲 13  日甲 73 正  日乙 187

縣		首				
縣		首				
					 不其簋 集成 04328  不其簋蓋 集成 04329	
 里發[9]1 正  里發[9]2 正 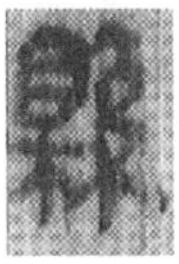 嶽壹・爲六二正	 效 11  龍 200  周 309 用作「懸」。	 周 151  嶽壹・爲八六正 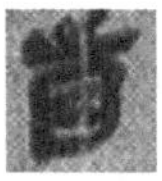 嶽叁(二)148	 封 35  秦律 156  天・甲一六  龍 158	 陶録 6.339.1  陶録 6.343.1	 平陽銅權 秦銘圖 182  美陽權 秦銘圖 183  大騩權 秦銘圖 131	 天・乙二〇七  嶽叁(一)58

1936 文		1935 弱			1934 須	
文		弱			須	
	 秦公鐘 集成 00262  秦公簋 集成 04315					
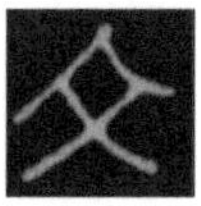 工師文罍 秦文圖 28  九年相邦呂不韋戟 近出 1199	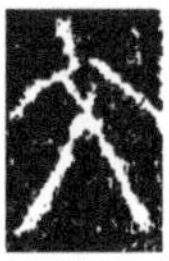 宗邑瓦書 秦陶 1610					
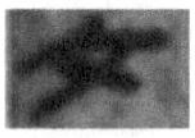 法問 162  嶽叁(四)243	 陶録 6.161.2  陶新 409.2307  董文 秦風 61	 秦律 184  封 66 用作「溺」。  嶽壹・占 三一正	 李弱 陝出印 696  闞弱  邸弱	 陶録 6.235.1 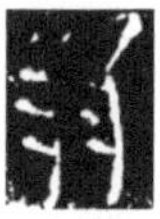 陶録 6.235.2  郝弱 珍秦齋印 46	 里壹 [6]11  嶽壹・爲 七〇正	 法問 88  法問 63 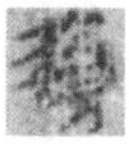 天・甲六六  周 363

1941 髽		1940 髨	1939 ⿱髟冀	1938 鬈		1937 髮
髽		髨	⿱髟冀	鬈		髮
 日乙 22	 方髽	 法問 72  法問 103	 ⿱髟冀印	 里壹[8]193 正	 鬈印	 封 35  封 86  周 314

1945 卮	1944 司		1943 后		1942 髻*	
卮	司		后		髻	
					 懷后石磬 通鑒 19817	
			 宗邑瓦書 秦陶 1610  宗邑瓦書 秦陶 1610	 十七年太后 漆盒 考文 2002.5.64  廿九年太后 漆匳 秦文圖 27	 太后車軎 集成 12026	
 里壹 [8]200 正	 嶽叁(二)155	 天・乙 二四五  龍 5  里發[9]5 正	 陶録 6.188.1  陶録 6.201.2  秦泥考 146			 封 35

1949	1948	1947		1946		
卷	卻	卲		令		
卷	卻	卲		令		
		 盄和鐘 集成 00270	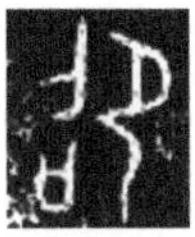 秦公鐘 集成 00262 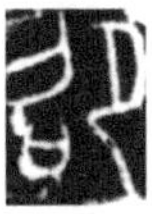 秦公簋 集成 04315		 秦公鐘 集成 00262 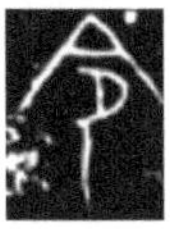 秦公鎛甲 集成 00267	 不其簋 集成 04328  不其簋蓋 集成 04329
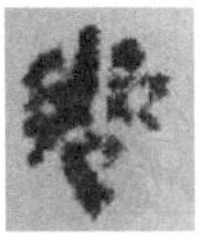 日甲 87 正	 封 53 通「膝」。  封 78  天・乙 一三六			 里發[9]2 背 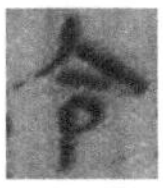 里發[9]5 正  嶽叁(一)30	 語 2  秦律 2  龍 43  周 246	 令狐得之 秦風 179

	1952 色				1951 印	1950 卻
	色				印	卻
					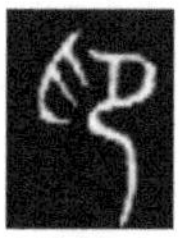 詛楚文 湫淵  詛楚文 亞駝	
 里壹 [8]158正  嶽壹·爲 二七正	 日乙170  日乙174  天·乙 二三三  里壹 [8]156	 嶽叁(三)227	 秦律171  效28	 湯印  文仁印	 陶録 6.424.6  秦泥考744  宋譊之印	 封66  嶽叁(一)100

	1955 匍			1954 辟		1953 卿
	匍			辟		卿
 盄和鐘 集成 00270	 秦公鐘 集成 00262  秦公鎛甲 集成 00267		 盄和鐘 集成 00270  懷后石磬 通鑒 19817	 秦子戈 新收 1350  秦子戈 集成 11352		
						 商鞅方升 集成 10372 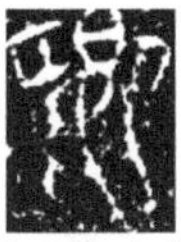 宗邑瓦書 秦陶 1610
		 周 368  里壹 [8]134 正  嶽叁(一)3	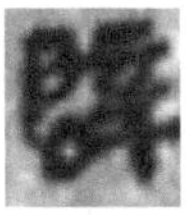 秦抄 4  法問 96  龍牘正	 陶新 2722	 日乙 199  日乙 200  嶽貳・數 134  嶽貳・數 134	 陶録 6.440.4  公孫卿

1960		1959	1958	1957	1956	
敬		包	⿹勹子*	冢	旬	
敬		包	⿹勹子	冢	旬	
 盄和鐘 集成 00270  石鼓文 吴人	 秦公鐘 集成 00262  秦公簋 集成 04315					
						 旬陽壺 秦文圖 57
 焦敬 秦風 134  李不敬 珍秦齋印 35	 陶録 6.100.1  陶録 6.44.3	 秦抄 7 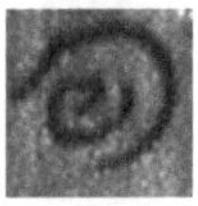 里發 [9]981 正  嶽叁(四)243	 日甲 41 背 或釋爲「包」、「孕」、「乳」。	 法問 190  龍 124  周 302  嶽叁(一)53	 日乙 133  天・乙 一二五  周 361  周 362	 旬邑權 秦銘圖 131

1963 魃*	1962 醜		1961 鬼			
魃	醜		鬼			
			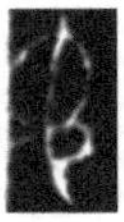 廿五年上郡守厝戈 近出 1198	 六年上郡守閒戈 近出 1194  七年上郡守閒戈 近出 1193		
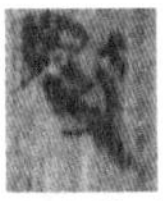 里壹[8]1520 正  里壹[8]1520 正	 語 12	 陶録 6.12.1  醜夫  王醜 珍秦齋印 349	 日乙 158  里壹[8]805  嶽叁(四)244	 陶新 3269	 里發[9]11 背  嶽壹・爲五八正	 爲 7  爲 1  天・乙二四五  里發[9]1 背

1969	1968	1967	1966	1965		1964
誘	篹	厶	禺	畏		魄*
誘	篹	厶	禺	畏		魄
			 王廿三年戈 珍秦齋秦 68	 十四年相邦 冉戈 秦文圖 38  廿年相邦 冉戈 集成 11359	 詛楚文 湫淵  詛楚文 亞駝	
 秦律 1  秦律 1	 封 71	 亡厶 陝出印 1690	 日甲 66 正  日乙 181  嶽壹・占 一四正	 楊禺 秦風 80	 日甲 24 背  天・乙 二四五 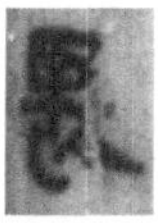 嶽叁(四)23	 嶽壹・占 四〇正

1970 巍

1971 山

山				巍		
			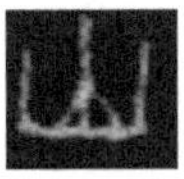 秦駰玉牘 甲・正  秦駰玉牘 乙・正			
 嶽壹・占 五正 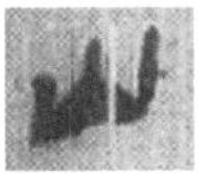 嶽叁(一)13	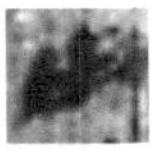 編 44.1 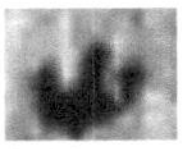 秦律 119  周 335	 陶録 6.108.1  秦泥考 58	 驪山園鐘	 編 29.12  嶽叁(二)163 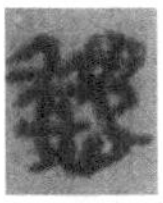 嶽叁(二)166	 魏聞 秦風 106  魏登 秦風 130  魏視 秦風 199	 陶録 6.132.3

1977	1976	1975		1974	1973	1972
岸	崩	密		岑	岡	崋
岸	崩	密		岑	岡	崋
						 秦駰玉牘乙・背  秦駰玉牘乙・背
 司馬岸 秦風 185	 張崩 古印菁 73	 爲 5  嶽壹・爲 四七正  嶽壹・爲 七五正	 秦泥考 1435  莊密 秦風 113	 爲 48	 天・甲四	

1978	1979	1980	1981				1982
崖	峙	⿱頃山*	府				廬
崖	峙	⿱頃山	府				廬
			 寺工師初壺 集成 09673  雍工敃壺 集成 09605	 雍工敃壺 集成 09605 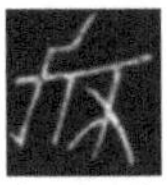 二年少府戈 秦銘圖 56	 脩武府杯 集成 09939		
 陶録 6.458.1	 封 52 用作「時」。	 爲 11 用作「傾」。	 陶新 1173  秦泥考 167	 秦抄 23  里發[16]6正  嶽叁(一)68			 龍 121

1986			1985		1984	1983
庫			廚		廡	庭
庫			廚		廡	庭
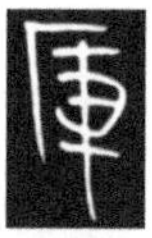 廿四年戈 秦文圖 26.2  元年丞 相斯戈 近出 1189	 廿二年臨汾 守曋戈 集成 11331  寺工矛 近出 1212	 十七年丞相 啟狀戈 集成 11379  十八年 上郡戈 集成 11378				
	 效 52  嶽叁(一)97	 脩武庫印  秦泥考 1097	 里發[9]1 正  里發[9]4 正  里發[9]5 正	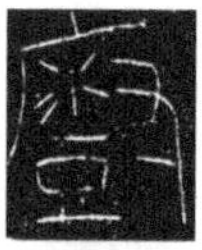 陶録 6.113.1  陶新 630  旃郎廚丞	 日甲 21 背  嶽壹・爲 二六正	 周 365  里發[9]1 正  里發[9]2 正

1989 廣			1988 廦	1987 廏		
廣			廦	廏		
		 不其簋 集成 04328  不其簋蓋 集成 04329				
 青川木牘 文 1982.1.11  青川木牘 文 1982.1.11	 廣衍中陽戈 近出 1134	 廣衍矛 集成 11509  丞廣弩牙 集成 11918				
 嶽叁(四)24	 封 76  封 80  里發[9]12 正  嶽貳・數 57	 陶録 6.47.4  傅廣秦 秦風 174  王廣 秦風 115	 封 64  封 81	 秦律 17  秦律 17	 秦泥考 187  秦泥考 221  小廄南田 秦風 22	 陶録 6.113.2  陶録 6.115.2

1995	1994	1993	1992	1991	1990	
庡	底	龐	廉	廁	廥	
庡	底	龐	廉	廁	廥	
 石鼓文 汧沔  石鼓文 鑾車						
 十六年大良 造庶長鞅戈 鐓集成 11911  庶長鞅殳鐓 秦文圖 16	 詛楚文 湫淵  詛楚文 湫淵					
 法問 125  龍牘正  嶽叁(一)113  嶽叁(一)126	 秦泥考 117	 龐穿	 語 10  爲 9  嶽壹・爲 二九正	 日乙 188	 效 35  秦律 175  周 13  文 2009. 3. 82	 秦泥考 468  秦泥考 475

2000 廖	1999 庰	1998 廟	1997 廅	1996 廢		
廖	庰	廟	廅	廢		
						 十九年大良造鞅殳鐓 近出 1249 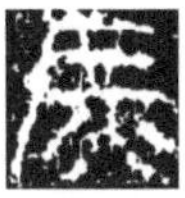 宗邑瓦書 秦陶 1610
 陶録 6.306.4	 語 11  嶽叁(一)96	 龍 121	 陶録 6.81.4  蘇廅 陝出印 818  楊廅 秦風 109	 里壹 [8]178 正	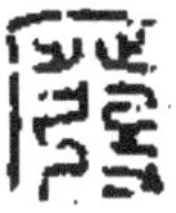 秦泥考 1293	

2007 廲*	2006 庫*	2005 庱*	2004 庖*	2003 庢*	2002 庰*	2001 庛
廲	庫	庱	庖	庢	庰	庛
 封 54  日甲 5 正	 李庫 秦風 76	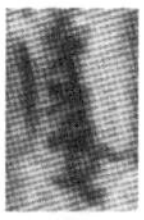 周 324 用作「痠」。  周 325	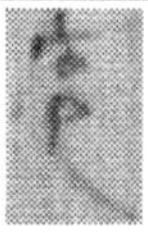 天・甲二八	 法問 28  法問 28	 封 84 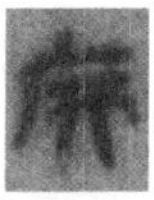 嶽叁(二)176  嶽叁(二)178	 里壹 [8]1177

卷九

2014	2013	2012	2011	2010	2009	2008
危	丸	厭	厥	厰	廓	廙*
危	丸	厭	厥	厰	廓	廙
					 石鼓文 鑾車  石鼓文 霝雨	
 陶録 6.138.1  陶録 6.138.2  騏危	  周 321	 王厭 秦風 112  嶽壹・爲 四〇正	 王厥 秦風 89	 嶽壹・爲 五〇正		 姚廙

广部　厂部　丸部　危部

2018 磬	2017 磿	2016 礜		2015 石		
殸	磨	礜		石		
 秦景公石磬 秦文圖 84  懷后石磬 通鑒 19817					 懷后石磬 通鑒 19817	
				 詛楚文 湫淵  詛楚文 亞駝	 高奴禾石權 集成 10384  元年丞相 斯戈 近出 1189	
	 周 132	 周 321  周 372	 秦泥考 1521  秦泥考 1529  左礜桃支	 龍 187  嶽壹・爲 八四正  嶽貳・數 108	 陶録 6.43.2  陶録 6.329.3  安石里典 秦風 30	 日乙 48  天・甲六  周 209  嶽叁(一)131

2022 肆				2021 長	2020 礜*	2019 破
肆				長	礜	破
	 十二年上郡守壽戈 集成 11404  十三年上郡守壽戈 秦文圖 21	 詛楚文 亞駝  錢典・先秦 613	 十九年大良造鞅殳鐓 近出 1249  宗邑瓦書 秦陶 1610	 十六年大良造庶長鞅戈鐓 集成 11911  庶長鞅殳鐓 秦文圖 16		
 嶽叁(一)71  嶽叁(一)78	 嶽叁(一)1	 周 314  里壹[8]193正  里壹[8]349	 效 37  天・乙二三二  龍 206	 秦泥考 1327  杜長 秦風 219  長安君	 周 369	 張破戎 秦風 53  破燕

2026 而	2025 冄		2024 昜		2023 勿	
而	冄		昜		勿	
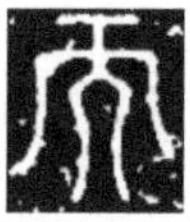 石鼓文 而師  石鼓文 吳人						 石鼓文 田車  石鼓文 吳人
 秦駰玉牘 甲・正  秦駰玉牘 乙・正		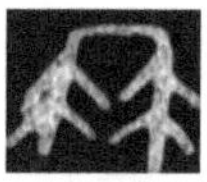 五年相邦呂不韋戈 秦銘圖 69		 旬陽壺 秦文圖 57		
 大騩權 秦銘圖 131  旬邑權 秦銘圖 131 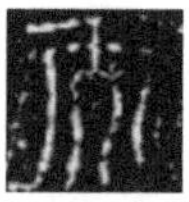 北私府橢量 秦銘圖 147	 里壹 [8]157 背	 陶新 250 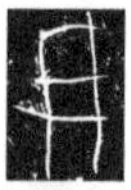 陶新 251  冄匋	 效 45 「昜」之誤寫。	 陶録 6.275.6	 效 1 正  龍 23  周 317 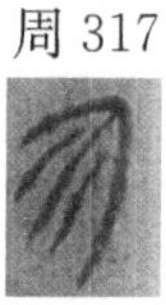 嶽叁(一)76	 勿半非有

勿部 冄部 而部

2030 猳	2029 豬		2028 豕	2027 耐		
猳	豬		豕	耐		
			 石鼓文 田車			
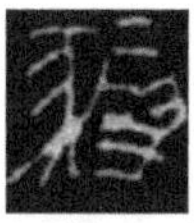 秦駰玉牘 甲・正  秦駰玉牘 乙・正		 廿七年上守 趞戈 集成 11374	 十四年相邦 冉戈 秦文圖 38			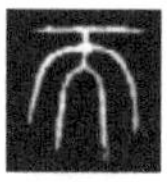 詛楚文 湫淵  青川木牘 文 1982.1.11
	 日甲 20 背  嶽叁(一)84  嶽叁(一)84	 李豬 珍秦齋印 168	 日乙 158  天・乙 一六六  嶽叁(一)99	 秦抄 32  法問 138  龍 234  嶽叁(一)24	 亶耐  耐分	 天・甲一八  周 199  周 204  嶽壹・占 三八正

2036	2035	2034	2033		2032	2031
毚	豣*	豪	貘		豢	豤
毚	豣	豪	貘		豢	豤
	 石鼓文 遊車					
					 秦駰玉牘 乙·背  秦駰玉牘 乙·背	
 龍 111  里壹[8]2491  嶽壹·爲 二二正		  爲 27	 龍 34  嶽壹·占 一六正	 貘  王貘		 秦律 8  嶽壹·爲 六九正 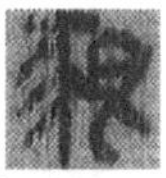 嶽壹·爲 七一正

2040		2039		2038	2037	
豹		豸		⿰彖冃*	豚	
豹		豸		⿰彖冃	豚	
 李豹  豹	 楊豹 珍秦齋印 323  王豹 陝出印 630  支豹	 日甲 49 背	 豸豹	 龍 34  嶽壹・占 一六正	 周 351  周 352	 臣豚 秦風 76  段豚

2045 貍	2044 貉	2043 豻		2042 豺	2041 貔	
貍	貉	豻		豺	貔	
 日乙 61  法問 77  龍 34  周 328	 法問 195  日甲 77 背	 張豻  郝豻	 日甲 71 背	 日甲 77 背  龍 32	 王貔 秦風 63	 秦抄 26  嶽壹・占三八正

2051		2050	2049	2048	2047	2046
象		昜	貄*	⿰豸今*	⿰豸犬*	貇
象		昜	貄	⿰豸今	⿰豸犬	貇
		 不其簋 集成 04328  不其簋蓋 集成 04329				
 爲 17	 效 44  日甲 78 正  天・乙 二九七	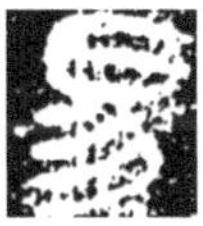 陶録 6.406.1	 里發[16]9 背	 日甲 13 背	 里發[9]2 正 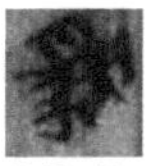 里發[9]2 正  里發[9]2 正	 貇戲  趙貌 陝出印 807

2052

豫

					豫	
					 嶽壹·占二正  里壹[8]444	 陶新166  董豫

秦文字字形表 卷十

	2053 馬	2054 駒
春秋		
戰國	 秦駰玉牘乙・背	
秦代	 陶録6.68.1  陶録6.68.2 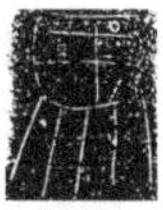 陶録6.333.1  陶録6.404.1  司馬衛秦風835  司馬如珍秦齋印124  效55  龍59  周345 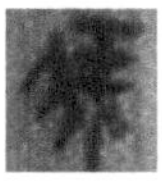 里壹[8]134正  里發[9]5背  嶽叁(一)31 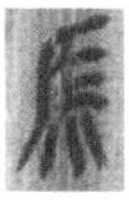 嶽叁(一)113	 日乙42  龍102  龍113

	2060	2059	2058	2057	2056	2055
	駰	駱	騅	驑	驪	騏
	駰	駱	騅	驑	驪	騏
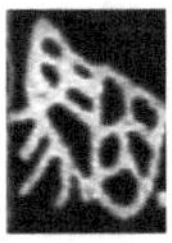 秦駰玉牘乙·正	 秦駰玉牘甲·正  秦駰玉牘甲·正					
		 駱洋 秦風 110  駱滑 秦風 104  駱地 秦都咸陽考古報告 652	 封 21	  陶録 6.82.6	  周 327	 騏危

2064 驪		2063 驕		2062 驐		2061 騧
驪		驕		驐		騧
					 石鼓文 鑾車	
			 庶長鞅殳鐓 秦文圖 16			
 嶽叁(一)3  嶽叁(二)199	 臣驪 珍秦齋印 299  王驪	 爲 25  日甲 102 正	 陶録 6.55.2  咸郿里驕 秦風 19	 嶽壹・爲 三五正	 郭驁 秦風 172  李驁 秦風 54	 呂騧

2069	2068	2067	2066		2065	
駟	駢	驂	駕		騎	
駟	駢	驂	駕		騎	
		 石鼓文 田車 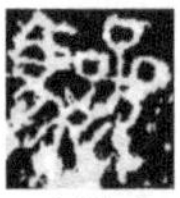 石鼓文 吾水		 石鼓文 吾水		
 陶録 6.159.5	 冀駢		 法問 163  秦律 47  龍 42  嶽叄(一)66	 韓駕 秦風 205  楊駕 秦風 114  杜駕	 龍 59  龍 59	 秦泥考 178

2074	2073	2072		2071	2070	
驅	騃	馮		[illegible]	篤	
敺	騃	馮		[illegible]	篤	
 石鼓文 遊車  石鼓文 遊車						
 日甲 157 背  龍 23  龍 119	 王騃	 嶽叁(三)211 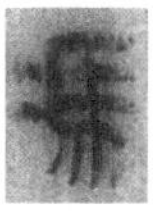 嶽叁(三)215  嶽叁(三)234	 陶新 2966  馮瘫 秦風 48  馮士 秦風 138	 宋[illegible] 秦風 65	 秦抄 29  周 191  周 218  周 230	 秦律 179  日乙 194

2080		2079	2078	2077	2076	2075
駘		騷	駭	驚	騁	馳
駘		騷	駭	驚	騁	馳
 李駘 秦風 69  李駘 秦風 100  莊駘之印	 法問 179  嶽壹・爲 七六正	 趙騷 秦風 116  王騷 陜出印 64  馬騷	 女駭  駭禹  淳于駭	 王驚 秦風 173  王驚 珍秦齋印 159  驚	 李騁	 秦抄 28  龍 54  龍 63

2084 騅			2083 騰		2082 騶	2081 駔
騅			騰		騶	駔
 王騅 秦風 135  王騅 珍秦印展 56	 里發[9]12 背  嶽壹・質 0636 正  嶽壹・質 0515 正	 語 4  封 14  里發[9]1 正	 騰	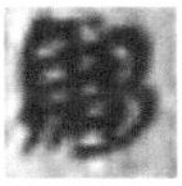 秦抄 3  里壹 [8]209 背	 陶録 6.416.1  陶録 6.416.4	 陶録 6.10.2  王駔 珍秦印展 66  任駔 珍秦齋印 235

2091	2090	2089	2088	2087	2086	2085
騷*	駘*	駓*	駝*	驢	騠	駃
騷	駘	駓	駝	驢	騠	駃
	 石鼓文 遊車					
			 詛楚文 亞駝  詛楚文 亞駝			
 李騷 秦風 86		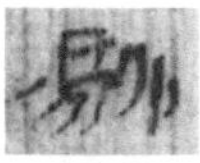 里壹 [8]1146		 王驢 古印菁 附録 222	 秦抄 27	 秦抄 27

2094 灋　　2093 薦　　2092 騋*

法	灋			薦		騋
						 石鼓文 吾水
	 詛楚文 巫咸	 秦駰玉牘 乙・正  秦駰玉牘 乙・正	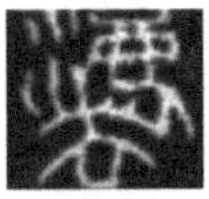 秦駰玉牘 甲・正  秦駰玉牘 甲・正			
 嶽壹・爲 八三正  嶽貳・數 160  嶽貳・數 2	 龍 147  嶽壹・爲 七二正  嶽叁(一)13	 陶録 6.360.4  陶録 6.367.1  灋丘左尉 秦風 23	 北私府橢量 秦銘圖 147 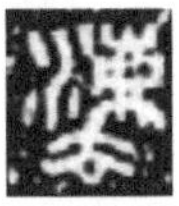 大騩權 秦銘圖 131  美陽權 秦銘圖 183	 秦律 10  法問 15  嶽壹・爲 一三正	 陶録 6.448.4	

2095		2096	2097		2098	
鹿		麛	麇		麋	
鹿		麛	麇		麋	
 石鼓文 鑾車  石鼓文 吳人			 石鼓文 田車			
 陶新 2464	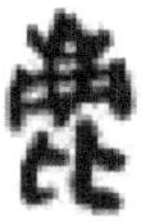 日甲 75 背  龍 33	 秦律 4	 秦泥考 1022  李示麇 珍秦齋印 33	 封 52  封 53 用作「眉」。	 天・乙 三三四	 龍 33

2103 㲋	2102 麤	2101 麀	2100 麗			2099 麃
㲋	麤	麀	麗			麃
		 石鼓文 遊車  石鼓文 田車				
 法問 12  周 369  嶽壹・爲 三正 用作「纔」。	  嶽壹・爲 十五正	 秦泥考 57	 日乙 198  日乙 200  嶽壹・質 2074 正	 陶録 6.108.1  陶録 6.108.2  陶録 6.109.1	 驪山園鐘	 語 12  龍 33

2107 犬		2106 逸			2105 兔	2104 㚇
	犬			逸	兔	㚇
		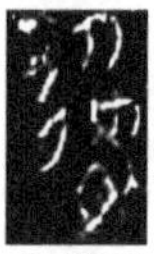 秦政伯喪戈 珍秦 42	 秦子戈 新收 1350  秦子矛 集成 11547	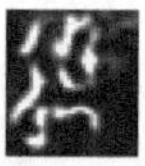 秦子戈 集成 11353  秦子戈 集成 11352		
 秦律 7  天·乙 二三六  龍 111  嶽壹·占 四二正	 牛犬 秦風 47  求犬				 日甲 72 背  日甲 72 背  龍 34	 矦㚇 古印菁 51  莊㚇 秦風 108  㚇

2112	2111	2110	2109		2108	
猩	默	猗	狡		狗	
猩	默	猗	狡		狗	
 嶽叁(一)53  嶽叁(一)53  嶽叁(一)60	 費默 秦風177	 姚猗	 法問189  法問189	 秦泥考807  秦泥考808	 日乙176  周314  嶽叁(一)125	 熊狗  狗敢  弄狗厨印 秦風22

2113 獿	2114 ⿰犭翏		2115 獎	2116 狀		
獿	⿰犭翏		獎	狀		
				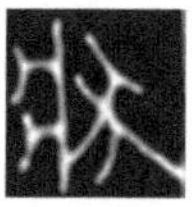 十七年丞相 啟狀戈 集成 11379		
 王獿 秦風 45	 成⿰犭翏	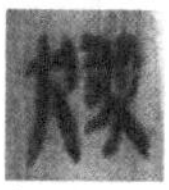 嶽叁(四)242	 杜獎 秦風 177	 北私府橢量 秦銘圖 147  旬邑權 秦銘圖 131 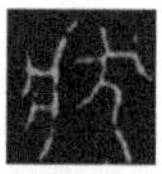 平陽銅權 秦銘圖 182	 陶録 6.367.1 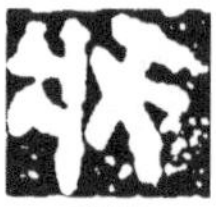 季狀  楊狀 秦風 112	 封 70  封 83  嶽叁(一)64

2117		2118	2119		2120	2121
犯		猛	犺		⿰犭市	戾
犯		猛	犺		⿰犭市	戾
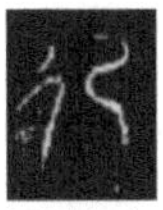 詛楚文 湫淵  詛楚文 亞駝	 詛楚文 巫咸					
 日乙 142  龍 138 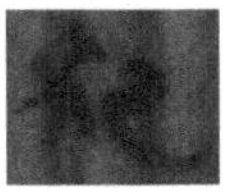 里發 [16]6 背	 嶽叁(一)105	 王猛	 江犺 陝出印 670	 日甲 52 正  日甲 55 正  嶽叁(二)166	 天・志四	 爲 3  爲 3

2126 獲	2125 臭	2124 獵	2123 獯	2122 獨		
獲	臭	獵	獯	獨		
 陶録 6.463.4  橋獲 秦風 86	 日甲 82 正	 秦抄 27  嶽叁(一)51	 獯	 嶽叁(一)53  嶽叁(一)54	 秦律 25 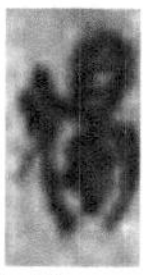 秦律 123  周 247	 楊獨利 秦風 140  楊獨利 陝出印 789

2129 類		2128 狂	2127 獻			
類		狂	獻			
				 不其簋 集成 04328  不其簋蓋 集成 04329		
				 上造但車軎 集成 12041		
 封 88  嶽壹・占三正  嶽叁(二)152	 胡類 秦風 94  秦類 秦風 228	 日甲 119 正  日甲 47 背	 日甲 64 正  周 327  嶽叁(一)23	 耿獻  獻	 日甲 118 正  日乙 19  嶽叁(一)30	 嬰獲  朱獲 陝出印 714

2133		2132	2131		2130	
狼		⿰⿱士⿱冖⿱一犬殳	猶		狄	
狼		⿰⿱士⿱冖⿱一犬殳	猶		狄	
				 石鼓文 作原		
 日甲 33 背  龍 34 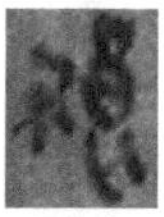 里壹 [8]134 正	 秦泥考 1626  李狼 古印菁 54  狼嘉	 龍 34	 語 12	 秦泥考 1555  王猷私印 古印菁 64	 嶽壹・爲 七八正	 狄城之印

2134 狐

狐

令狐皋
秦風 78

令狐臣
秦風 104

令狐得之
秦風 179

令狐寅
秦風 198

令狐椎
秦風 206

龍 33

龍 34

里壹
[6]4

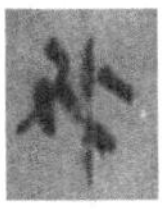
里壹
[8]135 正

嶽壹・占
一六正

2135 犴*

犴

里壹
[8]474

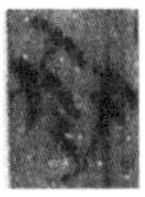
里壹
[8]565

2136 猜*

猜

周 365

2137 狋*

狋

楊狋
秦風 69

2143		2142		2141	2140	2139	2138
鼠		獄		玃*	獂*	猣*	猑*
鼠		獄		玃	獂	猣	猑
 日乙 59  秦律 42 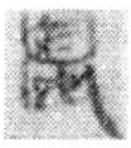 天・甲七三	 周 215 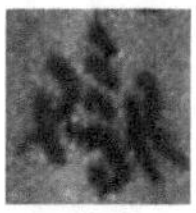 里壹[8]133 正  嶽叁(一)47	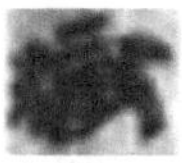 法問 35  法問 93  龍 204		 日甲 73 背 用作「玃」。	 王獂 秦風 149	 陳猣 珍秦印展 29	 姚猑 秦風 61

2147		2146	2145	2144		
能		齡	鼷	鼢		
能		齡	鼷	蚡		
	 秦駰玉牘乙・背					
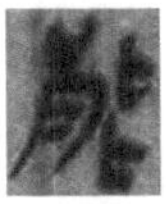 里發[9]1 正 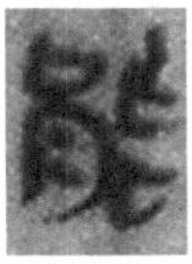 里發[9]5 正  嶽叁(一)66	 語 9  龍 136  周 332	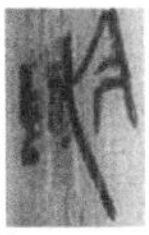 嶽叁(一)119  嶽叁(一)125	 法問 152  日甲 69 背	 趙蚡	 里壹[8]1057  里壹[8]1057	 周 371  嶽叁(一)69

2152	2151	2150	2149		2148	
烰	燔	然	火		熊	
烰	燔	然	火		熊	
	 杜虎符 集成 12109  新郪虎符 集成 12108					 詛楚文 亞駝  詛楚文 巫咸
 日甲 49 背  日甲 51 背 用作「炮」。	 法問 159  周 354  嶽壹・占 六正	 效 29  效 54  天・乙 二三〇  龍 141	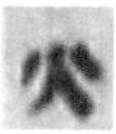 秦律 196  法問 159 71 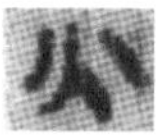 周 363  嶽壹・爲 二正	 火栩	 嶽壹・占 三九正	 熊狗  熊

2158	2157		2156	2155	2154	2153
尉	炙		炊	灰	炭	閔
尉	炙		炊	灰	炭	閔
 秦泥考 308  喪尉 秦風 36	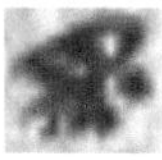 日甲 21 背  周 317	 秦抄 28  天・乙 二九五  周 299	 秦泥考 1549  呂炊 秦風 190	 日甲 65 背  周 316  周 375	 周 317  周 317	 韓閔

	2159	2160	2161	2162	2163	2164
	灼	燭	煒	焚	票	焦
	灼	燭	煒	焚	票	焦
 效 54  里發[9]1 正  里發[9]3 正	 里壹 [8]1221	 周 329	  日甲 125 正 用作「煒」。	 日甲 42 背	 日甲 52 背 用作「飄」。  日甲 57 背  日甲 64 背	 焦得 秦風 55  焦敬 秦風 134

2168 光		2167 煌	2166 熠	2165 熅		
光		煌	熠	熅		
		 盄和鐘 集成 00270  秦景公石磬 秦文圖 83				
 詛楚文 湫淵  詛楚文 亞駝	 秦駰玉牘 甲・正  秦駰玉牘 乙・正					
 督光  光子	 陶録 6.101.1  鞏光  日光		 天・乙 一〇七	 周 374 用作「温」。	 日甲 55 正  周 317	 焦安 秦風 188  焦嬰 秦風 219

2173	2172	2171	2170	2169		
焻*	烕	燥	煖	熱		
焻	烕	燥	煖	熱		
	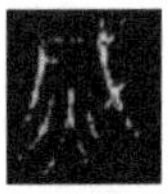 詛楚文亞駝  詛楚文巫咸					
 陶新 1061  陶新 1066	  日甲 146 背	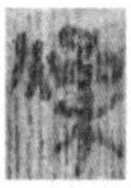 里壹[8]1243	 陶録 6.235.3  陶録 6.235.4	 日甲 66 背  日乙 20	 張熱	 日乙 24  日乙 196  日乙 197  日乙 198

2174	2175		2176	2177	2178	
炎	黑		黝	點	黔	
炎	黑		黝	點	黔	
	 十六年寺工鈹 秦銘圖 78					
 法問 179  法問 179  法問 179	 戴黑 秦風 175  甘黑  張黑 秦風 183	 日乙 189  天・乙 二二〇  周 214	 董黝 珍秦齋印 326  李黝 古印菁 53	 魯點 珍秦齋印 225	 始皇詔版  始皇詔橢量 秦銘圖 103  武城橢量 秦銘圖 109	 陶録 6.343.1 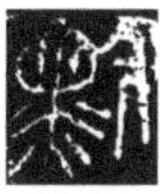 陶録 6.364.3  陶録 6.379.1

2182 黟*	2181 ⿰黑欠*	2180 黥	2179 黨			
黟	⿰黑欠	黥	黨			
 符黟  趙黟 秦風 117	 楊⿰黑欠 秦風 70	 法問 78  龍 108  嶽叁(一)94	 封 69 用作「倘」。	 里發 [16]6 正  嶽壹・爲一三正	 天・甲一三  龍 155  周 297	 張黔 秦風 171

2187	2186		2185		2184	2183
大	赤		熒		悤	黖*
大	赤		熒		悤	黖
 不其簋 集成 04328  不其簋蓋 集成 04329						
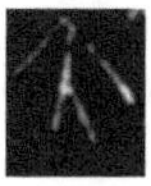 十六年大良造庶長鞅戈鐓 集成 11911  宗邑瓦書 秦陶 1610						
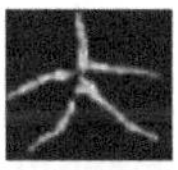 平陽銅權 秦銘圖 182	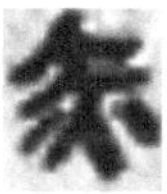 日乙 170  周 232  嶽叁(二)166	 韓赤  讎赤  赤章兼	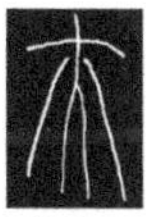 陶新 317  李赤 秦風 95	 熒市	 日甲 158 背	 □黖

2190 奄	2189 夾		2188 奎			
奄		夾	奎			
					 石鼓文 遊車  石鼓文 吳人	 秦公鐘 集成 00263 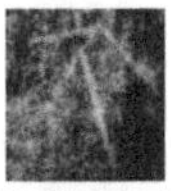 秦公簋蓋 外刻 集成 04315
				 青川木牘 文 1982.1.11  廿九年大 (太)后漆匳 秦文圖 27	 詛楚文 湫淵  高陵君鼎 秦文圖 22	 秦駰玉牘 乙・背  秦駰玉牘 乙・背
 陶録 6.34.4	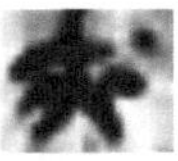 日甲 151 正  天・乙八	 陶録 6.399.3 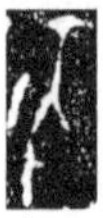 陶録 6.399.4	 日甲 5 背  日乙 82  周 145	 秦律 148 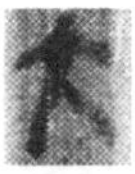 天・乙 二三六  周 89  嶽壹・占 三八正	 秦泥考 1585  大廄之丞 陝出印 17  大富 陝出印 1718	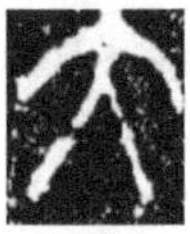 陶録 6.354.4  陶録 6.378.2  秦泥考 1582

2193 契		2192 戴			2191 夸	
	契	戴			夸	
 日甲35背	 陶録 6.294.2	 周337	 爲14  天・乙 二三〇  嶽壹・爲 四二正	 臣夸 秦風154  杜夸	 陶録 6.14.1  陶録 6.14.2  陶新1830	 秦律181

2198	2197	2196		2195	2194	
吳	奊	亦		奔*	夷	
吳	奊	亦		奔	夷	
 石鼓文 吳人						
		 詛楚文 湫淵	 秦駰玉牘 甲・正  秦駰玉牘 乙・正			
 陶新 267  秦泥考 1427	 日甲 8 背 用作「謑」。  日甲 9 背	 文 2009.3.81	 語 6  秦律 1  龍 179  周 331	 陶録 6.278.1  陶録 6.278.2	 日甲 65 正  日甲 67 正  天・乙 二三二	 秦泥考 1441  長夷涇橋 秦風 27  夷忌

		2201	2200		2199	
		幸	喬		夭	
		幸	喬		夭	
			 秦政伯喪戈 珍秦齋秦 42  秦政伯喪戈 珍秦齋秦 43			
 嶽叁(二)184	 秦律 5  龍 196  嶽叁(一)115	 長幸  楊幸 南京市博物館藏印選 50	 陶録 6.451.6	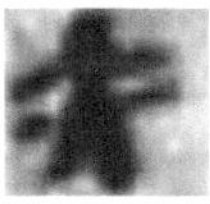 日甲 59 背	 令狐夭 珍秦齋印 120	 吳涚 秦風 49  吳樂 秦風 91  吳詘 珍秦齋印 83

2205		2204		2203		2202
壹		壺		交		奔
壹		壺		交		奔
		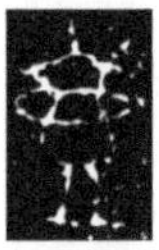 秦公壺甲 近出 955  秦公壺乙 近出 956	 秦公壺甲 金粹 270			 石鼓文 霝雨
 秦駰玉牘 甲・背  秦駰玉牘 乙・背	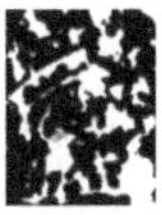 商鞅方升 集成 10372  宗邑瓦書 秦陶 1610					
 中壹 秦風 245  思壹 陝出印 1717	 武城橢量 秦銘圖 109  北私府橢量 秦銘圖 147  美陽權 秦銘圖 183	 秦律 13  周 248	 壺辰	 日乙 4  法問 74  嶽壹・爲 三〇正	 杌交  交仁必可  趙交 珍秦齋印 140	 秦抄 9  法問 132  爲 28

2208 圉		2207 執		2206 罣		
圉		執		罣		
		 盄和鐘 集成 00270 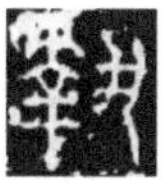 石鼓文 田車	 不其簋 集成 04328  不其簋蓋 集成 04329			
	 詛楚文 湫淵  詛楚文 亞駝					 詛楚文 巫咸
 趙圉	 郭圉 秦風 200  張圉 秦風 48  圉	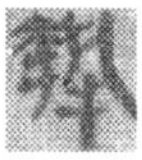 天・甲八  天・甲一二  天・甲一八	 吕執 秦風 45	 解罣 秦風 206	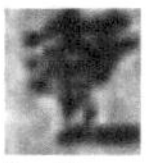 秦律 47  日甲 59 背 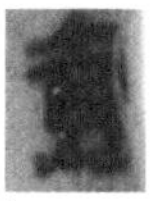 嶽叁(二)157	 壹心慎事  壹心慎事

2212 亢			2211 奓	2210 報		2209 鼇
亢		奢	奓		報	鼇
						 石鼓文 作原
			 詛楚文 湫淵 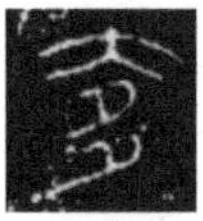 詛楚文 亞駝			 秦駰玉牘 甲·正  秦駰玉牘 乙·正
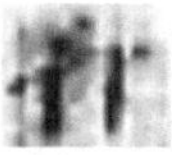 日甲 69 正  日乙 97  周 189	 員奢  張奢 陝出印 755	 陶録 6.32.2  陶新 163		 嶽叁(一)4	 秦律 184  里壹 [8]135 正  里發[9]1 正	 鼇

2213	2214	2215		2216	2217	2218
𠦬	奏	皋		奚	耎	夫
𠦬	奏	皋		奚	耎	夫
	 秦景公石磬 秦文圖 59					
 日甲 61 背	 語 13  周 47 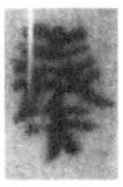 嶽叁(二)169	 令狐皋 秦風 78	 日甲 13 背  周 326  周 338	 奚達	 封 57  龍 27  嶽叁(四)243	 陶録 6.32.3 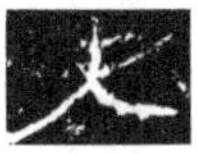 陶録 6.104.1

2220 端　　2219 立

端	立					
	 懷后石磬 通鑒 19817	 秦子鎛 文 2008.11.27  盄和鐘 集成 00270	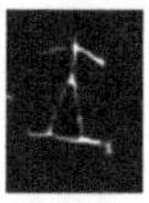 秦公鐘 集成 00263  秦公鎛甲 集成 00267			
 公端	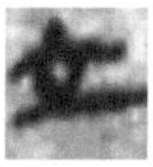 秦抄 4  日乙 237  天・乙 三五〇	 陶録 6.339.1  陶録 6.361.2	 北私府橢量 秦銘圖 147  旬邑權 秦銘圖 131  平陽銅權 秦銘圖 182	 龍 138  周 352  嶽壹・占 一八正	 秦律 164  效 2  天・甲一四  天・甲一五	 李夫 秦風 136  李大夫 珍秦齋印 315

2225 ⿰立幾*	2224 ⿰爿立*	2223 ⿰立奇*	2222 竭	2221 靖		
⿰立幾	⿰爿立	⿰立奇	竭	靖		
 秦景公石磬 秦文圖 59  秦景公石磬 秦文圖 62						
	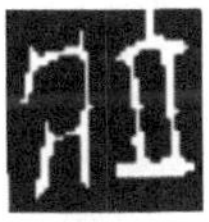 李⿰爿立 珍秦齋印 171	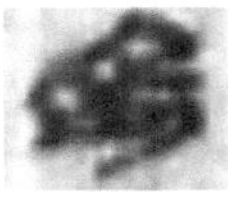 日甲 13 背 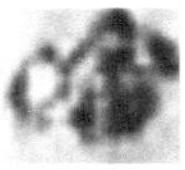 日甲 13 背	 陶録 6.26.4	 天・乙六四  天・乙二三二	 嶽壹・占三六正  嶽叄(二)166	 法問 36  里壹[8]894  里發[16]6 正

	2230	2229		2228	2227	2226
	心	慮		思	毗	竝
	心	慮		思	毗	竝
 石鼓文 馬薦	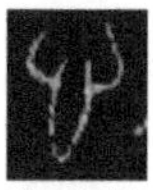 秦公鐘 集成 00262  秦公鐘 集成 00265					
 詛楚文 湫淵  詛楚文 亞駝	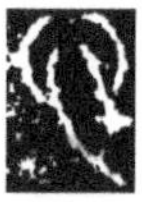 宗邑瓦書 秦陶 1610  秦駰玉牘 乙・背					
 日乙 192  日乙 101  天・乙 二〇六	 真心 陝出印 1707  忠心 陝出印 1746	 爲 21  爲 43	 爲 49  日甲 63 背	 思言 陝出印 1702  言思 陝出印 1708  思士 珍秦齋印 372	 管毗 珍秦齋印 249	 秦律 137  秦抄 39

2234		2333	2332		2231	
意		志	情		息	
意		志	情		息	
 詛楚文 湫淵  詛楚文 亞駝		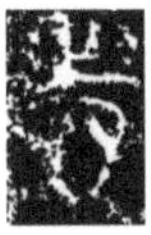 宗邑瓦書 秦陶 1610	 秦駰玉牘 甲・正 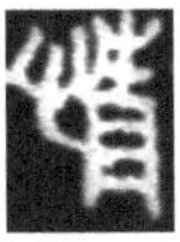 秦駰玉牘 乙・正			
 意  得意  牛如意 秦風 232	 秦抄 28  里發[9] 981 正  嶽壹・爲 八三正	 從志  從志  楊志 秦風 161		 爲 1  里壹 [8]290	 息家印  楊息  橋息 秦風 94	 周 345  嶽壹・爲 七八正  嶽壹・占 六正

2237 忠　　2236 慎　　2235 應

忠	慎		瘱		應	
					 詛楚文 湫淵  詛楚文 亞駝	
 左忠 秦風 166  莊忠 秦風 227  忠	 秦律 196  嶽壹・爲 四一正  嶽壹・爲 四五正	 秦泥考 1367  慎守 珍秦齋印 380  壹心慎事	 法問 38  日甲 35 背  里壹 [8]157 背	 王瘱 珍秦齋印 308  公孫瘱		 日甲 83 正  日乙 83  嶽壹・爲 六七正

2241	2240		2239		2238	
憲	念		快		愨	
憲	念		快		愨	
 秦公鐘 集成 00262 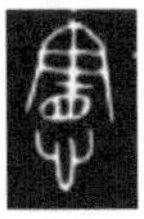 秦公鎛乙 集成 00268						
 憲倚	 嶽叁(一)75	 相念 秦風 242	 里壹[8]155  里壹[8]158 背  嶽叁(一)125	 李快印 秦風 62  王快 珍秦齋印 354	 語 9	 爲 12  爲 39  嶽壹・爲八五正

2245			2244	2243	2242	
	悊		慧	愿	戁	
	悊		慧	愿	戁	
						 石鼓文 吾水
					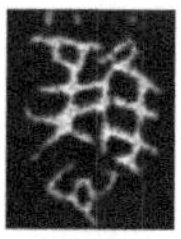 秦駰玉牘 甲・正 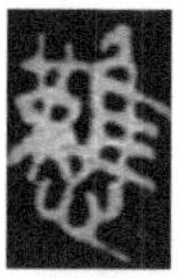 秦駰玉牘 乙・正	
 悊之 陝出印 1685	 悊身 陝出印 1682  悊行 陝出印 1683  悊	  日甲 82 背	 張慧 秦風 44  王慧 秦風 99  慧	 慎言敬愿  慎愿恭敬		 秦律 193

2250 慶	2249 ⿸广惠	2248 恭	2247 恢		2246 恬	
慶	⿸广惠	恭		恢		恬
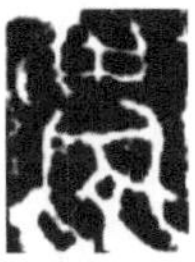 秦公簋 集成 04315 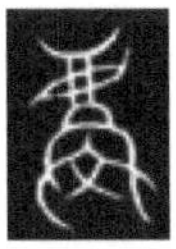 盄和鐘 集成 00270						
 卅七年上郡守慶戈 新收 1768  卅八年上郡守慶戈 近出 1185				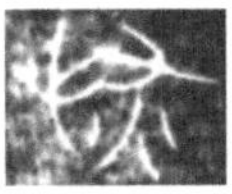 廿七年上守趞戈 集成 11374		
 陶録 6.142.5  陶録 6.296.2	 任⿸广惠 秦風 220  ⿸广惠	 陶録 6.374.3  恭	 編 25.2	 李恢	 里發[9]2 正  里發[9]3 正 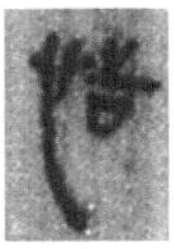 里發[9]9 正	 王恬  趙恬

2253 恤	2252 愳	2251 懷				
恤	愳	懷				
			 懷后石磬 通鑒 19817			
 秦泥考 1498  秦泥考 1499	 爲 7	 封 84 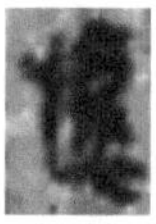 日甲 112 背	 秦泥考 1599	 日乙 60  里壹 [8]78 正  嶽叁(四) 243	 尹慶 陝出印 657  上官慶 珍秦齋印 25	 陶録 6.441.2  武慶 秦風 186

2257 怪			2256 悍	2255 愚	2254 急	
怪			悍	愚		急
			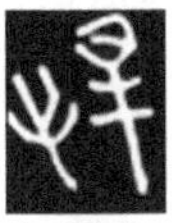 八年丞甬戈 秦文圖 34			
 法問 69  日甲 82 背	 封 38  日乙 100	 馮悍 珍秦齋印 71  楊悍 秦風 58  許悍	 陶録 6.93.3 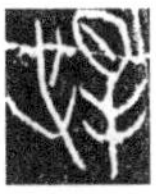 陶録 6.146.4 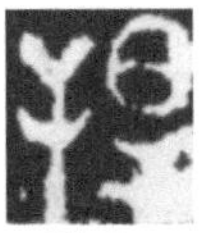 陶録 6.34.1	  爲 32	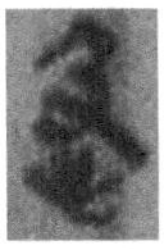 里發 [16]6 正	 秦律 183  秦律 183  周 199

2263 忌	2262 惷	2261 惑	2260 憿	2259 悝		2258 忘
忌	惷	惑	憿		悝	忘
	 秦駰玉牘甲・正  秦駰玉牘乙・正	 秦駰玉牘甲・正	 詛楚文湫淵  詛楚文亞駝			
 陶録 6.296.2  陶新 309		 日甲 32 背		 嶽叁(一)55	 貫悝 秦風 95	 爲 5  日甲 160 背  嶽壹・爲三九正

2267 怨	2266 恚	2265 悁	2264 忿			
怨	恚	悁	忿			
 爲 13  爲 25	 陶録 6.6.1	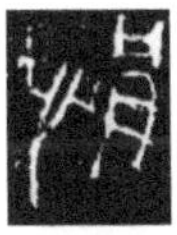 陶録 6.147.1  左悁	 爲 11  嶽壹・爲 四〇正  嶽壹・爲 五三正	 陶録 6.5.3  陶録 6.5.4	 日乙 142  日乙 70  嶽叁(四) 242	 趙毋忌印 陜出印 899  王毋忌 陜出印 646

2272		2271	2270	2269	2268	2267
恙		感	悲	悔	惡	怒
恙		感	悲	悔	惡	怒
						 詛楚文 湫淵  詛楚文 巫咸
 日乙 249  日乙 249  日乙 25	 嶽叁(一)61  嶽叁(一)71	 任感 秦風 180	  日甲 67 背	 爲 41  嶽叁(一)38  嶽叁(一)75	 語 10  秦律 65  周 253  周 254	 爲 42  周 246  周 248  嶽壹・爲 五三正

2279	2278	2277	2276	2275	2274	2273
忍	憐	惕	恐	患	慼	惴
忍	憐	悐	恐	患	慼	惴
	 石鼓文 吴人					
					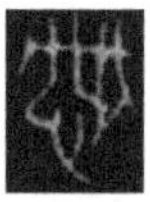 秦駰玉牘 甲・正  秦駰玉牘 乙・正	
 爲 36  里壹 [8]63 背		 爲 37	 法問 51  嶽壹・爲 四二正  嶽叁(一)75	 嶽壹・爲 三一正		 馮惴

2286 憍*	2285 悥*	2284 𢜬*	2283 悘*	2282 怇*	2281 伋*	2280 忑*
憍	悥	𢜬	悘	怇	伋	忑
 成憍 秦風 132	 日甲 36 背 用作「敲」。	 里壹 [8]135 正  里壹 [8]138 背	 淳于悘 秦風 211	 陶録 6.297.1	 陶新 1811	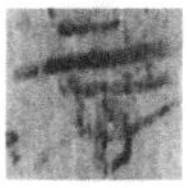 里壹 [5]5 正

2287	2288	2289				
⿱⺮惢 *	⿰高惢 *	繠				
⿱⺮惢	⿰高惢	繠				
 戎⿱⺮惢 秦風 158	 王⿰高惢 秦風 72	 趙繠 秦風 78				

	2290 水				2291 河
	水				河
春秋	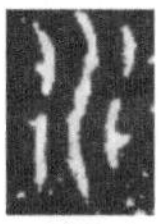 石鼓文霝雨  石鼓文吾水				
戰國	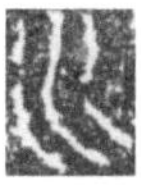 宗邑瓦書 秦陶 1610				
秦代	 陶録 6.203.4 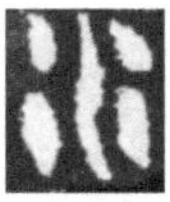 陶録 6.204.1  陶録 6.207.1	 秦泥考 112  秦泥考 113  水印 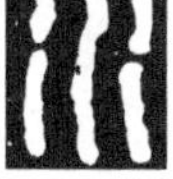 浙江都水陝出印 19	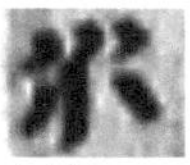 法問 121 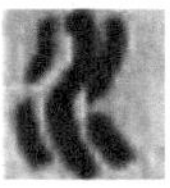 日乙 80 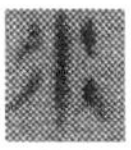 天・甲一九  周 302	 里發[9]984 背  嶽壹・爲二二正  嶽叁(一)57	 陶録 6.405.2  陶録 6.408.1  秦泥考 1190

	2292 涑	2293 潼	2294 江			2295 沱
	涑	潼	江			沱
						 三年相邦呂不韋戟 秦銘圖 61  十五年寺工鈹 秦銘圖 76
 秦律 7  里發[7]1 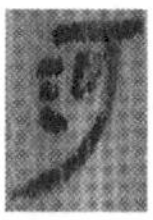 嶽壹・占三四正	 涑布之印	 里壹[8]71 正  里壹[8]1445 正	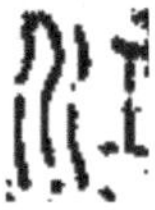 秦泥考 413  秦泥考 1586	 江去疾 秦風 155  江棄疾 珍秦齋印 28  江去疾 陝出印 669	 語 8 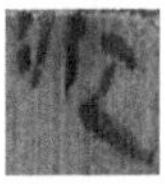 里壹[8]262  嶽叁(一)62	 李池 秦風 92  呂池 秦風 166  上林郎池 秦風 29

2298	2297		2296			
涂	沮		温			
涂	沮		温			
					 十七年寺工鈹3 秦銘圖91  十八年寺工鈹 秦銘圖85	 十七年寺工鈹1 秦銘圖79  十七年寺工鈹2 秦銘圖83
 爲33  周372  嶽壹・爲七六正	 嶽叁(二)151  嶽叁(二)154 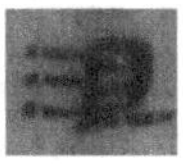 嶽叁(二)16	 彭沮	 周311  周313  周317	 秦泥考1345  荊温  温竪 陝出印775	 周339  里壹[8]454	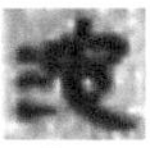 爲34  龍1  周338

2304	2303		2302	2301	2300	2299
汧	沔		漢	渭	涇	沅
汧	沔	菓	漢	渭	涇	沅
 石鼓文 汧沔  石鼓文 霝雨	 石鼓文 汧沔					
		 六年漢中守 運戈 集成 11367				
 陶録 6.315.1  陶録 6.315.2  徐汧 陝出印 717			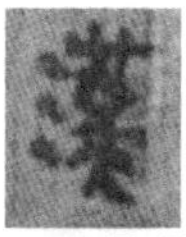 里壹[8] 1555 正	 封 71  封 72  里壹[8]1632	 陶録 6.5.3  陶録 6.5.4  長夷涇橋 秦風 27	 里壹[8]57  里壹[8] 1445 正

2310	2309	2308	2307	2306	2305	
深	泠	灌	汾	洛	漆	
深	泠	灌	汾	洛	漆	
 石鼓文 霝雨						
			 廿二年臨汾 守曋戈 集成 11331	 十二年上郡 守壽戈 集成 11404	 十二年上郡 守壽戈 集成 11363 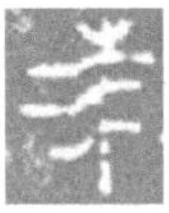 卅八年上郡 守慶戈 近出 1185	 高奴禾石權 集成 10384 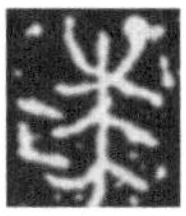 十二年上郡 守壽戈 集成 11363
 秦抄 15 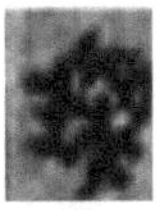 秦律 11  嶽壹・爲 六〇正	 泠賢  泠賢	 日甲 51 背  龍 1	 嶽壹・占 二〇正	 秦泥考 1437  秦泥考 1439		 秦泥考 1316  秦泥考 1318  漆工 秦風 32

2316	2315	2314	2313		2312	2311
治	漑	濁	洋		濕	淩
治	漑	濁	洋		濕	淩
					 石鼓文 鑾車	
 日敬毋治  每治 珍秦齋印 374 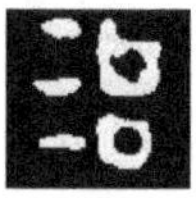 正行治士	 爲 6  天・甲七三  周 371  嶽壹・爲 七六正	 騷濁	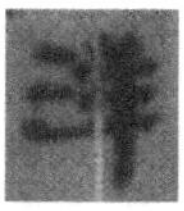 嶽叁(二)147  嶽叁(二)148	 駱洋 秦風 110  楊洋  蒙洋	 嶽壹・爲 一一正	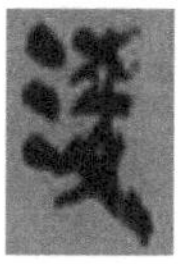 嶽壹・爲 五七正 用作「陵」。

2320	2319	2318	2317			
濡	濟	渚	寑			
濡	濟	渚	寑			
 天・乙 二〇七	 秦泥考 1418  秦泥考 1588	 里壹[8]1797	 秦泥考 877  秦泥考 881	 周 254  里壹[8] 69 正  嶽叁(一)6	 語 10  天・甲一四  龍 251	 治士 珍秦齋印 370

2327	2326	2325	2324	2323	2322	2321
衍	洚	溥	海	泥	淶	沛
衍	洚	溥	海	泥	淶	沛
 十二年上郡守壽戈 集成 11404  廣衍矛 集成 11509						
 陶新 3305 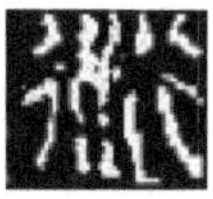 秦泥考 1432	 陶録 6.426.2	 秦泥考 1413 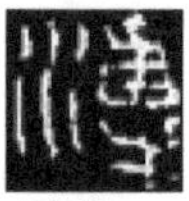 秦泥考 1414	 南海司空 秦風 20	 陶録 6.465.1	 陶録 6.304.2 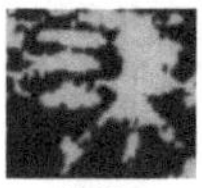 陶録 6.304.3	 嶽叁(一)12  嶽叁(一)18

2331 滂	2330 活	2329 渙	2328 涓			
滂	活	渙	涓			
 石鼓文 霝雨						
						 廣衍中陽戈 近出1134
 里壹[8] 63背	 楊活  醫活	 張渙 秦風142	 里壹[8] 141正  里壹[8] 682正	 陶録 6.190.2	 里發[17]14 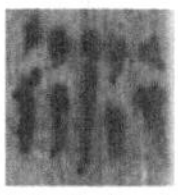 里壹[8] 1450正	 唐衍  郝衍

2336 浮		2335 波		2334 潏	2333 滕	2332 汪
浮		波		潏	滕	汪
			 青川木牘 文 1982.1.11 用作「陂」。	 宗邑瓦書 秦陶 1610		
 日甲 81 背	 秦泥考 1346  秦泥考 1347	 周 339 用作「破」。  嶽壹・質 四二	 韓波馬 秦風 226		 陶新 1444	 陶新 619  汪嬰 秦風 64  汪薺 秦風 87

2342	2341	2340		2339	2338	2337
滿	淵		清	涌	洞	氾
滿	淵		清	涌	洞	氾
	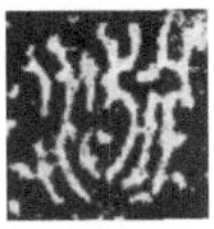 石鼓文 汧沔					
			 秦駰玉牘 甲・正			
 陶録 6.438.4  陶録 6.439.1  陶録 6.439.3	 嶽壹・占 二九正	 日甲 35 背  日甲 157 背  周 368	 秦泥考 1587  李清 秦風 84	 周 53  周 54	 里發[9]1 正  里發[9]1 正 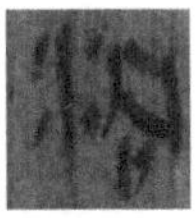 里發[9]2 背	 里發[9] 981 正  嶽壹・爲 二三正

2347 淺	2346 潰	2345 淫		2344 澤		2343 滑
淺	潰	淫		澤		滑
				 懷后石磬 通鑒 19817		
		 詛楚文 湫淵  詛楚文 亞駝				
 柏淺	 封 54	 語 3  語 3  語 4	 周 88	 李澤之 秦風 173  周澤 秦風 110	 里壹[8]48	 駱滑 秦風 104  駱滑 秦風 87  茅乾滑 秦風 215

2352 浦	2351 瀆	2350 沙		2349 滋	2348 淖	
浦	瀆	沙	滋		淖	
				 仲滋鼎 新收 632	 石鼓文 汧沔	
 秦泥考 1339  秦泥考 1341  敦浦	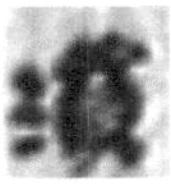 日甲 50 背 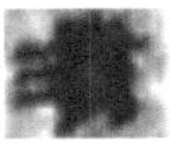 日甲 62 背	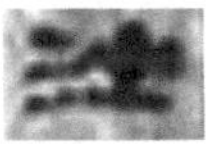 日甲 45  龍牘正  嶽叁(一)5	 陶録 6.3.1  陶録 6.3.2  陶録 6.3.4	 日甲 34 正		 里壹[8] 66 正  里壹[8] 1825

	2353	2354	2355	2356		2357
	滎	洫	溝	渠		決
	滎	洫	溝	渠		決
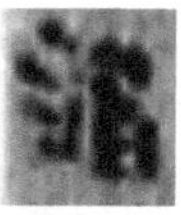 編 5.1	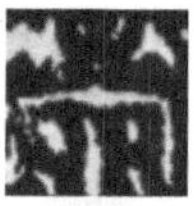 陶録 6.3.3	 嶽壹・占 二九正	 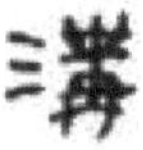 爲 16  嶽壹・占 二二正	 陳義渠 秦風 212  王渠 湖南古代 璽印 47  公乘渠	 爲 16  嶽壹・爲 三五正  嶽叁(一)18	 日乙 24  秦抄 6  龍 39

2362	2361	2360		2359		2358
涂	渡	津		沃		注
涂	渡	津		沃		注
 卜涂戈 近出 1174						
			 青川木牘 文 1982.1.11			
	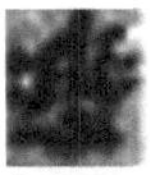 日甲 83 背  嶽壹・占 三四正	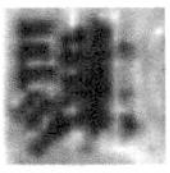 爲 14  嶽壹・質 0534 正	 陶録 6.288.4  陶録 6.288.6  宜陽津印 秦風 23	 周 248  嶽壹・質 0111 正  嶽叁(一)8	 陶録 6.50.1  陶録 6.39.1 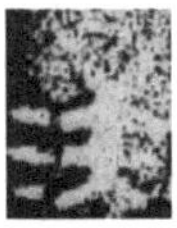 陶録 6.460.3	 日甲 31 背

2367	2366		2365		2364	2363
漫	潦		澍		沒	泛
漫	潦		澍	曼	沒	泛
				 秦駰玉牘甲・正  秦駰玉牘乙・正		
 漫留	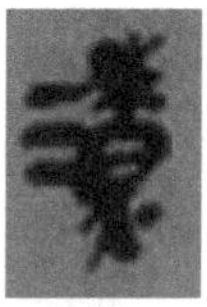 秦律 2	 陶新 2009  秦泥考 1589	 秦律 1  日甲 124 正  里壹[8]682 正		 秦律 103  天・乙三二〇  龍 26	 秦抄 25

2373	2372	2371	2370		2369	2368
渴	浞	漚	漬		沈	涿
渴	浞	漚	漬		沈	涿
					 詛楚文 湫淵  詛楚文 湫淵	
 天・甲二〇	 周 374	 里發[9] 981 正  里發[9] 981 正	 日甲 113 正  周 315	 里壹[8] 1214	 陶録 6.275.1 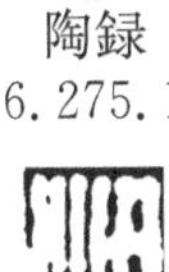 沈蒙 秦風 227  沈登傳送	 涿喜

2379 浚	2378 涚	2377 湯		2376 瀞	2375 湫	2374 污
浚	涚		湯	瀞	湫	污
				 秦景公石磬 秦文圖 78  秦景公石磬 秦文圖 78 又見卷五「靜」字頭。		
					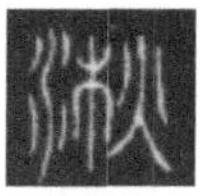 詛楚文 湫淵 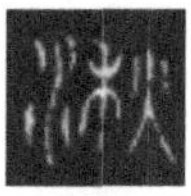 詛楚文 湫淵	
 周 367	 吳涚 秦風 49	 日甲 31 背  嶽壹・占 一九正	 李湯 珍秦齋印 170  湯女 秦風 49  湯原 珍秦齋印 739			 封 57  封 59  嶽壹・占 二九正

2385	2384	2383	2382	2381	2380	
浴	沐	洒	湎	滫	潘	
浴	沐	洒	湎	滫	潘	
	 二年上郡守冰戈 集成 11399					
 秦泥考 656  秦泥考 657	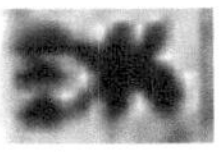 日甲 104 正 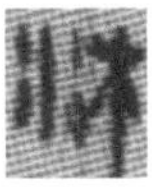 周 314  周 374	 日甲 58 背	 王湎 秦風 148	 日甲 26 背	 嶽叁(一)8  嶽叁(一)12  嶽叁(一)18	 秦泥考 1492  潘可 秦風 111  潘偃 秦風 145

	2386	2387	2388			2389
	洗	汲	淳			渫
	洗	汲	淳			渫
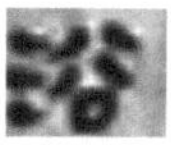 爲 40 用作「俗」。  日甲 104 正  周 368 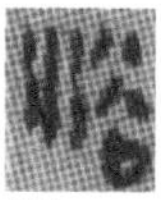 周 369	 周 324  嶽壹・爲 六四正	 周 340 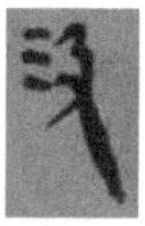 嶽壹・占 四二正	 王淳者 古印菁 75  淳于齊 秦風 194	 淳于駭 秦風 215  淳于鼻 秦風 221	 日甲 39 背  周 311  周 313	 陶新 951  陶録 6.233.2  潘渫

2394 汗		2393 泰	2392 染	2391 灑	2390 濯	
汗	⿱夳氺	泰	染	灑	濯	
 牛汗	 陶録 6.275.4  陶録 6.275.1  陶録 6.275.2	 秦泥考 397  秦泥考 398	 周 315	 嶽壹・占三一正  嶽壹・占三二正	 龍 48	 日甲 122 正 用作「世」。

2400 泝*	2399 潔	2398 漕	2397 減	2396 ⿰氵獻	2395 泣	
泝	潔	漕	減	⿰氵獻	泣	
	 秦駰玉牘甲·正					
 陶録6.251.1  陶録6.251.2		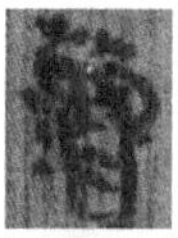 里壹[8]2191背	 效60 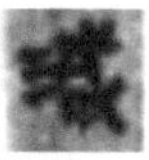 秦律78  龍148	 秦律122  嶽叁(一)62  嶽叁(一)95	 嶽壹·占三二正	 周311  周316

2401	2402	2403	2404	2405	2406	2407
洀*	洵*	湮*	淏*	湈*	淔*	潓*
洀	洵	湮	淏	湈	淔	潓
				 石鼓文 霝雨		
 效 45	 徐洵 秦風 222	 許湮 陜出印 736	 陶新 609  陶新 606		 陶録 6.43.3	 日甲 2 正

2414 濵*	2413 瀕*	2412 潛*	2411 澫*	2410 滿*	2409 溻*	2408 渧*
濵	瀕	潛	澫	滿	溻	渧
			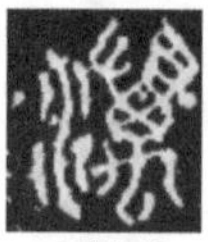 石鼓文 汧沔			
 日甲 16 背 用作「賓」。  日甲 17 背  日甲 18 背	 秦泥考 1231  秦泥考 1233	 爲 33		 龍 224	  天・志七	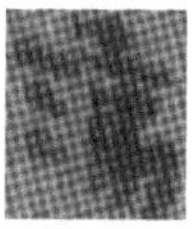 周 50

		2418	2417	2416		2415
		川	鄰	涉		流
		川	鄰	涉	𣴎	流
		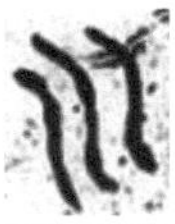 不其簋 集成 04328 「永」之錯寫。		 石鼓文 霝雨	 石鼓文 霝雨  石鼓文 霝雨	
		 秦駰玉牘 甲・正 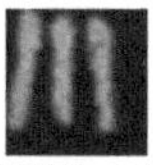 秦駰玉牘 乙・正				
 嶽壹・占 五正	 秦泥考 1584  秦泥考 1590	 陶録 6.284.4  陶新 339	 秦律 61  秦律 61  秦抄 10			 封 29 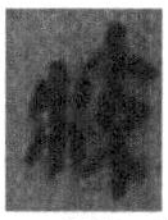 里發[9] 9 正  里發[9] 981 正

2421 原		2420 泉			2419 州	
原		泉			州	
				 商鞅方升 集成 10372		
 湯原	 陶録 6.35.3  秦泥考 1585  原都左尉	 日甲 37 背	 陶新 3153  秦泥考 1238  重泉丞印	 陶新 2301  陶新 3152	 法問 100  嶽壹・質 三四 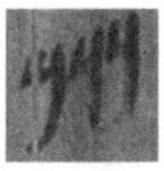 嶽叁(一)6	 州潘

2425 谿		2424 谷	2423 羕	2422 永		
谿	谷		羕	永		
			 秦景公石磬 秦文圖 59  秦景公石磬 秦文圖 61	 石鼓文 吾水  盄和鐘 集成 00270	 不其簋 集成 04328  不其簋蓋 集成 04329	
					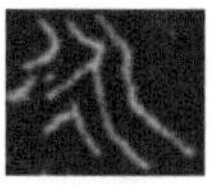 秦駰玉牘 甲・正  秦駰玉牘 乙・正	
 里發[9] 11 正	 日甲 23 背 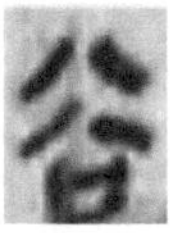 日乙 189  嶽叁(一)35	 陶新 3155 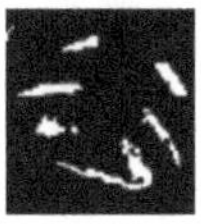 陶新 3157			 秦泥考 566 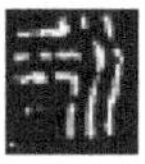 秦泥考 567	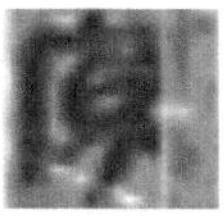 法問 196  爲 28  里壹[8]92

2430	2429		2428		2427	2426
雨	冶		冬		淩	冰
雨	冶		冬		淩	冰
 石鼓文 霝雨				 不其簋 集成 04328  不其簋蓋 集成 04329		
		 十五年上郡 守壽戈 集成 11405	 秦駰玉牘 甲・正  秦駰玉牘 乙・正	 商鞅方升 集成 10372  宗邑瓦書 秦陶 1610		 二年上郡 守冰戈 集成 11399
 秦律 115  日乙 135  周 333  嶽壹・占 四〇正	 周 354  周 372	 冶綰	 日乙 110 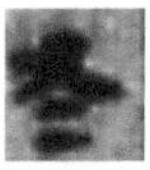 秦律 90 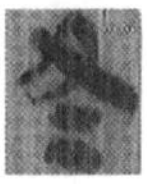 嶽壹・爲 六六正	 王冬可 秦風 192	 左淩  趙淩 珍秦齋印 288	

2436	2435	2434		2433	2432	2431
露	屚	零		霝	震	靁
露	屚	零		霝	震	靁
		 盄和鐘 集成 00270	 石鼓文 霝雨	 不其簋 集成 04328  不其簋蓋 集成 04329		
 露無忌	 效 22  效 37  嶽壹・爲 五七正				 日甲 7 背	 日甲 42 背

2439 雲　2438 靁　2437 霜

云			雲	靁	霜	
				 宗邑瓦書 秦陶1610		
 云子思士  云子思士	 龍1  嶽壹·占一一正	 陶録6.390.1  馮雲佸 珍秦齋印121	 陶録6.388.1  陶録6.388.2		 天·乙二九四	 周248

2443	2442			2441	2440	
鯉	鮭			魚	⿱雨黎*	
鯉	鮭			魚	⿱雨黎	
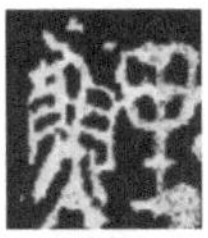 石鼓文 汧沔  石鼓文 汧沔	 秦子戈 新收 1350  秦子戈 集成 11352			 石鼓文 汧沔  石鼓文 汧沔	 石鼓文 吾水	
		 周 97  嶽壹·爲 六一正	 日乙 59  日乙 178  龍 224	 張魚 秦風 176		 法問 20  封 40  嶽壹·爲 六八正  嶽叁(二)20

2444	2445	2446		2447	2448	2449
鰟	鰋	鮮		鮊	魿	鮑
鰟	鰋	鮮		𩸞	魿	鮑
 石鼓文 汧沔	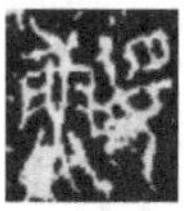 石鼓文 汧沔	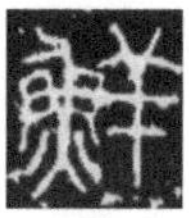 石鼓文 汧沔		 石鼓文 汧沔		
		 日乙 174  日乙 178  日乙 185	 鮮于何 秦風 225		 魿嬰	 鮑可舍

2456	2455	2454	2453	2452	2451	2450
燕	漁	鱸*	魮*	鯖*	魭	鮞
燕	漁	鱸	魮	鯖	魭	鰢
						 石鼓文 汧沔
 破燕						
	 日甲 138 正  嶽叁(一)52 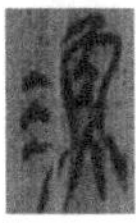 嶽叁(一)73	 里壹[8] 1705	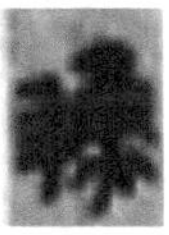 秦律 8	 周 341	 帶魭	

2461 非	2460 ⿰倝飛*	2459 翼		2458 飛	2457 龍	
非	⿰倝飛	翼		飛	龍	
	 石鼓文 吾水		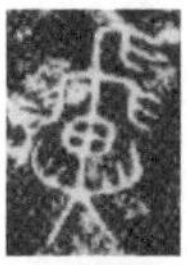 秦公鐘 集成 00262  秦公鎛乙 集成 00268			
	 青川木牘 文 1982.1.11					
 龍 118  周 350  嶽叁(一)82 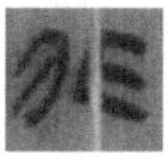 嶽叁(一)98	 李次非 秦風 137  徐非人 秦風 222  勿半非有	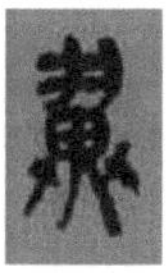 周 239	 日甲 6 背  日乙 94  天・乙 一七八	 嶽壹・占 六正	 日乙 32  里壹[8] 1496 正	 孫龍  龍講

					2463 卂	2462 靡
					卂	靡
						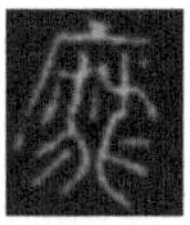 秦駰玉牘甲・正  秦駰玉牘乙・正
					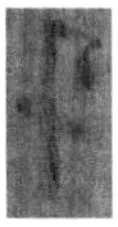 里壹[8]231	 秦律 86  秦律 104  周 316

秦文字字形表 卷十二

	2464 孔		2465 乳		2466 不
	孔		乳		不
春秋	 秦子簋蓋 珍秦 30  盄和鐘 集成 00270	 石鼓文 汧沔  石鼓文 鑾車			 不其簋 集成 04328  不其簋蓋 集成 04329
戰國					 宗邑瓦書 秦陶 1610 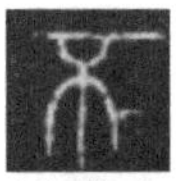 詛楚文 巫咸
秦代	 陶新 2634  孔别 秦風 212  孔龔 陝出印 661	 日甲 69 背	 杜乳	 日甲 29 背  周 314	 陶録 6.156.4  陶録 6.369.1

2468　2467

到　至

		到	至			
				 石鼓文 而師  石鼓文 吾水	 秦景公石磬 秦文字 圖版 76  仲滋鼎 新收 632	 秦公簋 集成 04315  盄和鐘 集成 00270
		 宗邑瓦書 秦陶 1610	 秦駰玉牘 乙・背 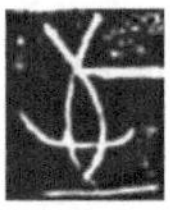 安邑下官鍾 集成 09707		 青川木牘 文 1982. 1. 11  青川木牘 文 1982. 1. 11	 秦駰玉牘 甲・正  秦駰玉牘 乙・正
 里壹[8] 152 正  嶽叁(一)3	 效 3  龍 192  周 263	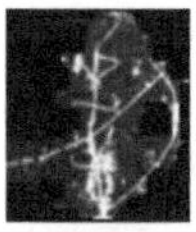 陶録 6. 294. 1  掔到  王到	 秦律 175  里發[9]9 背  嶽壹・爲 三三正	 周 190  里發[9]1 正  嶽叁(一)78	 效 5  天・甲一三  龍 12	 李不識 秦風 128  李不敬 珍秦齋印 35

			2470 西 西			2469 臺 臺
	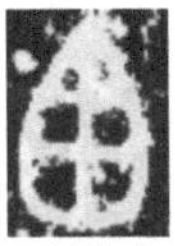 石鼓文 霝雨  石鼓文 吴人	 秦公簋器 外刻 集成 04315  秦政伯喪戈 珍秦 42	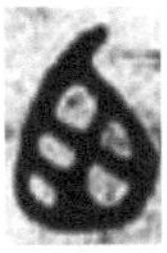 不其簋 集成 04328 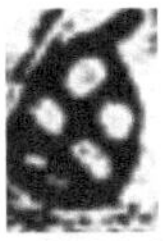 不其簋蓋 集成 04329			
		 秦駰玉牘 甲・正  秦駰玉牘 乙・正	 十五年上郡 守壽戈 集成 11405  卅四年蜀 守戈 秦文圖 29			 廿九年太后 漆匳 秦文圖 2
 日乙 163  天・甲二七  周 266  周 148	 西宮中官  西鄉 秦風 37  西郭長印 湖南古代 璽印 46	 秦泥考 409  秦泥考 1057  駱西 珍秦齋印 247	 陶録 6.313.1 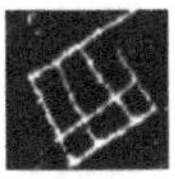 陶新 2964	 嶽叁(二) 208	 李臺 秦風 186	 陶録 6.29.4  秦泥考 1001

2476 房	2475 扇	2474 户	2473 鹽		2472 鹵	2471 棲
房	扇	户	鹽		鹵	棲
 封 73  周 134	 法問 150	 效 60  周 354  里壹[8]322  嶽叁(一)115	 秦律 182  里發[9]5 正  里發[9]5 正	 秦泥考 409  秦泥考 410  琅左鹽丞陝出印 14	 陶新 3331  陶新 3333	 秦抄 35

2481 閻	2480 閭	2479 闒			2478 門	2477 戹
閻	閭	闒			門	戹
 趙閻 秦風 232  閻義 秦風 205	 閭枝長左  閭支政	 里壹[8] 1386	 周 211  嶽壹・爲 七五正  嶽叁(二) 162	 日乙 97  天・乙 一三三  龍 3	 東門脱	 法問 179  法問 179 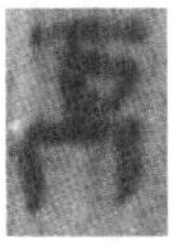 里壹[8]361

2486	2485	2484		2483	2482	
間	開	閭		闕	闠	
間	開	閭		闕	闠	
 四年相邦樛斿戈 集成 11361  七年上郡守閒戈 近出 1193						
 秦泥考 1190  李間 秦風 71  楊間 秦風 143	 日甲 16 正  天・甲一二  嶽壹・爲七六正	 語 12  周 354  嶽叁(一)36	 秦泥考 1430	 闕弱  闕叔	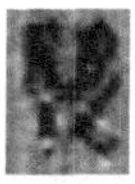  秦律 147	 日乙 88  里壹[8]92

2489 閉	2488 闌		2487 閼			
閉		闌	閼			
		 王廿三年 戈珍 秦齋秦 68  廿六年武 庫戈 秦銘圖 44				 秦駰玉牘 甲・正  秦駰玉牘 乙・正
 日乙 163 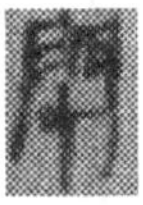 天・甲一一  周 144	 法問 48  法問 139	 陶録 6.293.1  王闌 秦風 192  纪闌多 秦風 198	 編 38	 嶽叁(一)88	 語 2  語 4  嶽壹・爲 一正	 閒

	2494 閿*	2493 閔		2492 閱	2491 闇	2490 關
	閿	閔		閱	闇	關
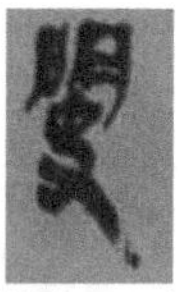 嶽壹・占四三正	 司马閿印 古印菁 66	 閔目  閔都君印	 法問 164  爲 22  龍 181	 駱閱  臣閱	 陶録 6.232.2  王闇 秦風 145	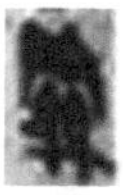 爲 32  龍 5 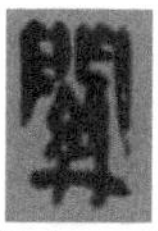 嶽壹・質 2061 正

2498			2497	2496		2495
耳			⿵門旅*			閄*
耳			⿵門旅			閄
 效 43  日乙 255  天・乙 二二三  周 352	 張耳 秦風 232	 高疾耳 秦風 223  公耳異  聶益耳 秦風 213	 法問 25  法問 27	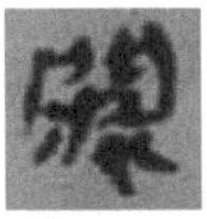 編 14.1  爲 23	 李⿵門旅 陝出印 697  王⿵門旅 秦風 141	 日乙 31  日乙 32  日乙 33 「閉」之誤字。

門部　耳部

2503		2502	2501		2500	2499
聽		聖	聊		聯	耿
聽		聖	聊		聯	耿
		 懷后石磬 通鑒 19817				
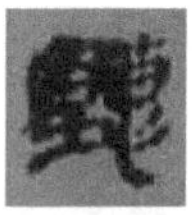 日甲 162  周 248  里壹[8] 134 正	 嶽壹・爲 八五正	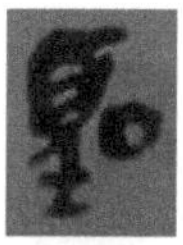 語 1  日甲 142 正  日乙 238	 聊道	 嶽壹・爲 一二正  嶽壹・爲 二四正  嶽壹・爲 六三正	 賈聯 秦風 83	 耿佗 秦風 114  耿獻 珍秦齋印 230  耿戲 珍秦齋印 231

		2506 聞		2505 聲	2504 職	
		聞		聲	職	
 嶽叁(二)20	 封 62  里壹[8]532 正  嶽叁(一)678	 郭聞 秦風 96  趙聞 秦風 108  公孫聞尼 珍秦齋印 273	 天・乙 二六〇  法問 52	 張聲 秦風 66	 效 44  效 45	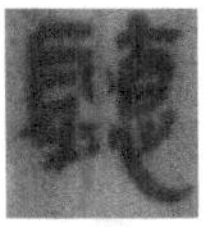 嶽叁(二) 181

2512	2511	2510		2509	2508	2507
𦣞	頤	聶		略*	䎱	聘
𦣞	頤	聶		略	䎱	聘
 高奴禾石權 集成 10384						 商鞅方升 集成 10372
 𦣞  茅𦣞 秦風 125	 天・乙 二三八	 爲 2	 聶益耳 秦風 213	 里壹[8] 1437 背	 封 23	

耳部　臣部

2517 捧	2516 揖	2515 拳	2514 指	2513 手		
捧	揖	拳	指	手		
 不其簋 集成 04328 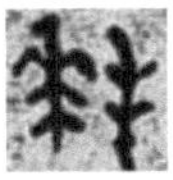 不其簋蓋 集成 04329					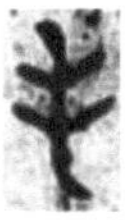 不其簋 集成 04328  不其簋蓋 集成 04329	
					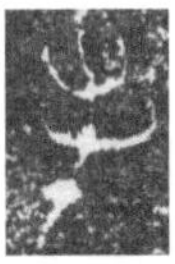 宗邑瓦書 秦陶 1610	
 秦律 153  日甲 40 正  周 247	 揖童	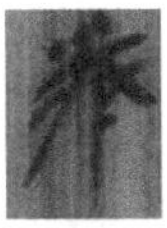 嶽叁(一) 113  嶽叁(一) 125	 法問 83  周 372  嶽壹・爲 五〇正	 里發[9]5 正  里發[9]4 正  嶽叁(一)30	 封 78  天・乙 二一七 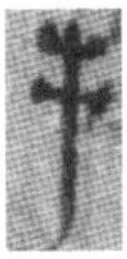 周 344	 里壹[8]912

2518 捾		2519 扶		2520 拑	2521 摯	
捾		扶		拑	摯	
				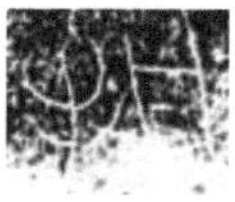  寺工師初壺 集成 09673		
 王捾 秦風 87	 語 12	 駟扶	 法問 208		 耿摯 古印菁 52  呂摯 秦風 45	 日甲 17 正 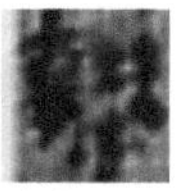 日甲 19 正

	2526	2525	2524	2523		2522
	據	搏	拴	擢		操
	據	搏	拴	擢		操
		 石鼓文 鑾車				
						 王四年相邦 張義戈 秦文圖 17  王八年内史 操戈 珍秦齋秦 56
 滿據	 陶録 6.439.1  據丙	 搏方	 天・乙七四	 □擢	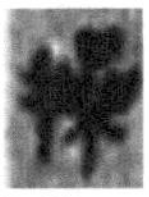 秦律 62 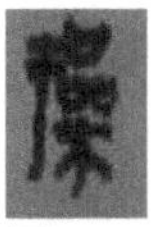 周 328  里壹[8] 1306	 王操 秦風 198

2531	2530	2529		2528	2527	
提	搹	把		擘	挾	
提	扼	把		擘	挾	
	《説文》「搹」或體。					
 法問 82	 語 11	 日乙 174	 郝把 陝出印 741	 畢擘 秦風 103	 龍 17	 里壹[8] 86 背
 法問 82		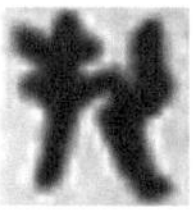 日乙 17	 王把 秦風 156		 里壹[8] 1721	 里壹[8]356
		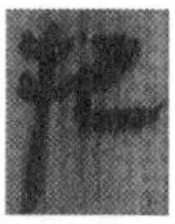 嶽壹・爲八七正	 蔡把 秦風 91			

2537	2536		2535	2534	2533	2532
捊	捽		擇	掄	捋	掾
抱	捽		擇	掄	捋	掾
					 青川木牘文 1982.1.11 用作「埒」。  青川木牘文 1982.1.11	
  日甲 45 背 《説文》或體。	 封 84  嶽叁(二)174 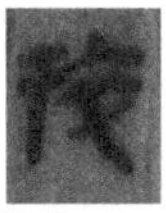 嶽叁(二)183	 日乙 194  嶽壹・爲三三正  里壹[8]777	 文擇 秦風 222  擇疢	 張掄 陝出印 746  掄		 效 55  嶽叁(一)44  嶽叁(一)96

2543	2542	2541		2540	2539	2538
擾	撓	抉		投	招	承
擾	撓	抉		投	招	承
 賈擾 珍秦齋印 239  馬擾 珍秦齋印 219	 嶽叁(一)81	 秦律 84  法問 30	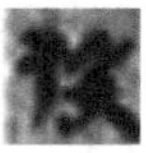 日甲 28 背  日乙 146  天・乙 二三二  周 343	 投遷	 干招印	 秦泥考 1381  承丞之印

2549	2548		2547	2546	2545	2544
撟	揭		舉	揚	擘	披
撟	揭		舉	揚	擘	披
 笵撟 秦風 142  撟	 嶽叁(二) 183	 語 6  語 7  嶽壹·爲 八三正	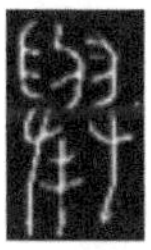 公孫舉 秦都咸陽考古報告 652	 里壹[8] 181 背	 嶽壹·爲 四五正	 王披列 秦風 193  李披 秦風 98

2553	2552			2551	2550	
拓	失			擅	揄	
拓	失			擅	揄	
 日甲 46 背	 龍 137  周 162  嶽叁(一)95	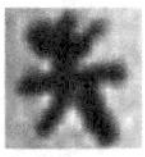 日乙 249  秦律 196  天・甲五	 嶽壹・爲一〇正  嶽叁(一)70	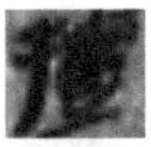 法問 71  秦抄 34  龍 23	 編 10.2 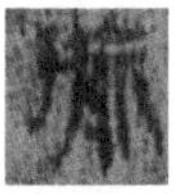 里壹[8]2226 背	 日甲 60 背  周 344  嶽叁(三)234

2558	2557		2556		2555	2554
掩	拔		援		掇	拾
掩	拔		援	拏	掇	拾
 陶録 6.466.1	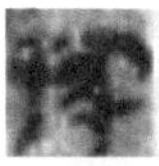 法問 82  里壹[8]219  里壹[8] 1138	 日甲 66 正 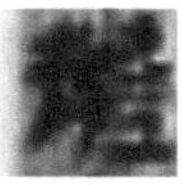 日甲 67 正	 陶録 6.319.1  田援 秦風 100  張援 珍秦齋印 175	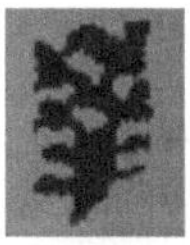 日甲 63 背  嶽壹・占 二六正	 爲 7	 臣拾 秦風 65  茅拾 秦風 207

2564	2563	2562	2561	2560	2559	
拳	挌	搒	挐	捕	播	
拳	挌	搒	挐	捕	播	
 慎愿拳敬	 法問 66	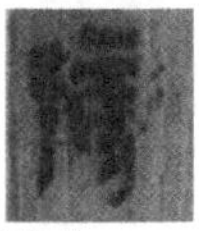 嶽叁(二)179	 挐安	 秦抄 38  法問 139  嶽叁(一)15	 封 77	 張播 秦風 149  張播

2570	2569	2568	2567	2566		2565
⿰扌室*	掓*	挙*	拴*	掖		捐
⿰扌室	掓	挙	拴	掖		捐
 日甲 45 背	 日甲 111 背	 戴挙印 陝出印 829	 秦泥考 1492	 日甲 153 正	 秦泥考 1618	 張捐之

2577 掄*	2576 蘗*	2575 擂*	2574 撌*	2573 搕*	2572 擘*	2571 搽*
掄	蘗	擂	撌	搕	擘	搽
 李掄 秦風 178	 爲 27	 里壹[8] 1312	  周 339	 周 336  周 336	 法問 90  法問 90	 天・乙 三三四

<table>
<tr><td>2580
姓</td><td colspan="4">2579
女</td><td colspan="2">2578
脊</td></tr>
<tr><td>姓</td><td colspan="4">女</td><td colspan="2">脊</td></tr>
<tr><td></td><td></td><td></td><td></td><td>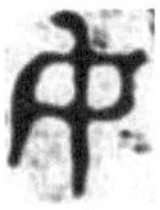
不其簋
集成 04328

不其簋蓋
集成 04329</td><td></td><td></td></tr>
<tr><td></td><td></td><td></td><td></td><td></td><td></td><td></td></tr>
<tr><td>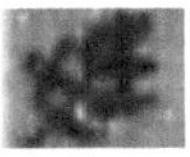
秦律 48
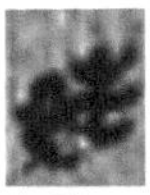
秦律 65

嶽叁(三)
222</td><td>
周 331

嶽叁(一)25</td><td>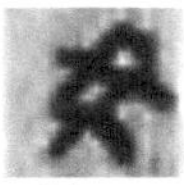
日甲 81 正
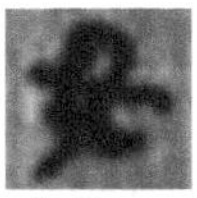
秦律 62

天・甲三</td><td>
女乘

女突

湯女</td><td>
秦泥考 1356
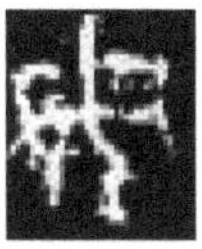
秦泥考 1359</td><td>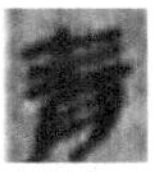
法問 75
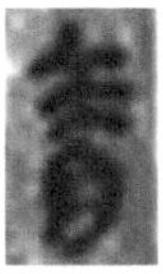
日甲 80 背</td><td>
李脊
秦風 60</td></tr>
</table>

2583 嫣	2582 姚		2581 姬			
嫣		姚		姬		
			 秦公鎛甲 集成 00267  秦公鎛乙 集成 00268	 不其簋 集成 04328  不其簋蓋 集成 04329		
					 詛楚文 亞駝  詛楚文 巫咸	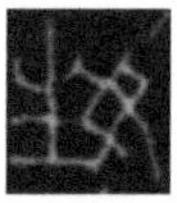 秦駰玉牘 甲・正  秦駰玉牘 乙・正
 天・乙 二二〇	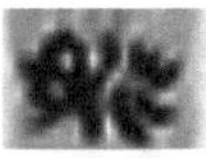 爲 43	 陶録 6.107.1  歐姚 秦風 132  姚廣 秦風 51				

2589	2588	2587		2586	2585	2584
婦	妻	姻		婚	嫁	妘
婦	妻	姻		䰉	嫁	妘
				 秦子簋蓋 珍秦齋秦 30  懷后石磬 通鑒 19817		
 詛楚文 湫淵 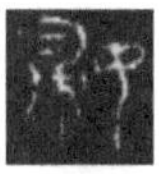 詛楚文 亞駝		 詛楚文 湫淵  詛楚文 亞駝	 詛楚文 湫淵  詛楚文 亞駝			
 日乙 118 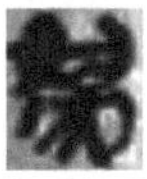 日乙 125  天・乙七一	 日乙 101  天・乙 三四四  嶽叁(一)79				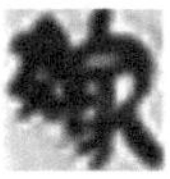 日乙 53  天・乙 三七一  周 141	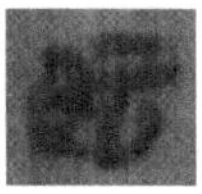 嶽叁(二) 140

2593			2592	2591	2590	
嫗			母	嫪	妃	
嫗			母	嫪	妃	
 編 27.2  獄壹・質二六	 里壹[8]925 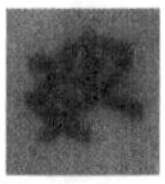 獄叁(二)164	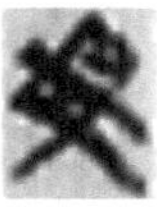 日乙 180  法問 172  周 372 用作「拇」。	 王母人 珍秦印展 76  李母人 秦風 180	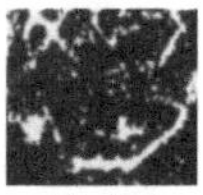 陶録 6.294.1	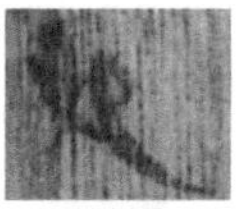 里壹[8]1739	 周 141 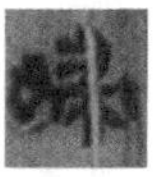 獄叁(二)142

2594	2595	2596		2597	2598	2599
姑	威	姊		妿	婢	奴
姑	威	姊		妿	婢	奴
 詛楚文 湫淵	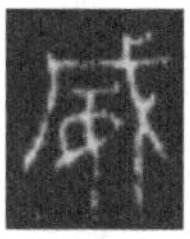 詛楚文 亞駝  詛楚文 巫咸					 高奴禾石權 集成 10384  高奴敦 新收 639
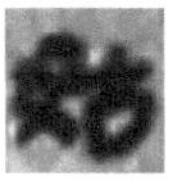 秦抄 40	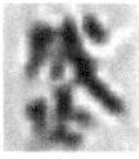  爲 12	 譊姊	 睡・牘 11 背  嶽叁(一)82	 妿	 嶽壹・爲 一二正   嶽壹・占 三一正	 陶新 1307  秦泥考 1145

女部

2601　　2600

始　　嫛

		始	嫛			
		 懷后石磬 通鑒 19817  石鼓文 而師				
					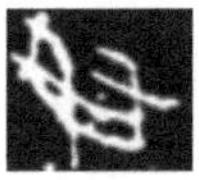 六年上郡 守閒戈 近出 1194 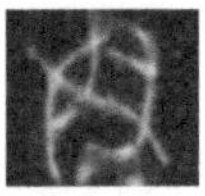 廿五年上郡 守厝戈 集成 11406	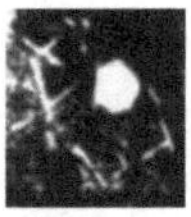 高奴矛 集成 11473 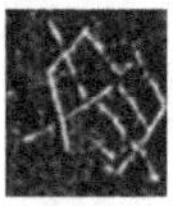 王五年上 郡疾戈 集成 11296
 安始 秦風 231  臣始  公孫始得	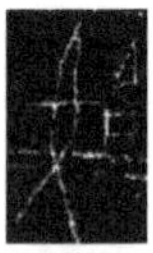 陶新 324	 北私府橢量 秦銘圖 147  大騩權 秦銘圖 131 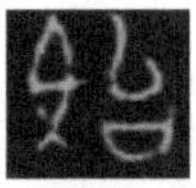 平陽銅權 秦銘圖 182	 新嫛	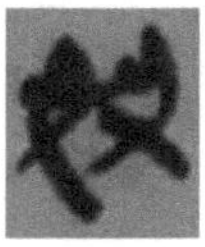 嶽壹・爲 七四正  嶽壹・占 三一正	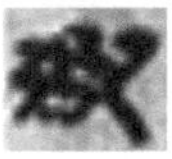 法問 20 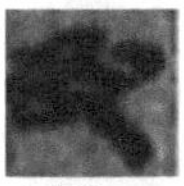 法問 141 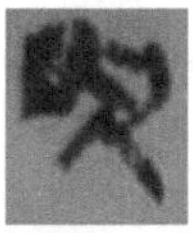 嶽壹・爲 一二正	 郭其奴 秦風 204  司馬奴 秦風 202

2604 姣	2603 好			2602 媚		
姣	好			媚		
	 石鼓文 遊車					
 里壹[8] 682正	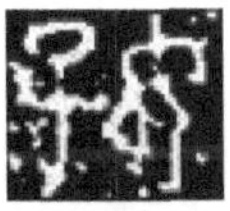 秦泥考1329	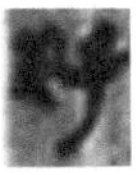 日甲76背  日乙246  嶽壹·占 三四正  嶽叁(一)33	 陶新1215  張好 秦風214  好令	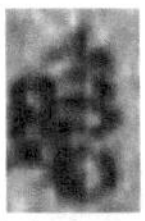 日甲119背  日乙246	 蘇媚 秦風66	 日乙91  周132  嶽壹·爲 六六正

2609 婐		2608 委		2607 嬛	2606 媱	2605 娙
婐		委		嬛	媱	娙
 里壹[8]1950	 田婐 秦風 64	 效 49  里發[16]5 正  里發[16]6 正	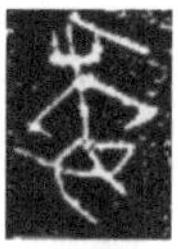 陶録 6.105.1	 令嬛	 楊媱 秦風 82	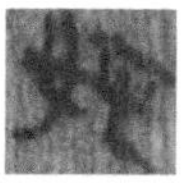 里壹[8]781

				2612 如	2611 媿	2610 婺
				如	媿	婺
				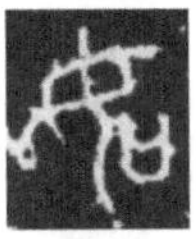 石鼓文 鑾車 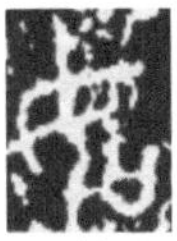 石鼓文 吾水		
				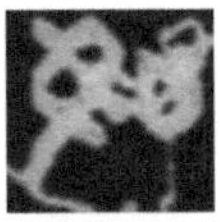 秦駰玉牘 甲・背  秦駰玉牘 乙・背		
 里壹[8] 75 正  嶽叁(一)78  嶽叁(一)99	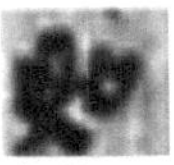 秦律 96  龍 117  周 315	 牛如意 秦風 232  趙相如印 秦風 163	 陶録 6.52.1  陶録 6.75.3	 北私府橢量 秦銘圖 147  大騩權 秦銘圖 131 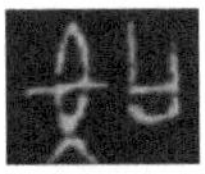 平陽銅權 秦銘圖 182	 嶽叁(一) 110  嶽叁(一) 111	 日乙 105  周 205

2618	2617	2616	2615		2614	2613
嫛	婾	佞	妒		嬰	娟
嫛	婾	佞	妬		嬰	娟
					 七年上郡守閒戈 近出 1193	
 王嫛  章嫛 珍秦齋印 277	 婾私	 嶽叄(一)79	 日甲 68 正  日乙 96	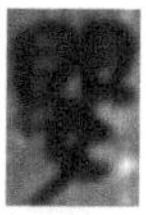 秦律 69  封 86  嶽叄(二)142	 陶録 6.35.2  程嬰 陝出印 768  范嬰 珍秦齋印 66	 王娟 秦風 134

2624	2623		2622	2621	2620	2619
姘	婡		婁	嬉	嫚	娃
姘	婡		婁	嬉	嫚	娃
 里壹[8] 2150	 嶽叁(一) 125	 里壹[8] 1531 正	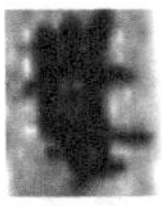 日甲 6 背  日乙 83  周 146	 嬉	 陰嫚	 公孫娃璽 陝出印 838

2625 奸	2626 娗	2627 婡	2628 妥	2629 㚺*	2630 娧*	2631 婁*
奸	娗	婡	妥	㚺	娧	婁
 法問 65 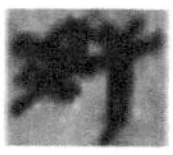 法問 75  嶽叁(二) 178	 娗	 婡	 韓妥 秦風 193  原妥	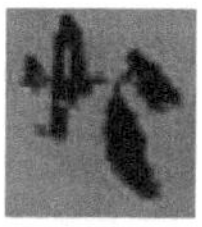 周 355  周 358 用作「孤」。	 張娧 秦風 224	 里壹[8] 1328 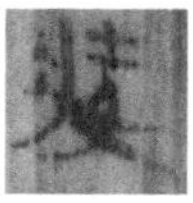 里壹[8] 735 正

2637 毋	2636 ⿰女樂*	2635 ⿱埶女*		2634 ⿰女曾*	2633 婡*	2632 媞*
毋	⿰女樂	⿱埶女		⿰女曾	婡	媞
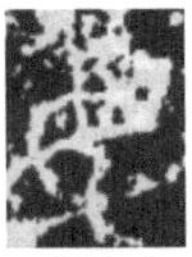 石鼓文 吾水		 秦公鎛乙 集成 00268  秦公簋 集成 04315	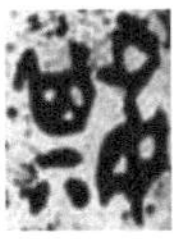 不其簋 集成 04328  不其簋蓋 集成 04329			
 新郪虎符 集成 12108						
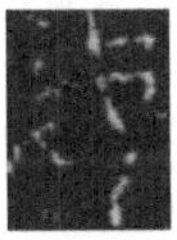 北私府橢量 秦銘圖 147  旬邑權 秦銘圖 131	 陶録 6.147.2  陶録 6.147.3			 里壹[8]550	 文婡	 王狐媞 秦風 190

2639 弗 2638 民

弗	民					
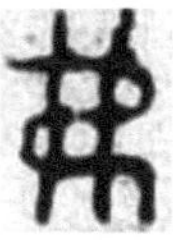 不其簋 集成 04328 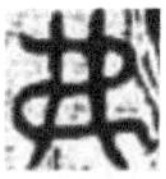 不其簋蓋 集成 04329						
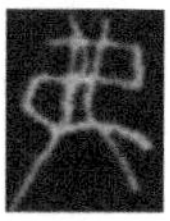 秦駰玉牘 甲・正 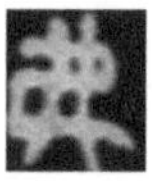 秦駰玉牘 乙・正						 詛楚文 湫淵  詛楚文 亞駝
 日乙 115  龍 21  周 207	 語 1  日乙 60  嶽壹・爲 二正	 翟民 珍秦齋印 214  安民正印  民樂 秦風 239	 陶録 6. 292. 2 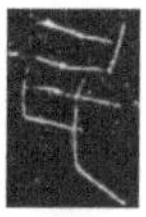 陶録 6. 293. 2 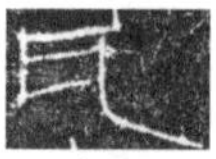 陶録 6. 327. 2	 周 333 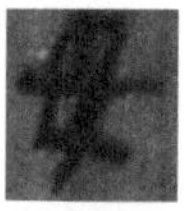 里發[9]1 正  里發[9] 1 正	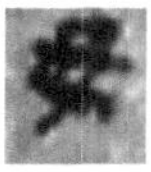 秦律 45 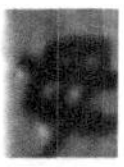 秦律 106 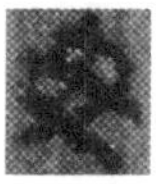 天・乙 二三六  龍 43	 陶新 1329  胡毋偃 秦風 221  趙毋忌印 陝出印 899

<table>
<tr><td colspan="3">2641
也</td><td colspan="3">2640
弋</td><td></td></tr>
<tr><td colspan="3">也</td><td colspan="3">弋</td><td></td></tr>
<tr><td></td><td></td><td></td><td></td><td></td><td></td><td></td></tr>
<tr><td></td><td>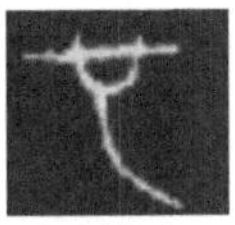
詛楚文
湫淵</td><td>
秦駰玉牘
甲・正

秦駰玉牘
乙・正</td><td></td><td></td><td></td><td></td></tr>
<tr><td>
周 335

嶽壹・爲
八二正</td><td>
日乙 190

日乙 191

龍牘背</td><td>
兩詔橢量
秦銘圖 149

大騩權
秦銘圖 131</td><td>
日甲 40 正

龍 31</td><td>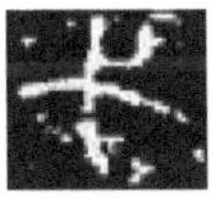
秦泥考 492
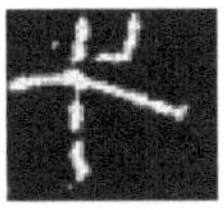
秦泥考 493</td><td>
陶新 2538

陶新 2539</td><td>
里壹[8]
135 正
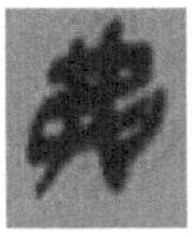
嶽壹・爲
九正

嶽叁(一)6</td></tr>
</table>

2644 氏	2643 氒			2642 氏		
氏	氒			氏		
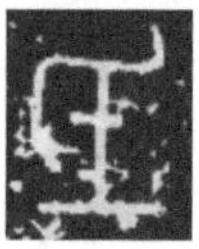 石鼓文 汧沔	 懷后石磬 通鑒 19817	 盄和鐘 集成 00270  秦子鎛 文 2008.11.27	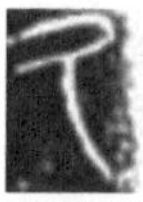 秦公鐘 集成 00266  秦公簋 集成 04315			 不其簋 集成 04328  不其簋蓋 集成 04329
		 詛楚文 湫淵  詛楚文 亞駝	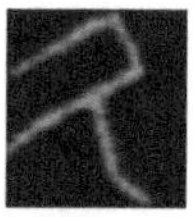 秦駰玉牘 甲・正  秦駰玉牘 乙・正			 秦駰玉牘 甲・正
 氏牛				 編 25.1  周 142  里發[17]14	 秦泥考 1348  郝氏 秦風 57  李氏 秦風 138	 陶録 6.319.1  陶録 6.319.2 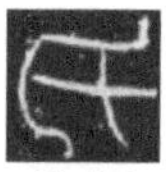 陶録 6.325.2

2648 戟			2647 戎	2646 肈	2645 戈	
戟	戎			肈	戈	
			 不其簋 集成 04328 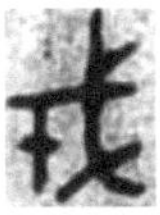 不其簋蓋 集成 04329	 不其簋 集成 04328  不其簋蓋 集成 04329	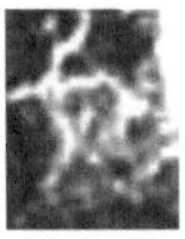 秦政伯喪戈 珍秦 42  元用戈一 集成 11013	
 十三年大良 造鞅戟 集成 11279  王四年相邦 張義戈 秦文圖 17			 王兵戎器 秦風 19			
 效 45  法問 85	 法問 113  周 132	 梁戎虖印 古印菁 66  戎夜  司馬戎 秦風 58	 陶新 1929  陶新 2118 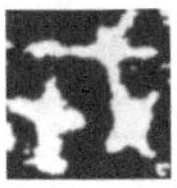 陶録 6.63.2		 日甲 58 正 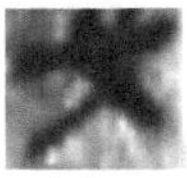 日甲 47 正	 日甲 1 正 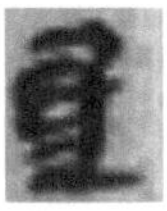 日乙 98  里壹[8] 2157 正

2653		2652	2651		2650	2649
或		戲	戰		戍	賊
或		戲	戰		戍	賊
 秦公鐘 集成 00262  秦公鎛丙 集成 00269					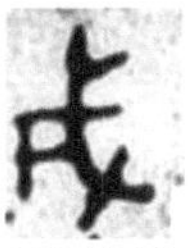 不其簋 集成 04328	
			 戰過			
 秦律 104  秦律 119  龍 6  嶽叁(一)24	 封 32  日甲 32 背  嶽壹 1118 正	 陶新 2736  秦泥考 1291  耿戲 珍秦齋印 231	 秦抄 37  封 34  周 206	 秦抄 13  里發[9]3 正  嶽叁(一)15	 江戍 陜出印 667	 法問 66  法問 103  龍 18

2657	2656			2655	2654	
⿰钅戈*	武			𢦏	戮	
⿰钅戈	武			𢦏	戮	
			 秦公簋 集成 04315  盄和鐘 集成 00270		 秦政伯喪戈 珍秦 42	 秦景公石磬 秦文圖 80 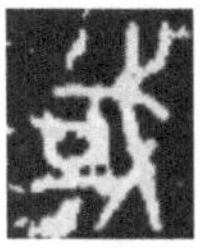 石鼓文 霝雨
		 脩武府杯 集成 09939	 廣衍矛 集成 11509  丞相觸戈 集成 11294		 詛楚文 亞駝  詛楚文 巫咸	
 琴⿰钅戈 秦風 70	 日甲 142  日乙 238  里壹[8] 745 背	 趙武 秦風 50  武慶  秦泥考 1105	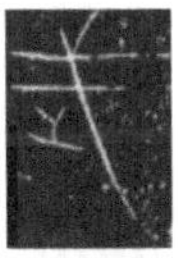 陶録 6.296.2 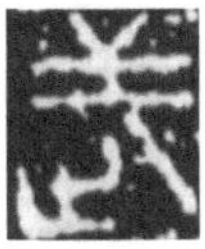 陶録 6.414.5	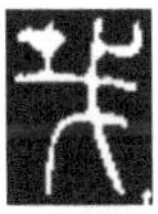 臣𢦏 珍秦齋印 240		

		2662 我	2661 㦙	2660 戟*	2659 戠*	2658 戭*
		我	㦙	戟	戠	戭
 石鼓文 作原  石鼓文 而師	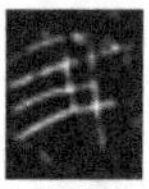 秦公鎛乙 集成 00268 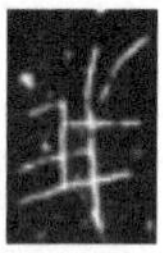 秦公鎛丙 集成 00269	 不其簋 集成 04328  不其簋蓋 集成 04329		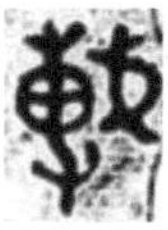 不其簋蓋 集成 04329		 石鼓文 而師
	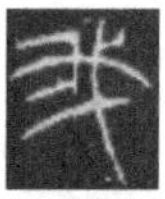 詛楚文 湫淵  詛楚文 亞駝	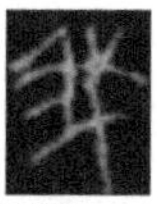 秦駰玉牘 甲・正  秦駰玉牘 乙・正	 詛楚文 湫淵  詛楚文 巫咸		 五年相邦呂 不韋戈 集成 11380  八年相邦呂 不韋戈 集成 11395	
	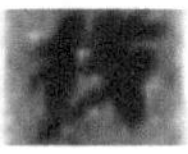 日甲 29 背  日甲 76 背	 我錯  畀我  我思 珍秦齋印 385	 兒㦙  㦙平			

2666 直	2665 瑟	2664 琴				2663 義
直	瑟	琴				義
						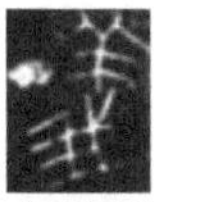 秦公鐘 集成 00262 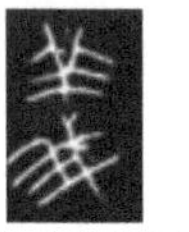 秦公鎛甲 集成 00267
						 王四年相邦張義戈 秦文圖 17  十三年相邦義戈 集成 11394
 陶録 6.29.2  陶録 6.30.1	 秦泥考 105  秦泥考 106	 琴戒 秦風 70	 嶽叁(一) 115	 秦律 27  周 376  里壹[8] 134 正	 陳義渠 秦風 212  張義 秦風 171 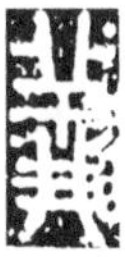 張義 陝出印 750	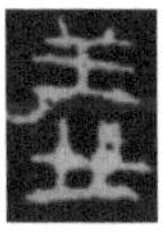 陶録 6.304.2  陶録 6.446.1

2667

亡

亡						
		 秦駰玉牘 甲・正  秦駰玉牘 乙・正				
 里發[9] 981正  嶽叄(一)92  嶽壹・占 三一正	 秦律77  天甲一八  龍17  周201	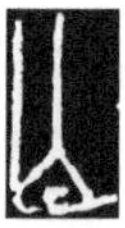 亡私 陝出印1690	 嶽壹・爲 七五正  嶽叄(一)63	 周133  里壹[8]70  里壹[8] 158正	 效12  效13  龍37	 直璽 秦風43  莊直

2669 望 望		2668 乍 乍				
			 石鼓文 作原  吉爲劍 集成 11586	 秦子戈 新收 1350  卜淦戈 近出 1174	 秦公鼎 新收 1337  秦景公石磬 秦文圖 70	 不其簋 集成 04328  不其簋蓋 集成 04329
 嶽壹・質 0068 正	 爲 29  日乙 118  天・乙 二五四	 鞫毋望 秦風 168			 日甲 42 正	 陶録 6.90.3

2673		2672		2671		2670
匿		區		匃		无
匿		區		匃		无
				 不其簋 集成 04328  不其簋蓋 集成 04329		
 秦律 174  效 34  龍 147	 周 55	 區盧客	 里壹[8] 157 正  里壹[8] 157 正	 陶録 6.83.1  陶録 6.83.2	 嶽壹・爲 二九正  嶽壹・爲 六六正	 爲 42 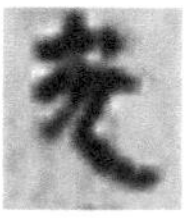 爲 43

	2674 丙	2675 匽		2676 匹	2677 匠	
	丙	匽		匹	匠	
		 秦公鐘 集成 00262  秦公鎛甲 集成 00267	 秦景公石磬 秦文圖 59  秦景公石磬 秦文圖 61			
		 宗邑瓦書 秦陶 1610	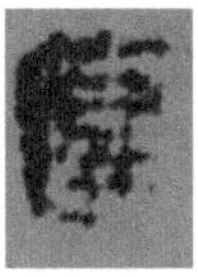 青川木牘 文 1982.1.11			
 周 333  嶽叁(一) 109  嶽叁(一) 130	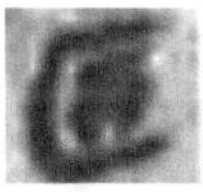 日甲 17 背 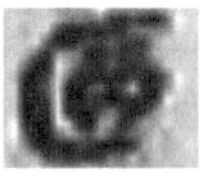 日甲 20 背	 韓匽 珍秦齋印 134	 日甲 81 背	 秦抄 28  法問 158  封 21	 陶録 6.271.1  陶録 6.272.3  秦泥考 743	 秦律 123  秦律 124

		2682	2681	2680	2679	2678
		曲	匱	匴	匜	匧
		曲	匱	匴	匜	匧
 編 42.1  日甲 125 正   周 339	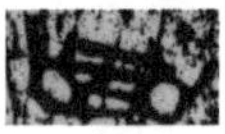 睡・槨室門楣刻字	 陶録 6.50.3  曲陽左尉 秦風 26  宣曲喪事	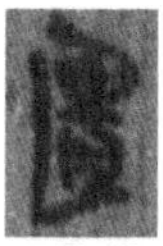 里壹[8]244	 日甲 62 背	 天・甲二八	 法問 204  法問 204

2687	2686			2685	2684	2683
⿱夗瓦	甄			瓦	畚	甾
⿱夗瓦	甄			瓦	畚	甾
				 宗邑瓦書 秦陶 1610		 錢典・先秦 613 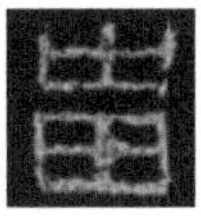 錢典・先秦 613
 天・乙 二九五	 里壹[8] 735 正  里壹[8]780	 周 327  里壹[8] 135 正	 秦律 148  日甲 74 背  周 327	 陶録 6.188.1  陶録 6.189.2	 秦律 64	

2691			2690		2689	2688
彊			張		弓	甕*
彊			張		弓	甕
 不其簋 集成 04328  不其簋蓋 集成 04329				 石鼓文 遊車  石鼓文 田車	 不其簋 集成 04328  不其簋蓋 集成 04329	
 青川木牘 文 1982.1.11 用作「疆」。		 詛楚文 亞駝  詛楚文 巫咸	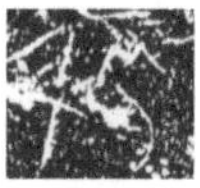 王四年相邦 張義戈 秦文圖 17			
 陶録 6.134.1  陶録 6.134.3  陶新 1602	 秦抄 8  日甲 104 背  周 132	 張氏 秦風 59  張視 秦風 126	 陶新 2924  秦泥考 1489	 日甲 27 背  龍 17  里壹[8] 2186	 陶新 2653  張弓 陝出印 744  弓舍	 周 341  周 341 用作「甕」。

2694 弩		2693 弘		2692 引		
弩		弘		引		
				 秦公簋 集成 04315  盄和鐘 集成 00270		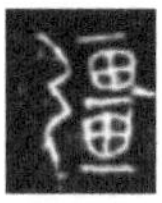 秦公鎛甲 集成 00267
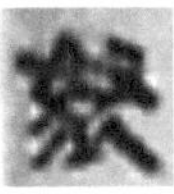 效 45  龍 17  里壹[8] 2186	 秦泥考 408  秦泥考 1448  發弩 秦風 32	 里壹[8] 1554 正	 弘	 秦抄 8  周 244  嶽壹・占 二六正	 龍 154	 郭彊

2697 弫*	2696 弢*	2695 發				
弫	弢	發				
					 青川木牘 文 1982.1.11	
 橋弫 秦風 88	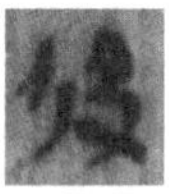 里壹[8]361	 嶽叁(一)7  嶽叁(一)14	 秦律 22  秦抄 2  周 190	 發弩漆	 秦泥考 1594  楊發 秦風 175  詔發	 里壹[8]147  嶽叁(一)99

2701 繇			2700 孫		2699 盭	2698 弦
繇			孫		盭	弦
				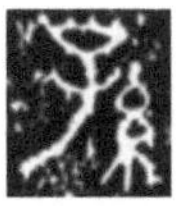 秦子簋蓋 珍秦齋秦 30	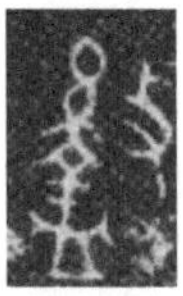 秦公鐘 集成 00262 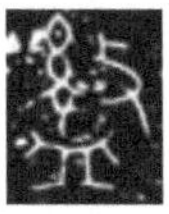 秦公鎛甲 集成 00267	
			 詛楚文 湫淵 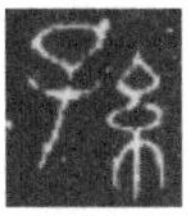 詛楚文 亞駝	 秦駰玉牘 甲・正  秦駰玉牘 乙・正		
		 秦律 121 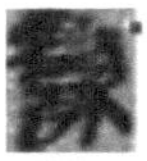 法問 164  里發[16] 5 正	 爲 21  日甲 100 正  嶽叁(一)83	 公孫市 秦風 205  公孙戎 珍秦齋印 837	 史盭 秦風 43	 日甲 27 正

秦文字字形表 卷十三

	2702 蕍	2703 繹		2704 純	2705 綃
	蕍	繹		純	綃
春秋					
戰國					
秦代	  日甲 13 背  里壹[8]96	 張繹  繹疢	 日甲 13 背 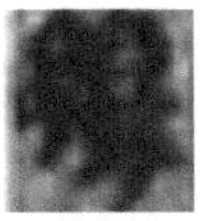 日甲 53 背	 楊純 秦風 112	 韓綃

2709 紀			2708 綜	2707 纖		2706 經
		紀	綜		纖	經
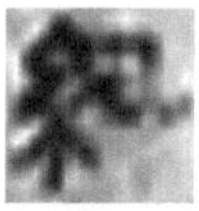 爲 49  日乙 23	 紀闌多 秦風 198  利紀	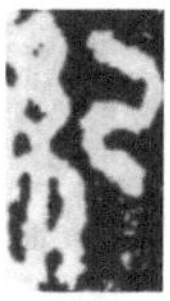 陶録 6.24.1  陶録 6.328.1	 陶新 2349	 日甲 155 正  日甲 3 背  嶽壹・爲 六九正	 秦泥考 585  秦泥考 588	 封 63 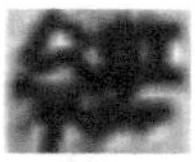 爲 41  天・乙二

2713		2712		2711	2710	
續		絶		紡	紿	
續		絶		紡	紿	
 日乙 199  日乙 200	 公耳續	 里發[9]981 正  嶽壹・爲七六正	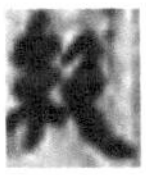 封 53  龍 60  周 139	 日甲 65 正  日甲 112 正  嶽壹・爲七一正	 嶽叁(一)82  嶽叁(一)83	 龍 213  龍 214

2717 級		2716 細		2715 縱	2714 紹	
級		細		縱	紹	
 秦律155  爲7	 王級  蘇級	 嶽壹・爲八一正	 日甲103正 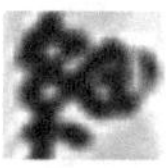 日乙57  周220	 法問63  龍71  嶽壹・質0621正	 胡縱	 周紹

2722 繚		2721 纏		2720 約	2719 ⿱日⿱共糸	2718 總
繚		纏		約	⿱日⿱共糸	總
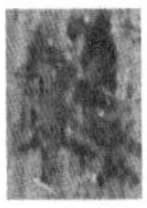 里壹[8]519 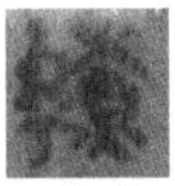 里壹[8]537	 陶録 6.31.1  陶録 6.31.3  王繚	 秦律 131	 甘纏 陝出印 659	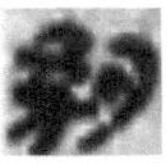 法問 139  周 225  嶽叁(一)19	 嶽壹・爲七七正	 秦律 54  秦律 54

2723	2724	2725	2726	2727		2728
繞	結	縛	給	終		繒
繞	結	縛	給	終		繒
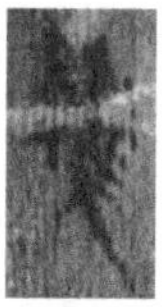 里壹[8]933	 日乙 2 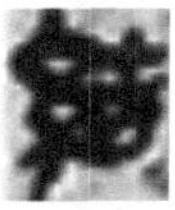 日乙 50  周 207	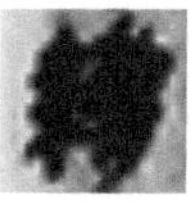 封 17  封 31 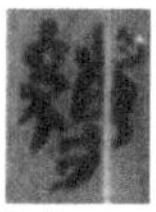 嶽叁(二)142	 秦律 35 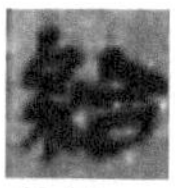 秦抄 18  龍 85  周 374	 編 23.2  秦律 171  龍 43	 嶽壹・爲八五正	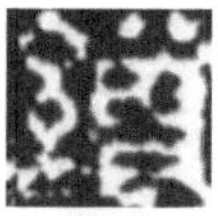 陶録 6.436.4  陶録 6.449.1  曹繒

2733 絹	2732 繪	2731 繡	2730 縵		2729 紬	
絹	繪	繡	縵		紬	
 橋絹 秦風 221	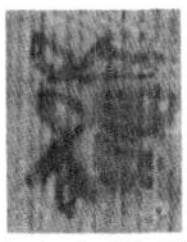 里壹[8] 1243	 秦律 110	 法問 162  里壹[6]39	 秦泥考 586  秦泥考 587  左織縵丞	 封 74 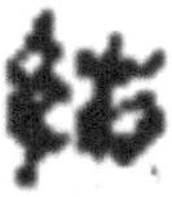 封 83	 封 82

2738	2737	2736			2735	2734
綦	紅	緹			縮	絀
綦	紅	緹			縮	絀
 綦毋積  綦毋偃	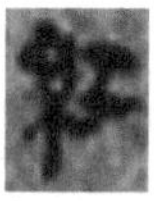 秦律 62 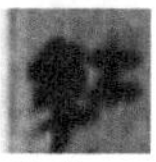 秦律 89  秦律 111	 封 21	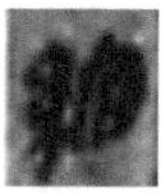 秦律 5  嶽叁(一)14  嶽叁(一)24	 陶録 6.360.2  橋縮 秦風 85	 北私府橢量 秦銘圖 147  大騩權 秦銘圖 131  平陽銅權 秦銘圖 182	 張絀 珍秦齋印 318  絀尉

2744	2743	2742	2741	2740	2739	
繕	絝	緣	組	綬	纓	
繕	絝	緣	組	綬	纓	
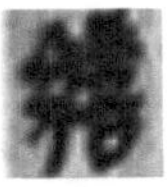 秦律 86 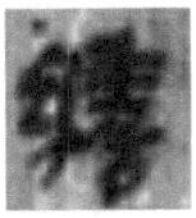 秦律 89  嶽壹・爲十七正	 里壹[8]1356 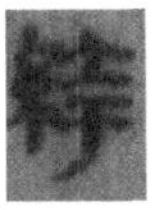 嶽叁(二)152	 封 82 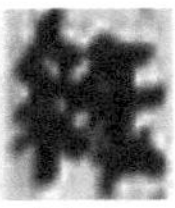 封 83  嶽壹・占六正	 秦抄 18 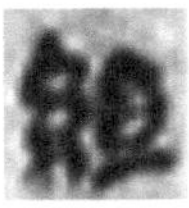 秦抄 20  里壹[8]756	 陶録 6.24.4	 王纓 珍秦齋印 309	 封 59  封 78  爲 36

2751	2750	2749	2748	2747	2746	2745
縅	絭	絇	縈	繩	緱	纍
縅	絭	絇	縈	繩	緱	纍
 里壹[8] 1086  里壹[8] 1784	 陶録 6.8.1  姚絭 秦風 139	 里壹[8] 1086  里壹[8] 1784	 里壹[8]792	 嶽壹・占 三三正	 姚緱 秦風 158	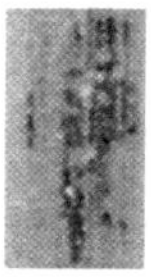 天・乙 三四六

2757 緍	2756 繴	2755 繘		2754 ⿱須糸	2753 絆	2752 縢
緍	繴	繘		⿱須糸	絆	縢
					 詛楚文湫淵  詛楚文亞駝	
  秦律 110	 嶽壹・爲七五正	 周 340  周 341	 嶽叁(一)136	 陶新 1118		 陶録 6.295.1

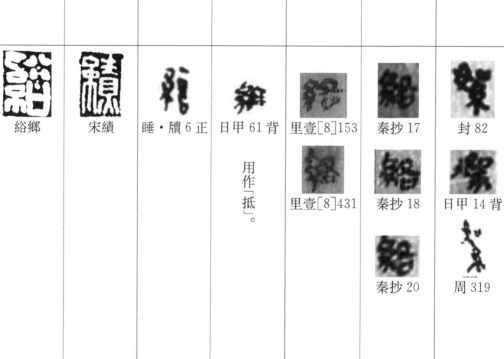

2758 絮	2759 絡		2760 紙	2761 [illegible]	2762 績	2763 綌
絮	絡		紙	[illegible]	績	綌
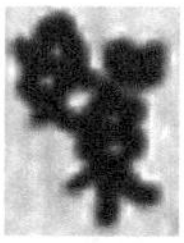 封 82  日甲 14 背  周 319	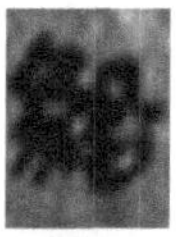 秦抄 17  秦抄 18  秦抄 20	 里壹[8]153 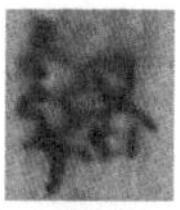 里壹[8]431	 日甲 61 背 用作「抵」。	 睡・牘 6 正	 宋績	 綌鄉

2770	2769	2768	2767	2766	2765	2764
絎*	彝	綏	繆	絜	緂	綸
絎	彝	綏	繆	絜	緂	綸
	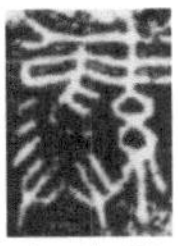 秦公簋 集成 04315					
			 詛楚文 湫淵	 秦駰玉牘 乙・背		
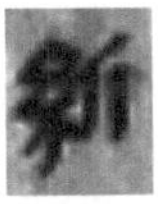 秦律 5  秦律 140  秦律 195		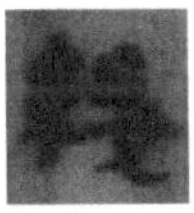 嶽叁(二) 149	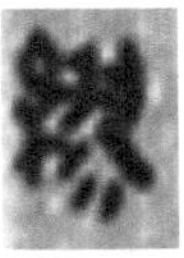 效 56  封 83  嶽叁(一)97	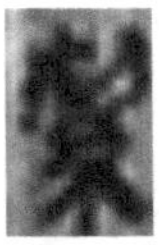 語 9 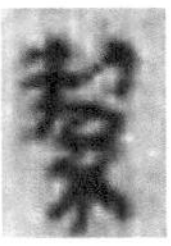 語 10  嶽叁(二) 148	 秦律 75  嶽壹・爲 十五正	 語 10

2771	2772	2773	2774	2775	2776	2777
紋*	結*	絡*	絳*	綵*	練*	蘖*
紋	結	絡	絳	綵	練	蘖
		 卌年上郡守 起戈 3 近出 1192				
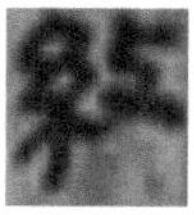 秦律 126	 秦律 116 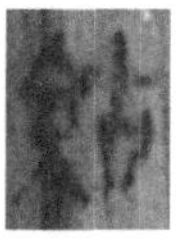 里壹[8]247		 嶽壹・爲 七一正	 陶新 2762	 陶録 6.443.3  陶録 6.452.4	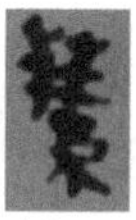 封 82

2783		2782	2781	2780	2779	2778
紷*		緩	綽	纗*	纅*	緷*
紷		緩	綽	纗	纅	緷
 秦公鐘 集成 00263  秦公鎛甲 集成 00267						
	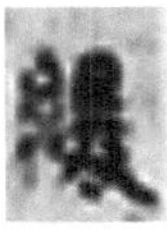 爲 43	 秦泥考 1490  梁緩 秦風 128  趙緩 秦風 96	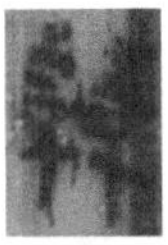 里壹[8] 740 背 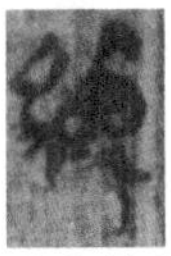 里壹[8] 1524 背	 嶽壹・爲 五八正	 日甲 80 背 用作「要」。	 日乙 194

2787 虫			2786 率	2785 轡	2784 絲	
虫	𧗳	𨓏	率	轡	絲	
				 石鼓文 鑾車		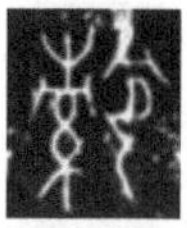 秦公鎛甲 集成 00267  秦子鎛 文 2008.11.27
		 商鞅方升 集成 10372				
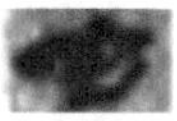 日甲 60 背  日乙 116  天・乙一五七  周 328	 嶽壹・爲四正		  龍 134		 封 82 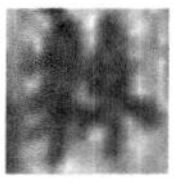 日甲 114 背  里壹[8]254	

2792 强		2791 蠆	2790 蟜	2789 蚖	2788 雖	
强		蠆	蟜	蚖	雖	
						 秦公簋 集成 04315  盄和鐘 集成 00270
						 新郪虎符 集成 12108
 日乙 195 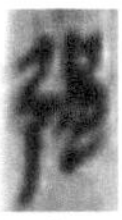 秦律 31  里壹[8] 1259 正	 宋强  魏强  王强	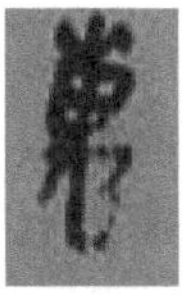 嶽壹・占 一九正	 𧓍蟜	 陶録 6.440.1  陶録 6.440.2  王蚖	 嶽叁(一) 127  嶽叁(三) 222	 法問 159  法問 195

2797	2796	2795	2794			2793
蟄	蝕	蚩	蠪			蜀
蟄	蝕	蚩		蠪		蜀
						 石鼓文 遊車
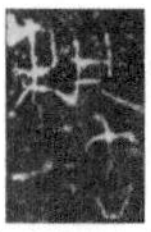 宗邑瓦書 秦陶 1610					 九年相邦呂 不韋戟 近出 1199  蜀西工戈 集成 11008	 二十六年蜀 守武戈 集成 11368  卅四年蜀 守戈 秦文圖 29
 日甲 142 背	 法問 65  嶽壹・爲 五八正 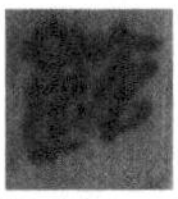 嶽叁(二) 183	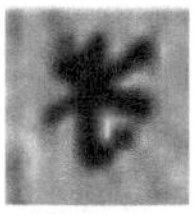 秦律 86  秦律 104	 日甲 50 背  日甲 51 背	 江蠪 秦風 229	 封 46 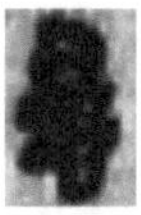 封 47  嶽叁(一) 136	 秦泥考 588

2804	2803	2802	2801	2800	2799	2798
蛪*	⿱𡗗虫*	蚉*	⿱夂虫*	虹	蠻	蝠
蛪	⿱𡗗虫	蚉	⿱夂虫	虹	蠻	蝠
				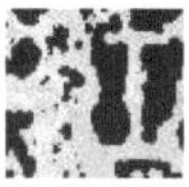 石鼓文 馬薦		
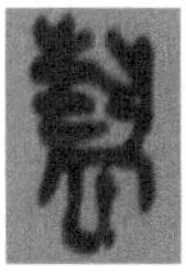 嶽壹·占一九正	 日甲 47 背 用作「⿱髟春」。	 趙蚉 珍秦齋印 43	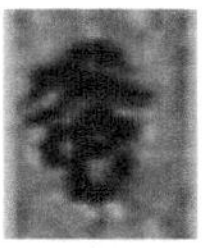 秦律 2	 秦泥考 1411	 里發[12] 10 正  里壹[8] 1484	 周 321

虫部

2810 蟲	2809 蠡	2808 蠹	2807 蚤		2806 蠶	2805 䖵
蟲	蠡	蠹	蚤	[䖵+日]	蠶	䖵
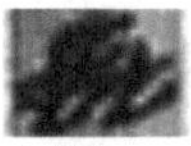 法問 179  日甲 74 背	 脊蠡	 效 42	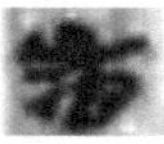 日甲 129 正  日乙 135  天・乙五九  周 165	 周 368  周 369	 日甲 94 正	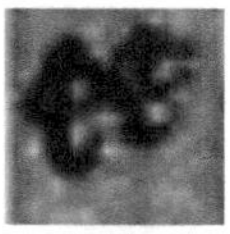 秦律 2  日甲 74 背 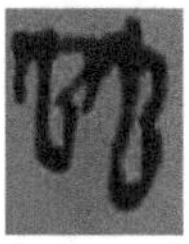 嶽壹・占四〇正

2815	2814	2813		2812		2811
鼈	黽	龜		它		風
鼈	黽	龜	蛇	它		風
 秦律 5	 范黽 秦風 99  王黽 秦風 192	 天・乙 二三二	 嶽壹・占 一八正  嶽壹・占 一九正	 里發[16] 6 正  嶽叁(一)11	 秦律 174  效 54  龍 12	 效 42  日乙 119  龍 35 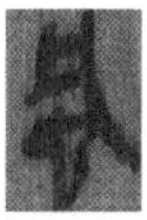 嶽壹・爲 八六正

	2819 二		2818 卵		2817 鼂	2816 黿
	二	(䜌+卵)	卵		鼂	黿
	 秦公簋 集成 04315  盄和鐘 集成 00270					
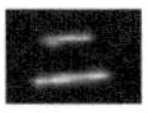 卌年銀耳杯 新收 1078 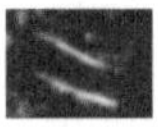 二年上郡 守廟戈 集成 11362	 商鞅方升 集成 10372					
 陶録 6.178.3  陶録 6.184.6	 驪山園鐘	 秦律 4	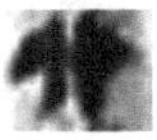 日甲 74 正  日乙 185	 爲 20 用作「朝」。	 趙鼂 秦風 137  孫鼂 陝出印 735  王鼂 珍秦齋印 345	 天・乙 二三二

2822 凡　　2821 恒　　2820 亟

凡		恒		亟		
					 石鼓文 吳人	
	 新郪虎符 集成 12108				 秦駰玉牘 甲・正  秦駰玉牘 乙・正	 二年寺工 聾戈 集成 11250  三年詔事鼎 集成 02651
 秦律 171  效 30  天・乙 一四〇  周 139	 凡臧	 秦律 84  日乙 134  里壹[8] 154 正  嶽叁(二)167	 智恒	 里發[16] 6 正  嶽壹・爲 九正	 日乙 59  龍 119  周 210	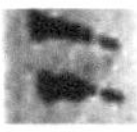 編 29.2  周・櫝正  里壹[8] 159 正  嶽叁(一)9

2825 坡	2824 地			2823 土		
坡	地			土		
		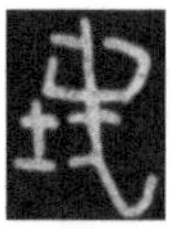 四年相邦呂不韋矛 近出 1213	 秦駰玉牘 甲・正  秦駰玉牘 乙・正			
 張坡	 嶽叁(一)73	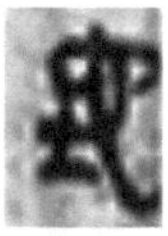 日甲 134 背 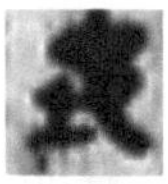 封 59  周 343	 駱毋地 秦風 102  駱地 秦都咸陽考古報告 652  馬地	 日乙 40 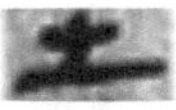 日乙 80  天・甲二四  周 346	 張土	 里壹[6]1 正 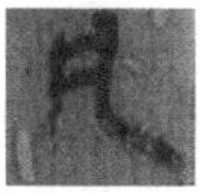 嶽叁(一)97

		2829 垣	2828 基	2827 壞		2826 均
		垣	基	壞		均
	 漆垣戈 集成 10935	 七年上郡 守閒戈 近出 1193  十五年上郡 守壽戈 集成 11405				
 周 326  嶽叄(四)242	 日甲 139 背  天・乙 一三三  龍 39	 垣蓬  垣噴私印	 嶽壹・爲 七二正	 封 77  封 78  封 80	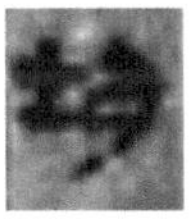 秦律 113 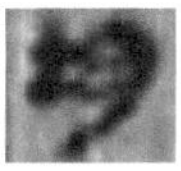 秦律 113 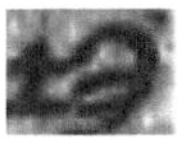 法問 187	 陶新 2480

2835 在	2834 堅	2833 堂		2832 堪	2831 壁	2830 堵
在	堅	堂		堪	壁	堵
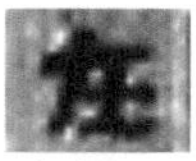 秦律 93 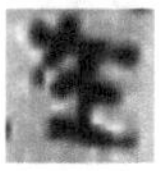 封 81  天・甲二七  龍 39	 秦泥考 1593	 封 73  封 75  封 79	 秦泥考 1368	 日乙 184 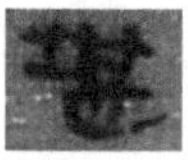 里發[9]2 正  里發[9]9 正	 日甲 156 背  日乙 259	 秦律 116 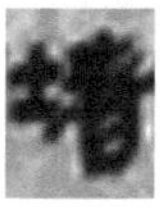 秦抄 40  爲 30 用作「暑」。

<table>
<tr><th>2839
壐</th><th colspan="2">2838
封</th><th>2837
堤</th><th colspan="3">2836
坐</th></tr>
<tr><td>壐</td><td colspan="2">封</td><td>堤</td><td colspan="2">坐</td><td></td></tr>
<tr><td></td><td></td><td></td><td></td><td></td><td></td><td></td></tr>
<tr><td></td><td></td><td>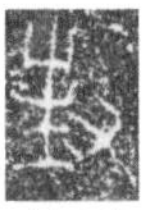
宗邑瓦書
秦陶 1610
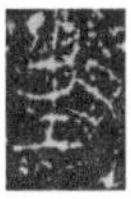
宗邑瓦書
秦陶 1610</td><td></td><td></td><td></td><td></td></tr>
<tr><td>
楚壐

公孫娃壐
陝出印 838

冢壐</td><td>
秦律 22

效 28

里壹[8]
651 正</td><td>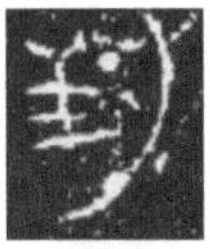
陶録
6.174.3

它封

張封
珍秦齋印
174</td><td>
秦律 25</td><td>
里壹[8]
144 正

里壹[8]
198 正

嶽叁(一)99</td><td>
秦律 163

效 21

龍 151

周 13</td><td>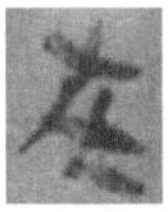
里壹[8]
135 正

嶽叁(二)16</td></tr>
</table>

2841 城　　　　2840 墨

城		墨				
 詛楚文 亞駝  詛楚文 巫咸	 卅七年上郡 守慶戈 新收 1768					
 博城	 陶録 6.303.1  陶録 6.305.2  秦泥考 1457	 日甲 154 背  天・志四	 秦泥考 1631  秦泥考 1632	 里發[9] 984 正	 爲 33  爲 33  日乙 195	 壐 陝出印 576

	2845	2844	2843	2842		
	塞	埤	增	墊		
	塞	埤	增	墊		
 周 353  嶽壹·爲一正	 秦抄 41  爲 17  天·甲七三	 秦抄 41	 秦律 24  秦律 24  秦律 35  天·乙二八一	 日甲 53 背	 里壹[8]143 正  嶽壹·爲七五正  嶽叁(一)94	 秦律 55  法問 4  龍 18

2846 坳	2847 垔	2848 毀			2849 壞	
坳	堙	毀	毀		壞	
 封 76  嶽叁(一)53  嶽叁(一)54	  爲 27	 日甲 138 背	 秦律 106  日甲 59 正  日甲 61 正	 嶽貳・數 87  嶽貳・數 104 用作「毀」。	 秦泥考 1280	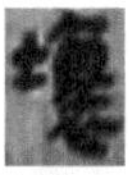 秦抄 40  日甲 139 背  龍 39

2855 坾*		2854 圭	2853 場	2852 墓	2851 垤	2850 坼
坾		圭	場	墓	垤	坼
	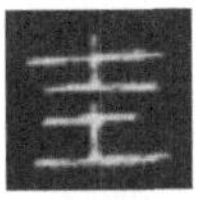 詛楚文 湫淵 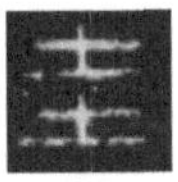 詛楚文 亞駝	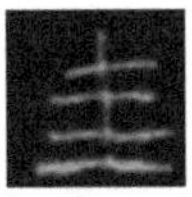 秦駰玉牘 甲・正 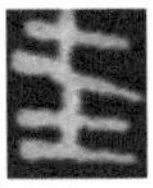 秦駰玉牘 乙・正				
 日甲 100 正 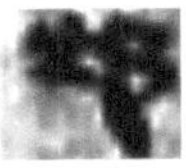 日甲 100 正 用作「序」。			 嶽麓 1577	  天・志三  天・志五	 周 371	 秦泥考 900  秦泥考 901

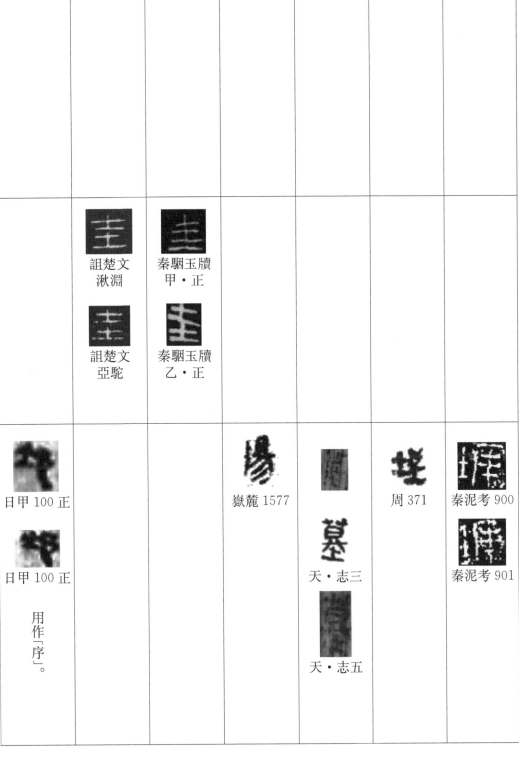

		2860 里	2859 艱	2858 堇	2857 [土晉]*	2856 [土攵]*
		里	艱	堇	[土晉]	[土攵]
		 石鼓文 作原  石鼓文 吾水	 不其簋 集成 04328  不其簋蓋 集成 04329			
	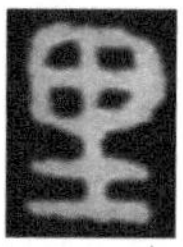 秦駰玉牘 甲・背  秦駰玉牘 乙・背	 宗邑瓦書 秦陶 1610				
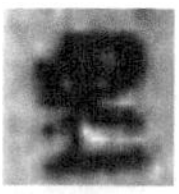 秦律 25  封 34  龍 27	 営里 秦風 38  新昌里印 陝出印 18	 陶新 1612  陶新 2762  顛里典 秦風 19		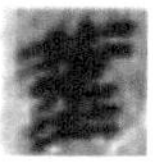  日甲 72 正	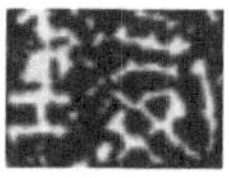 陶録 6.3.1	 里壹[5]4

2862 野			2861 釐			
壄	野		釐			
			 懷后石磬 通鑒 19817  懷后石磬 通鑒 19817	 秦公簋 集成 04315  盄和鐘 集成 00270	 秦公鐘 集成 00262 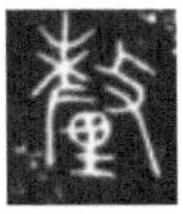 秦公鎛甲 集成 00267	
 矦壄 珍秦齋印 44  彭壄 珍秦齋印 756	 天・甲三三 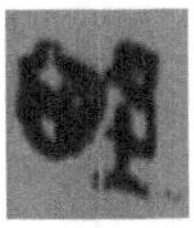 嶽壹・質九	 陶録 6.142.1  陶録 6.142.2  宜野鄉印 秦風 29		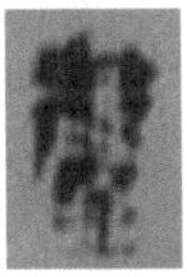 天・志五	 陶録 6.48.3  陶録 6.48.4	 周 302 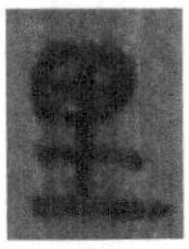 里發[9] 11 正  嶽叁(一)114

2866 畸	2865 疇	2864 町			2863 田	
畸	疇	町			田	
				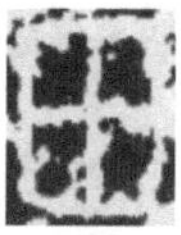 石鼓文 田車	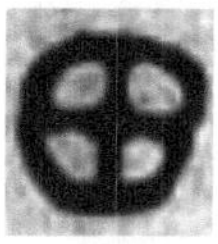 不其簋 集成 04328 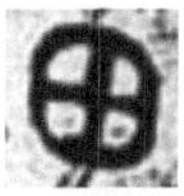 不其簋蓋 集成 04329	
				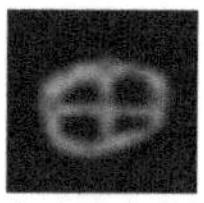 青川木牘 文 1982.1.11  青川木牘 文 1982.1.11	 十三年相邦 義戈 集成 11394  宗邑瓦書 秦陶 1610	
 趙畸 秦風 94  司馬畸 秦風 189	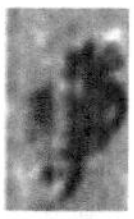  秦律 38  龍 120	 龍 127  龍 133  龍 136	 龍 25  周 301  里發[9] 981 正  嶽叁(一)120	 秦泥考 143  田蜀 秦風 130  田樂 秦風 174	 陶録 6.86.1  陶録 6.86.2  陶録 6.456.3	 爲 28  日乙 178 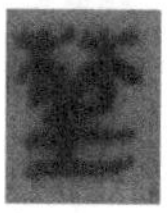 嶽叁(二)167

2871	2870		2869	2868	2867	
畛	界		畔	甸	畞	
畛	界		畔	甸	畞	
 青川木牘 文 1982.1.11  青川木牘 文 1982.1.11	 王四年相邦 張義戈 秦文圖 17		 青川木牘 文 1982.1.11		 青川木牘 文 1982.1.11  青川木牘 文 1982.1.11	
	 法問 186  嶽叁(一)5  嶽叁(一)52	 龍 154  嶽壹・爲 八一正	 略畔之丞 陝出印 16	 法問 190	 秦律 38  嶽貳・數 58  嶽貳・數 171	 爲 11  里壹[8]118  里壹[8]406

2875				2874	2873	2872
畯				當	略	時
畯				當	略	時
 秦公鐘 集成 00262 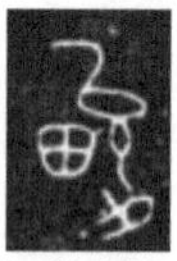 秦公鎛甲 集成 00267						  秦子簋蓋 珍秦齋秦 30
					 詛楚文 湫淵  詛楚文 亞駝	 青川木牘 文 1982.1.11
	 里發[9]8 背 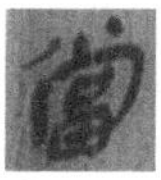 嶽叁(一)13	 效 58  龍 19  周 236	 陶新 3152  陶新 3154  王當 秦風 64	 陶録 6.6.1  陶録 6.6.2  陶録 6.462.1	 秦泥考 1389  略畔之丞 陝出印 16	 陶新 1215  秦泥考 1329

2877 畜　　2876 留

畜		留			畂	
 秦公簋 集成 04315  盄和鐘 集成 00270	 秦公鐘 集成 00262 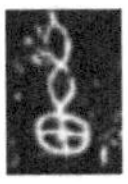 秦公鎛甲 集成 00267				 秦公簋 集成 04315  秦子鎛 文 2008.11.27	 盄和鐘 集成 00270
 秦律 84  日乙 85  天・甲一三  周 352	 董畜 秦風 165	 里發[16] 8 正  嶽壹・質 0079 正	  爲 39  周 233	 陶録 6.152.1  陶録 6.152.3  留偃		

2881	2880		2879		2878	
男	黃		疆		暘	
男	黃		疆		暘	
	 仲滋鼎 新收 632  石鼓文 汧沔	 秦政伯喪戈 珍秦 42  秦政伯喪戈 珍秦 43	 秦景公石磬 秦文圖 70  秦景公石磬 秦文圖 73	 秦公簋 集成 04315  盄和鐘 集成 00270		
 日乙 109 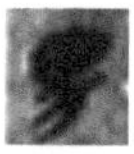 秦律 62  天・甲一七  龍 2	 里壹[8]1976  里壹[8]894	 日乙 184  天・乙 一九六  周 230			 秦律 1	 里壹[8] 137 正  嶽壹・爲 十九正

2884 助		2883 功		2882 力		
助		功		力		
					 詛楚文湫淵  詛楚文巫咸	
 爲 9	 李助	 張功生	 北私府橢量秦銘圖 147  大騩權秦銘圖 131  平陽銅權秦銘圖 182	 爲 19  日乙 239  嶽壹・爲三六正	 力將□	 周 331  嶽叁(一)25

2889 勝	2888 勸	2887 勉		2886 勁	2885 務	
勝	勸	勉		勁	務	
 臣勝 秦風 154  馮勝 秦風 202	 嶽壹・爲 八六正  嶽叁(二)170	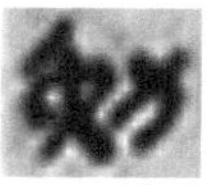 秦抄 41  日乙 146	 李勉 珍秦齋印 167	 曹勁 古印菁 附録 222  趙勁 秦風 44	 爲 10  龍 90  嶽叁(二)183	 高務 秦風 156

2891 勞		2890 勶				
勞		勶				
 秦律 146  秦抄 29  嶽壹·占六正	 勞瑕	 秦律 10  龍 61  周 135	 楊勶 珍秦齋印 216  李勶 陝出印 688	 任勶 湖南古代璽印 47  趙勶 秦風 217	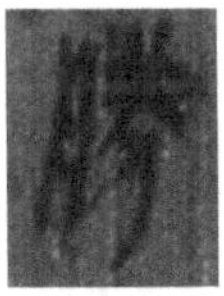 里發[9] 10 正  嶽壹·爲三六正	 日乙 80  日乙 87  周 238

2897	2896	2895	2894	2893	2892	
劾	劫	勃	勇	加	勴	
劾	劫	勃	恿	加	勴	
				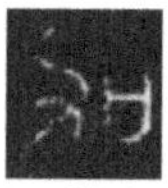 詛楚文 亞駝  詛楚文 巫咸		
 語 7  效 55  里發[16] 6 正	 嶽叁(一)110  嶽叁(一)122	 韓勃  傳勃	 爲 34  日乙 245  日乙 246	 文加	 周 215  里壹[8] 1514 正	 勴里鄉印

		2901 協	2900 ⿰⿱龹月力*	2899 ⿰肖力*		2898 募
		⿱⿰耒耒⿰犬犬	⿰⿱龹月力	⿰肖力		募
	 盄和鐘 集成 00270	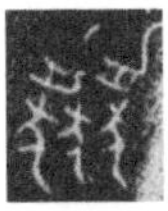 秦公鐘 集成 00262 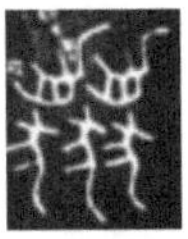 秦公鎛甲 集成 00267				
			 日甲 159 背	 里壹[8]756	 秦抄 35  嶽叁(一)55  嶽叁(一)48	 秦泥考 1109  秦泥考 1110  募人

秦文字字形表　卷十四

2903 鋈				2902 金	
鋈				金	
				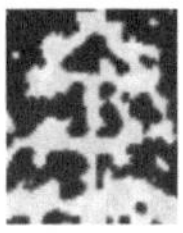 石鼓文 吾水	春秋
					戰國
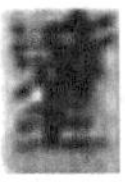 法問 113  法問 115 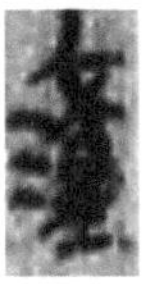 封 47	 里[9]1 正  嶽貳・數 83  嶽叁(一)36	 秦律 79  天・乙七四  周 363	 萬金 珍秦印展 187  宜千金 陝出印 1769	 陶新 2969  秦泥考 417	秦代

2909	2908		2907	2906	2905	2904
鋈	鍇		鐵	銅	鍚	鉛
鋈	鍇		鐵	銅	鍚	鉛
 石鼓文 田車						
	 張鍇 秦風 155  臣鍇 秦風 155  王鍇 秦風 201	 秦抄 23  秦律 86  周 17	 秦泥考 402	 秦律 86  里壹[8] 2226 背  嶽叁(一)55	 嶽叁(一)56  嶽叁(一)58  里壹[8] 2227 正	 陶新 874  陶新 876

2915		2914	2913	2912	2911	2910
錡		錯	釦	銚	銷	鑄
錡		錯	釦	銚	銷	鑄
						 秦公鼎 新收 1337  秦公簋 集成 04315
 女錡  錡衍	 日甲 75 背	 陶録 6.239.1  橋錯 珍秦齋印 145	 里壹[8]269 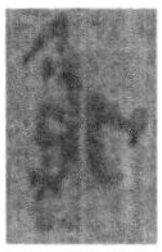 里壹[8] 1510 背	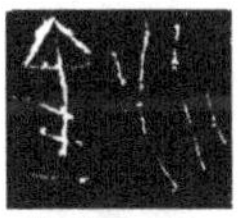 陶新 253	 秦律 15  里壹[8]453  嶽壹・質 2217＋1117 背	  封 19   日甲 13 背

2921	2920	2919		2918	2917	2916
鎮	銍	錢		鑿	鈹	鉥
鎮	銍	錢		鑿	鈹	鉥
 秦公簋 集成 04315  盄和鐘 集成 00270						
	 銍粟將印 秦風 20	 里[9]4 正  嶽叁(一)11	 效 56  龍 26  周 225	 封 76  日甲 4 正 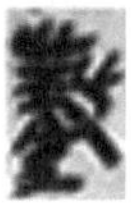 日乙 17	 法問 85	 法問 86  法問 86

2925	2924			2923	2922	
鐸	鈞			錘	錐	
鐸	鈞			錘	錐	
						 秦景公石磬 秦文圖 77  秦景公石磬 秦文圖 77
 田毋鐸	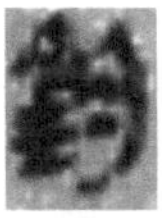 效 6  嶽壹・爲 八二正  嶽貳・數 158	 段鈞 陝出印 726  賈鈞 秦風 85	 驪山園鐘	 秦律 130	 法問 86  法問 86	

2931 鉈	2930 鐔	2928 鎗	2927 鎛	2926 鐘		
鉈	鐔	鎗	鎛	鐘		
 懷后石磬 通鑒 19817		 秦景公石磬 秦文圖 84  懷后石磬 通鑒 19817	 秦子鎛 文 2008.11.27	 秦公鎛甲 集成 00267  秦子鎛 文 2008.11.27	 秦公鐘 集成 00263  秦公鐘 集成 00266	
	 里壹[8] 1373			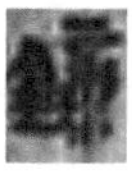  秦律 125  天・乙 二二九	 秦泥考 111	  日甲 33 背

2932	2933	2934	2935	2936	2937	
鍭	銜	鉣	鈇	釵 *	鉅 *	
鍭	銜	鉣	鈇	釵	鉅	
		 秦政伯喪戈 珍秦 42  秦政伯喪戈 珍秦 43	 仲滋鼎 新收 632			
 里壹[8] 1457 背  里壹[8] 1457 背	 醫銜	 尹鉣 陝出印 658  尹鉣 秦風 77		 里壹[8]566	 隗鉅	 里壹[8]519

2942 處		2941 鑴*	2940 劉*	2939 銚*		2938 鋖*
	處	鑴	劉		銚	鋖
	 石鼓文 汧沔			 秦景公石磬 秦文圖 84	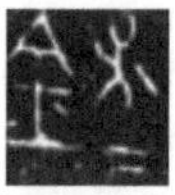 秦公鎛甲 集成 00267  秦子鎛 文 2008.11.27	
					讀作「肅」。	
 鄭處 珍秦齋印 292  楊高處 秦風 184	 陶録 6.34.4  陶録 6.142.3  陶録 6.302.2	 里壹[8]454	 鄒劉 秦風 215			 里壹[8]566

2945 斤	2944 組		2943 且			
斤	組		且			
 工師文罍 秦文圖 28 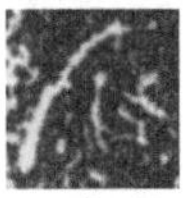 私官鼎 集成 02658				 詛楚文 湫淵  詛楚文 巫咸		
 平陽銅權 秦銘圖 182  驪山園鐘	 法問 27	 王組私印 秦風 49	 日乙 191  龍 150  嶽叁(一)63  嶽叁(一)70	 陶録 6.441.4  陶新 1570	 嶽叁(二) 143	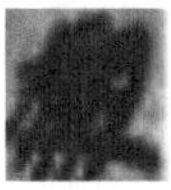 法問 126  周 260  里壹[8] 152 背

	2949 所		2948 斲	2947 斫	2946 斧	
	所	[illegible]	斲	斫	斧	
	 石鼓文 作原					
						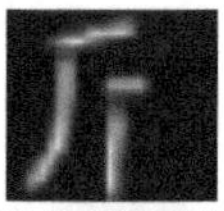 卌年銀耳杯 新收 1078  三年詔事鼎 集成 02651
 里壹[8] 135 正  嶽壹·占 三正	 語 1  效 17  周 132	 周 204 从「戈」。	 日乙 198  周 190	 語 12	 封 57  周 372 用作「釜」。	 秦律 91  封 82  嶽貳·數 80  嶽貳·數 158

2950 斯	2951 斷	2952 新	新 (cont.)	新 (cont.)	新 (cont.)	2953 斗
斯	斷	新				斗
						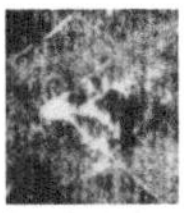 秦公簋器 外刻 集成 04315
		 新郪虎符 集成 12108  新郪虎符 集成 12108	 詛楚文 湫淵  詛楚文 亞駝			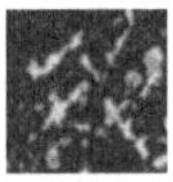 私官鼎 集成 02658
 丞相斯戈 近出 1189  北私府橢量 秦銘圖 147  大騩權 秦銘圖 131	 法問 122  法問 83  嶽叁(一)3	 陶録 6.304.2  陶録 6.304.3	 秦泥考 1385  新嫛	 秦律 31 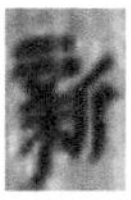 秦律 111  周 314	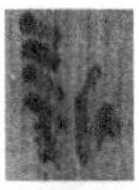 里壹[8] 649 背  嶽壹・占 一四正	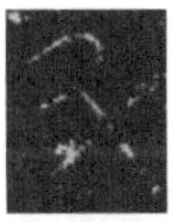 北私府橢量 秦銘圖 147  驪山園鐘

2956	2955	2954
升	魁	料

升	魁	料				
 秦公簋器外刻 集成 04315						
 商鞅方升 集成 10372  高陵君鼎 新收 815						
 驪山園鐘	 閭魁  橋魁  傅魁	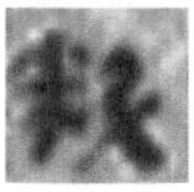 秦律 194  效 11  效 12	 周 97  嶽壹・爲六五正	 秦律 180 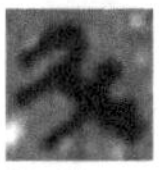 秦律 74  天・乙一六五	 陶録 6.326.2	 陶録 6.324.1  陶録 6.325.2 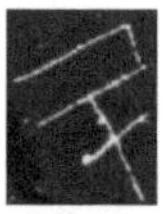 陶録 6.325.3

2960 軒			2959 車	2958 矜	2957 矛	
軒			車	矜	矛	
	 石鼓文 遊車  石鼓文 鑾車	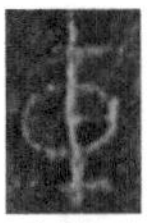 有司伯喪矛 珍秦齋秦 46	 不其簋 集成 04328  不其簋蓋 集成 04329		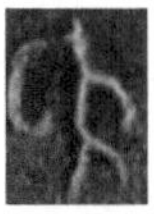 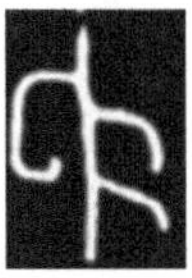 有司伯喪矛 珍秦齋秦 46	
		 秦駰玉牘 甲・背  秦駰玉牘 乙・背		 詛楚文 亞駝  詛楚文 巫咸		 咸陽鼎 秦文圖 51  太官盉 近出 940
 上官軒 秦風 196	 日乙 25  日乙 95  龍 54  周 332	 陶録 6.173.2  秦泥考 146  秦泥考 787			 法問 85	 效 4  周 315  嶽貳・數 92

		2963 輿			2962 輕	2961 軺
		輿			輕	軺
		 詛楚文 湫淵  詛楚文 亞駝				
 里壹[8]412  嶽貳・數 25	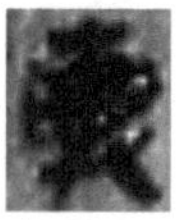 秦抄 27  龍 59  周 231	 秦泥考 1441	 嶽貳・數 42	 秦抄 8  龍 172  嶽壹・爲 六八正	 四川輕車	 龍 54  里壹[8] 175 正  嶽叁(一)47

2964 輯	2965 輒			2966 軫	2967 軸	2968 轂
輯	輒			軫	軸	轂
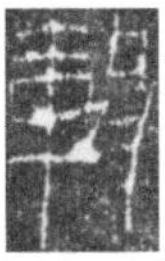 宗邑瓦書 秦陶 1610	 青川木牘 文 1982.1.11					
 嶽貳・數 42	 王輒 秦風 98	 秦律 184  周 318  里發[16]6 正	 里壹[8]101	 日甲 6 背  周 241  嶽壹・占一三正	 秦律 126 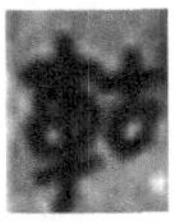 秦律 125	 日甲 73 背 用作「穀」。

2974		2973	2972	2971	2970	2969
軍		載	轙	轅	軎	軹
軍		載	轙	轅	軎	軹
 秦抄 8  嶽叁(一)88  嶽叁(三)233	 吴軍 秦風 168  軍市 秦風 20  軍	 秦抄 8  嶽壹・爲 七一正  嶽叁(一) 47 正	 里壹[8]2255	 秦律 125  法問 179	 陶録 6.277.1 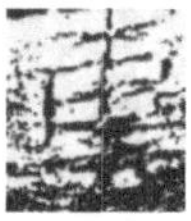 陶録 6.277.2	 里壹[7]1

2980		2979	2978	2977	2976	2975
斬		輓	輪	軌	輸	轉
斬		輓	輪	軌	輸	轉
				 軌簋 秦銘圖 203		
 秦律 156  龍 2  周 352	 秦泥考 1558	  龍 57	 秦律 89		 效 49  里壹[8]454  嶽叁(一)136	 爲 3

2985 輂*	2984 䡨*	2983 䡉*	2982 轎	2981 輔		
輂	䡨	䡉	轎	輔		
 秦律 148	 秦律 125	  龍 119	 嶽叁(一)18	 周 332  周 332	 輔騖  輔武	 嶽壹·占四三正

	2988 陵	2987 皋				2986 官
	陵	皋				官
	 高陵君鼎 新收 815				 三年詔事鼎 集成 02651  下官鼎 秦銘圖 200	 私官鼎 集成 02658  太官盉 近出 940
 陶録 6.293.1  秦泥考 1603  陵	 陽陵虎符 近出 1255  陽陵虎符 近出 1255	 歸皋	 里[9]1 正 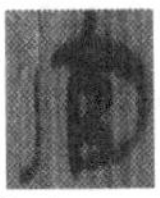 嶽壹・爲 六七正	 秦律 73  龍 8  周 16	 秦泥考 57  秦泥考 1091  上官郢 陝出印 833	 陶録 6.27.2  陶録 6.108.1  陶録 6.109.2

2990 陽　　2989 陰

<table>
<tr><td colspan="2">陽</td><td colspan="3">陰</td><td colspan="2"></td></tr>
<tr><td></td><td>
石鼓文
鑾車

石鼓文
霝雨</td><td></td><td></td><td>
石鼓文
鑾車

石鼓文
霝雨</td><td></td><td></td></tr>
<tr><td>
四年相邦
樛斿戈
集成 11361

十三年相邦
義戈
集成 11394</td><td>
秦駰玉牘
甲・背

秦駰玉牘
乙・背</td><td></td><td>
雕陰鼎
秦文圖 52</td><td>
秦駰玉牘
甲・背
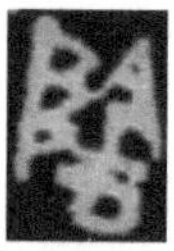
秦駰玉牘
乙・背</td><td></td><td></td></tr>
<tr><td>
陶録
6.145.4

陶録
6.308.1</td><td>
陽陵虎符
近出 1255

櫟陽虎符
近出 1256</td><td>
周 309

里壹[8]
135 正

嶽壹・質
三〇</td><td>
大夫陰

陰秦
秦風 44</td><td>
陶録
6.295.1

陶録
6.403.4

秦泥考 1079</td><td>
周 34

嶽壹・質
二九

嶽壹・質
0600 正</td><td>
語 8

周 23

里壹[8]
135 正</td></tr>
</table>

2993	2992	2991				
阪	阿	陸				
阪	阿	陸				
 石鼓文 作原						
						 十二年上郡 守壽戈 集成 11404  十七年丞相 啟狀戈 集成 11379
 日甲 76 背	 秦泥考 1043  秦泥考 1423	 編 35.2  嶽壹・質 0636 正  嶽壹・質 0501 正	 陶録 6.409.2  平陸丞印  陸都	 里[9]1 正  嶽叁(一)48	 編 33.1  日乙 48  周 297	 秦泥考 885  韓陽 秦風 203  陽樛 秦風 66

2998 隤	2997 陷	2996 隗		2995 險	2994 隅	
隤	陷	隗		險	隅	
	 青川木牘 文 1982.1.11					
 張隤 珍秦齋印 57	 秦抄 35  嶽壹・爲 七四正	  周 336	 隗周  隗圖  張隗 秦風 136	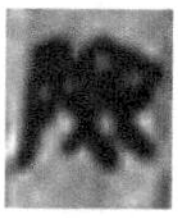 語 12  日甲 76 背	 日甲 40 背	 隅陵之部

	3003	3002	3001	3000		2999
	陘	隄	阬	陀		降
	陘	隄	阬	陀		降
	 秦駰玉牘甲・正  秦駰玉牘乙・正	 青川木牘 文 1982. 1. 11				
 日甲 72 背	 陶録 6. 193. 1  史陘 珍秦齋印 88  陘印	 效 30 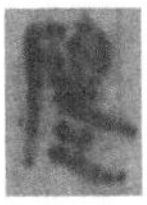 里壹[8]210	 語 12	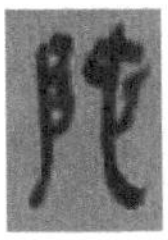 嶽壹・爲 二一正	 秦抄 38  嶽叁(一)35  嶽叁(一)38	 陶録 6. 402. 2  陶録 6. 463. 3  陶録 6. 463. 4

3004		3005	3006	3007	3008	
隱		陝	隃	阮	陳	
隱		陝	隃	阮	陳	
		 卅四年蜀守戈 秦文圖 29				
 陶録 6.325.1  陶録 6.325.2  原隱	 秦律 156  法問 125  里發[16] 5 正	 陶録 6.399.1  陶新 1148	 里壹[8]269	 王阮 陝出印 615	 陳萌 秦風 56  陳雍 秦風 124  陳先 陝出印 734	 日甲 138 背  周 326

3009	3010			3011	3012	3013
陶	除			陛	陆	陕*
陶	除			陛	陆	陕
 不其簋 集成 04328  不其簋蓋 集成 04329	 石鼓文 作原					
	 青川木牘 文 1982.1.11  青川木牘 文 1982.1.11					用作「決」。
 天·乙 二八四	 秦泥考 1436  景除	 秦律 115  效 43  天·甲一四	 里壹[8] 157 正 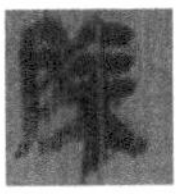 嶽叁(一)94	 爲 10	 爲 8	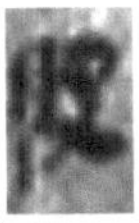 秦律 118 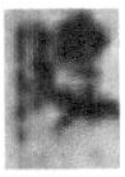 秦律 119  嶽壹·爲 一正

3020	3019	3018	3017	3016	3015	3014
隮 *	隧 *	隟 *	障 *	隠 *	险 *	陕 *
隮	隧	隟	障	隠	险	陕
 石鼓文 田車 綴加「妻」聲。						 石鼓文 田車
	 杜虎符 集成 12109		 宗邑瓦書 秦陶 1610		 五年相邦呂 不韋戈 秦銘圖 69	
	 陶録 6.12.2  陶録 6.12.1	  日甲 89 背	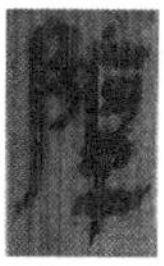 嶽壹・爲 十九正	 里壹[8] 1275		

					3022 四	3021 絫
					三	絫
		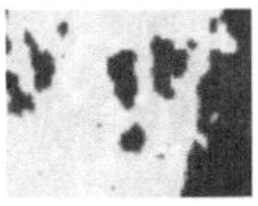 石鼓文 田車  石鼓文 鑾車	 秦景公石磬 秦文圖 59  秦景公石磬 秦文圖 66	 秦子簋蓋珍 秦齋秦 30 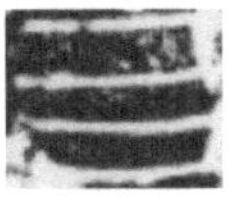 秦公簋 集成 04315	 秦公鐘 集成 00262  秦公鎛甲 集成 00267	
	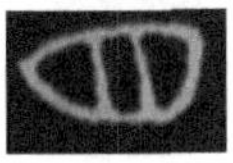 工師文罍 秦文圖 28  卅四年蜀 守戈 秦文圖 29	 宗邑瓦書 秦陶 1610  宗邑瓦書 秦陶 1610			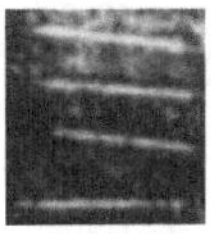 半斗鼎 集成 02100	
 日乙 21  龍 116  周 97 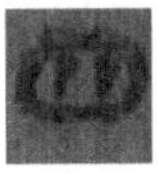 里壹[6]1 正	 四川輕車	 陶録 6.141.2 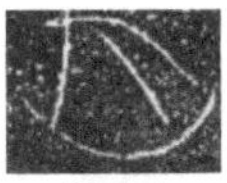 陶録 6.175.1  秦泥考 1228			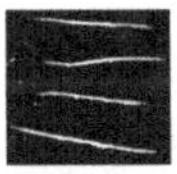 陶新 347	 馮絫  上官絫 陝出印 834

3025 六				3024 五	3024 亞	3023 叕
六		五			亞	叕
	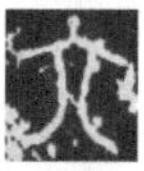 石鼓文 鑾車			 不其簋 集成 04328 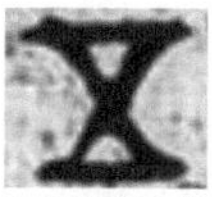 不其簋蓋 集成 04329	 石鼓文 田車  石鼓文 作原	
 秦駰玉牘 甲・背 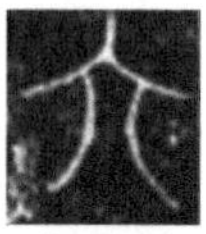 中敃鼎 集成 02228	 十六年大良 造庶長鞅 戈鐓 集成 11911  商鞅方升 集成 10372	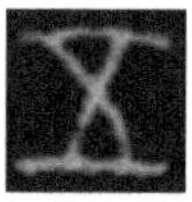 秦駰玉牘 甲・正  秦駰玉牘 乙・正	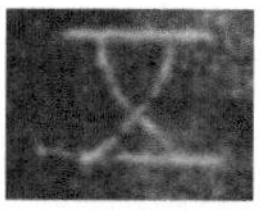 十五年上郡 守壽戈 集成 11405  廿五年上郡 守厝戈 集成 11406	 商鞅方升 集成 10372  杜虎符 集成 12109	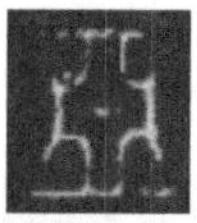 詛楚文 亞駝  詛楚文 亞駝	
 效 3 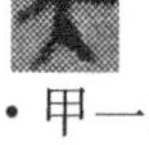 天・甲一三  龍 192  周 137	 北私府橢量 秦銘圖 147  美陽權 秦銘圖 183  平陽銅權 秦銘圖 182	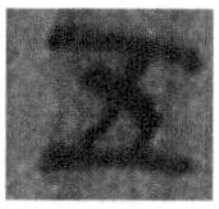 里發[9]4 正 用作「伍」。  嶽壹・占 三〇正	 日乙 240 用作「語」。  天・甲二二  周・櫝正	 陶録 6.180.3  陶録 6.54.3 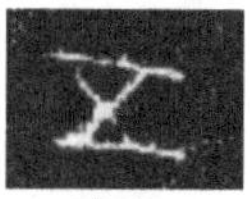 陶録 6.111.3	 陶録 6.103.5	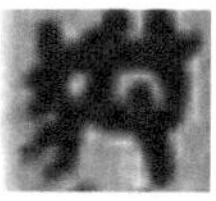 日乙 145 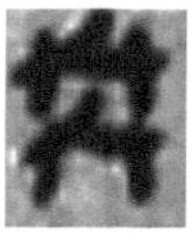 日乙 145

3027　九　　　　3026　七

	九			七		
	 不其簋 集成 04328  不其簋蓋 集成 04329			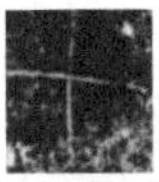 秦公簋器 外刻 集成 04315  秦公簋蓋 外刻 集成 04315		
 九年相邦呂 不韋戟 近出 1199	 十九年大良 造鞅殳鐓 近出 1249  五年相邦呂 不韋戈 秦銘圖 69	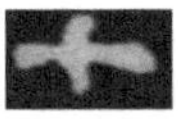 秦駰玉牘 乙・背	 十七年太后 漆盒 考文 2002.5.64  旬陽壺 秦文圖 57	 王七年上郡 守疾戈 秦銘圖 29  十七年丞相 啟狀戈 集成 11379	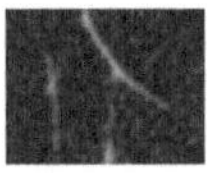 二十六年蜀 守武戈 集成 11368  廿六年武 庫戈 秦銘圖 441	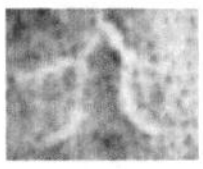 六年漢中守 運戈 集成 11367  六年上郡守 閒戈 近出 1194
 陶新 2930	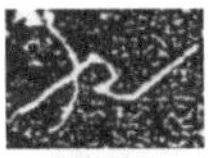 陶録 6.106.1  陶録 6.177.4  陶録 6.184.3		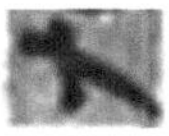 日甲 60 背  周・櫝正 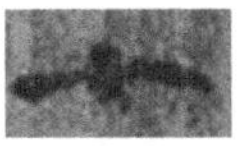 里壹[6]1 正  嶽貳・數 144	 陶録 6.176.4  陶録 6.177.2		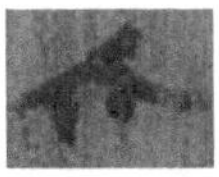 里壹[6]1 正 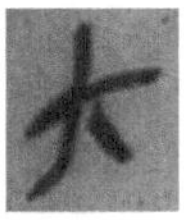 嶽叁(一)115

3030 萬			3029 禽	3028 逵		
萬			禽	逵		
 秦公鐘 集成 00262 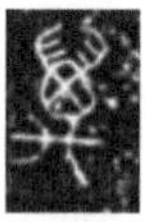 秦公鎛甲 集成 00267	 石鼓文 鑾車	 不其簋蓋 集成 04329  不其簋蓋 集成 04329	 不其簋 集成 04328  不其簋 集成 04328			
 秦駰玉牘 甲・背  秦駰玉牘 乙・背			用作「擒」。			 青川木牘 文 1982.1.11
 萬  萬歲  萬歲 秦風 249				 法問 199  法問 199	 里壹[6]1 正  嶽叁(一)85	 日甲 135 正  日甲 60  周 136

3033		3032	3031			
甲		獸	禹			
甲		獸	禹			
	 秦景公石磬 秦文圖 67  秦景公石磬 秦文圖 68	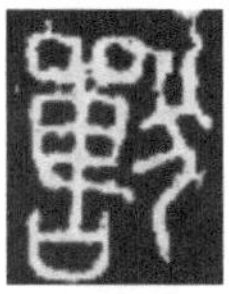 石鼓文 鑾車			 秦公簋 集成 04315	 秦子鎛 文 2008.11.27  盄和鐘 集成 00270
 詛楚文 湫淵  詛楚文 亞駝	 杜虎符 集成 12109  新郪虎符 集成 12108					 詛楚文 湫淵  詛楚文 亞駝
 日乙 68  天・乙八一  龍牘正  龍 152	 陽陵虎符 近出 1255  陶録 6.164.1  陶録 6.253.1	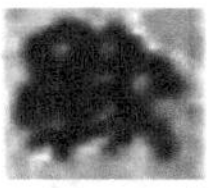 日甲 52 背  龍 37	 日乙 104 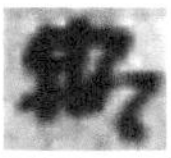 日甲 2 背  周 332	 王禹 陝出印 631  姚禹	 陶録 6.64.5  陶録 6.64.6	 效 38  里發[9]7 正  嶽叁(一)10

3035 乾　　　　3034 乙

	乾				乙	
					 商鞅方升 集成 10372 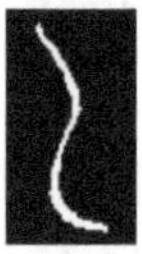 十九年寺 工鈹 2 秦銘圖 86	
 封 89  日甲 39 背  周 321	 茅乾滑 秦風 215	 龍 98  里發[9]1 正 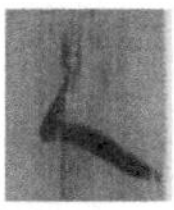 嶽叁(一)99	 日乙 39  日乙 66  天・甲六九	 李乙	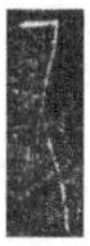 陶録 6.331.1 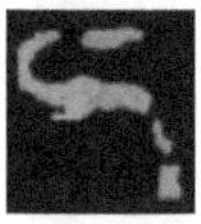 陶録 6.278.5	 周 8  里發[9]4 正  嶽叁(一)105

3036 亂

亂

詛楚文
湫淵

詛楚文
亞駝

爲 27

日甲 5 正

周 191

3037 尤

尤

尤衛

3038 丙

丙

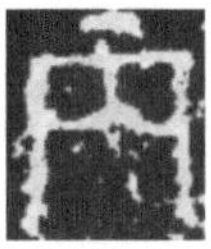
石鼓文
吾水

十五年寺
工鈹
秦銘圖 75

陶録
6.444.3

陶録
6.444.4

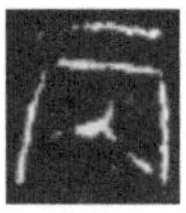
陶録
6.165.3

封 16

日乙 40

周 286

里壹[8]
135 正

嶽叁(一)40

3039 丁

丁

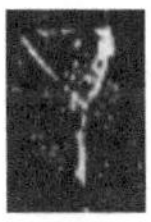
陶録
6.165.4

陶録
6.248.3

矦丁

丁堅
秦風 221

3041	成			3040 戊		
	成			戊		
				 不其簋 集成 04328  不其簋蓋 集成 04329		
	 詛楚文 湫淵  詛楚文 亞駝		 青川木牘 文 1982.1.11 用作「茂」。	 十五年寺 工鈹 秦銘圖 75 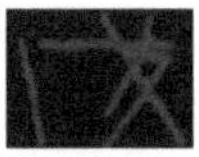 寺工矛 近出 1212		
 陶録 6.42.3  陶録 6.42.4  陶録 6.325.1	 平陽銅權 秦銘圖 182	 周 85  嶽壹・質	 日乙 73  日乙 189  天・乙 一四九	 陶録 6.52.4  陶録 6.253.6  黄戊 秦風 213	 里發[9] 11 正  嶽壹・質 0007 正  嶽叁(一)99	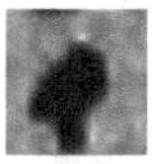 日甲 113 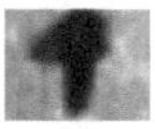 日乙 68  周 94  周 136

3043 巴　　3042 己

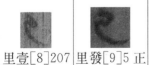

巴		己				
		 秦駰玉牘 乙・背  青川木牘 文1982.1.11	 十七年寺 工鈹3 秦銘圖91			
 里壹[8] 61正  里壹[8]207 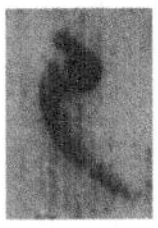 里壹[8]2316	 周23  里發[9]5正  嶽叁(一)99	 封50 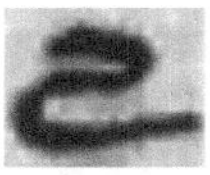 日乙191  天・甲六九	 夏己 古印菁62  己丑	 周205  嶽叁(一)103	 日乙12 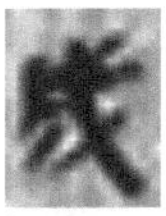 秦律112  天・甲一二	 魏樂成 秦風163  徐安成 秦風160  陽成佗

3046 臯			3045 辛	3044 庚		
臯			辛			庚
 秦駰玉牘甲・正  秦駰玉牘甲・正			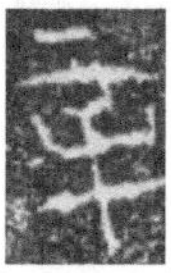 宗邑瓦書 秦陶 1610 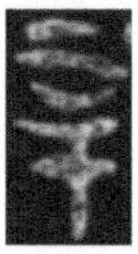 青川木牘 文 1982.1.11			 卌年上郡守起戈 秦銘圖 33
 效 60  嶽叄(一)19 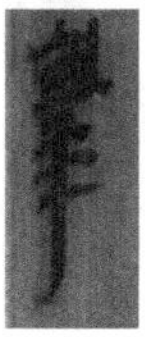 嶽叄(一)84	 嶽壹・質 0110 正  嶽叄(一)63	 天・乙九八 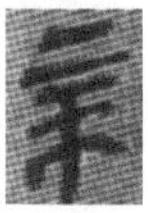 周 7  里發[9]4 正	 辛意	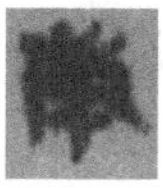 里壹[8]135 正  嶽壹・質 0533 正  嶽壹・質 0063 正	 日乙 72  天・乙一四〇  周 36	 常庚  任庚

3050	3049		3048		3047	
嗣	辭		辥		辠	
嗣	辭		辥		辠	
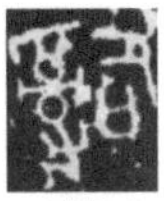 石鼓文 作原						
					 詛楚文 亞駝  詛楚文 巫咸	 詛楚文 湫淵 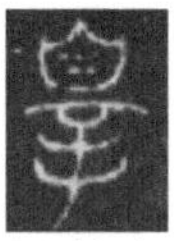 詛楚文 亞駝
	 秦抄 35  嶽叁(一)91  嶽叁(二)166	 北私府橢量 秦銘圖 147  大騩權 秦銘圖 131 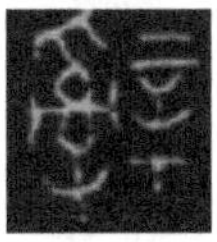 平陽銅權 秦銘圖 182	 爲 6  日甲 31 背 用作「蠥」。	 辥毋傷  辥得	 日甲 36 背  日甲 52 背	

		3053 癸			3052 壬	3051 辯
		癸			壬	辯
		 石鼓文 霝雨				
		 宗邑瓦書 秦陶 1610		 青川木牘 文 1982.1.11	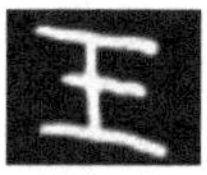 七年相邦呂 不韋戟 秦銘圖 70 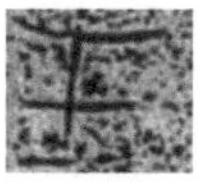 十七年寺 工鈹 集成 11658	
 日乙 66  天・甲七〇  周 47	 公癸  趙癸印 秦風 135	 陶録 6.307.2  陶録 6.307.3	 里發[9] 10 背  嶽壹・質 九	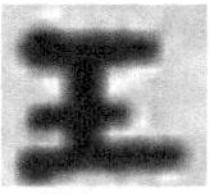 日乙 110  天・乙 一二五  周 36	 楊壬 古印菁 56	 橋辯 陝出印 826

3055 孕	3054 子					
孕	子					
	 石鼓文 汧沔  石鼓文 而師	 秦景公石磬 秦文圖 59 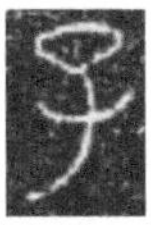 秦景公石磬 秦文圖 59	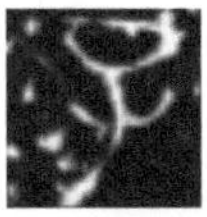 秦子簋蓋 珍秦齋秦 30 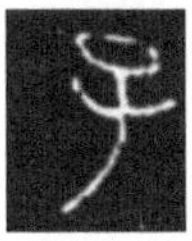 秦子鎛 文 2008.11.27	 秦子戈 集成 11353  秦子元用戈 新收 1349	 不其簋 集成 04328  不其簋蓋 集成 04329	
 詛楚文 湫淵  詛楚文 巫咸			 詛楚文 湫淵  詛楚文 亞駝	 秦駰玉牘 乙・正  秦駰玉牘 甲・正	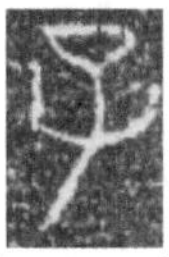 宗邑瓦書 秦陶 1610	
			 里壹[8] 137 正  嶽叁(一)3  嶽叁(二)142	 日乙 119  天・甲一四 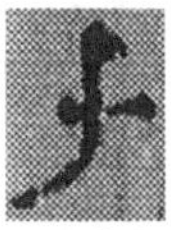 天・甲六九	 陶録 6.293.2  范伀子印  杜子	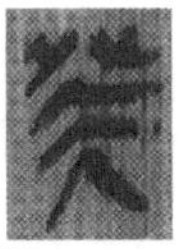 嶽 J32 正  嶽叁(一)10

3059			3058		3057	3056
孟			季		穀	字
孟			季		穀	字
 不其簋 集成 04328  不其簋蓋 集成 04329						
			 十七年太后 漆盒 考文 2002.5.64			
 陶新 3044  羌孟 秦風 217	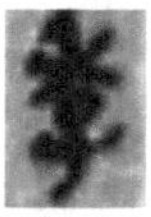 日甲 1 背  里壹[8] 1694	 杜季 陝出印 713  季狀 秦風 92	 陶録 6.449.3  陶録 6.449.4  趙季 陝出印 809	 日甲 143 正  日甲 145 正	 必穀	 封 86  日甲 150 正  里壹[6]1 正

日乙 17

用作「盟」。

周 335

里壹[8]1864

3060 孽

孽

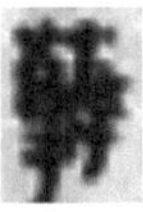
爲 27

3061 孤

孤

日甲 146 正

日乙 243

周 260

嶽壹・爲八四正

3062 存

存

陶録 6.439.3

陶録 6.439.4

秦律 161

法問 98

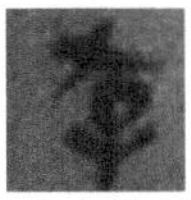
里壹[8]134 正

3063 疑

疑

北私府橢量 秦銘圖 147

旬邑權 秦銘圖 131

大騩權 秦銘圖 131

陶録 6.370.3

陶録 6.381.1

李疑 秦風 169

3067		3066	3065	3064		
丑		疏	毓	孱		
丑		疏	毓	孱		
			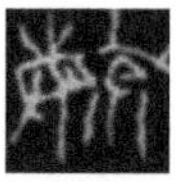 秦駰玉牘甲・正  秦駰玉牘乙・正			
 日乙 31  天・甲八  周 276	 封 91	 汪疏 珍秦齋印 81		 里壹[8]467  里壹[8]1545	 嶽叁(二)140	 秦律 172  周 209  嶽叁(一)105

			3069 寅	3068 羞		
			寅		羞	
				 仲滋鼎 新收 632	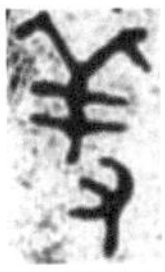 不其簋 集成 04328  不其簋蓋 集成 04329	
			 卌一年銀耳杯 新收 1077  五年相邦呂不韋戈 集成 11380			
 周 135  里壹[8]157 正  嶽壹 J32 正	 日乙 68  日乙 227  天・甲六  龍 116	 王寅 秦風 98  令狐寅 秦風 198	 陶録 6.253.3  秦泥考 1469	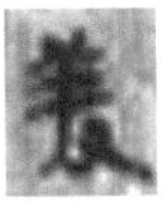 語 11	 秦泥考 675 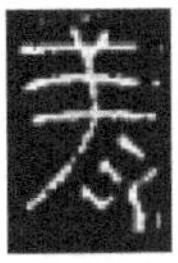 秦泥考 709	 里發[9]5 正  嶽壹 J19 正

3071 辰　　　　3070 卯

辰				卯		
			 宗邑瓦書 秦陶 1610			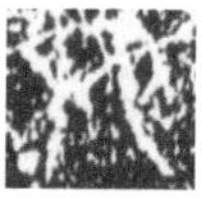 王四年相邦 張義戈 秦文圖 17
 周 114  里發[9] 981 正  嶽壹・質 J32 正	 日乙 68  天・甲四七  天・乙 一四九	 壺辰	 陶録 6. 39. 1  陶録 6. 39. 3  陶録 6. 163. 4	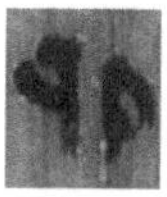 里壹[6]4 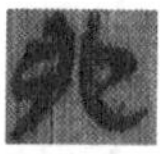 嶽壹・質 J19 正 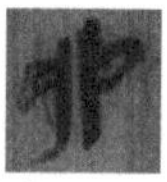 嶽叁(一)40	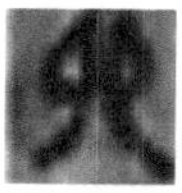 日甲 132 背 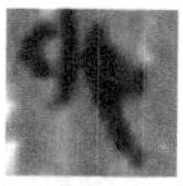 日甲 97 背  天・甲四  周 7	 杜卯 秦風 62  范卯 秦風 138

3072 辱

辱

日甲 62 正

日乙 200

嶽壹・占一二正

3073 巳

巳

陶録 6.169.4

陶録 6.278.5

郝巳
秦風 156

臣巳
秦風 156

3074 已

已

日甲 10 正

日乙 68

龍 19

周 10

里壹[8]135 正

嶽叁(一)18

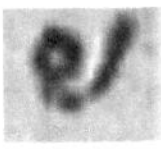
語 5

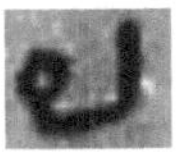
秦抄 35

龍・牘正

周 373

嶽壹・爲八二正

3076 午		3075 巳				
午		巳				
		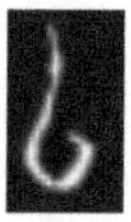 懷后石磬 通鑒 19817 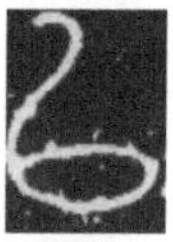 石鼓文 汧沔	 秦景公石磬 秦文圖 79  秦景公石磬 秦文圖 81	 秦公簋 集成 04315  盄和鐘 集成 00270	 秦公鐘 集成 00262  秦公鎛甲 集成 00267	 不其簋 集成 04328  不其簋蓋 集成 04329
	 寺工矛 近出 1212	 青川木牘 文 1982.1.11	 宗邑瓦書 秦陶 1610  宗邑瓦書 秦陶 1610	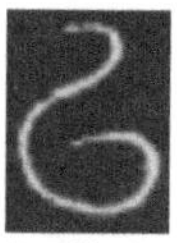 詛楚文 湫淵  詛楚文 巫咸	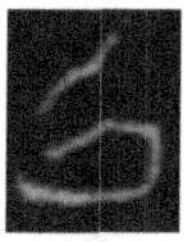 秦駰玉牘 甲・正  秦駰玉牘 乙・正	 杜虎符 集成 12109  新郪虎符 集成 12108
 丁午 珍秦齋印 78  和午  張午 秦風 104	 陶録 6.145.1  陶録 6.145.2  陶録 6.234.2			 里發[9]5 正  嶽叁(一)70	 法問 52  天・甲一三  龍 142  周 314	 武以 秦風 204  王以 秦風 61

3077 晤

3078 未

日乙 48

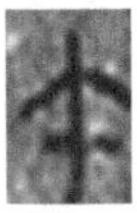
日甲 145

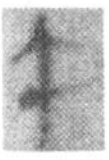
天・甲六

周 24

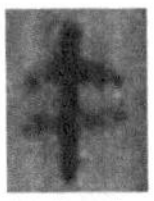
里發[9]4 正

嶽壹・質三〇

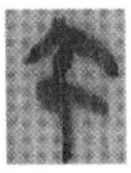
嶽壹・質2061 正

晤

駱晤
珍秦齋印 248

唐晤

未

陶録 6.285.1

陶録 6.285.2

陶録 6.456.4

高未央
秦風 160

靳未
陝出印 774

效 20

天・甲一一

龍 202

周 11

里發[9]4 正

嶽叁(一)3

3081 酉		3080 臾	3079 申			
酉		臾	申			
					 秦景公石磬 秦文圖 67  石鼓文 吾水	 不其簋 集成 04328  不其簋蓋 集成 04329
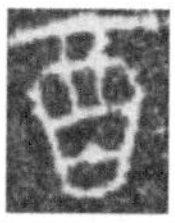 宗邑瓦書 秦陶 1610  宗邑瓦書 秦陶 1610	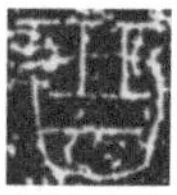 商鞅方升 集成 10372					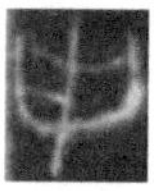 廿五年上郡守厝戈 集成 11406 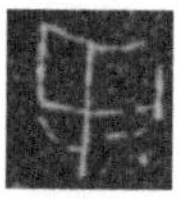 廿五年上郡守周戈
 日乙 115  天・甲六九  周 25	 王酉 秦風 48	 日甲 135 正  天・甲六六 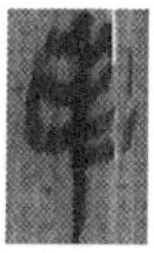 嶽壹・爲七〇正	 周 23  里發[9]7 正  嶽壹・質 0565 正	 日乙 32  天・乙二〇四  龍・牘正	 杜申 西安南郊秦墓 612  申晐	 陶録 6.42.3  陶録 6.42.4

3086 醉	3085 配	3084 醇	3083 醴	3082 酒		
醉	配	醇	醴	酒		
	 秦景公石磬 秦文圖 71  懷后石磬 通鑒 19817					
						 青川木牘 文 1982.1.11
 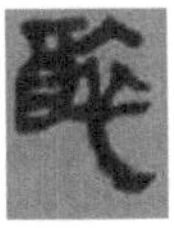 嶽壹・占 一正		 周 323	 日乙 240  嶽叁(一)48  嶽叁(一)55	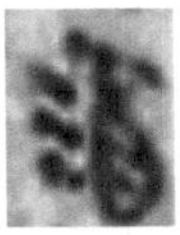 日甲 157 背  周 247  嶽壹・占 四〇正	 多酒	 里發[9]5 正  嶽壹・質 J19 正

	3091	3090	3089	3088		3087
	尊	醬	酢	茜		醫
	尊	醬	酢	茜		醫
	 秦公壺甲 近出 955 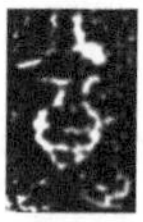 秦公壺乙 近出 956					
	 商鞅方升 集成 10372  商鞅方升 集成 10372		 宗邑瓦書 秦陶 1610	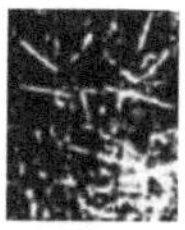 寺工師初壺 集成 09673  雍工敃壺 集成 09605		
 爲 27  日甲 67 背	 敦祭尊印  臣尊	 秦律 181  日甲 26 背	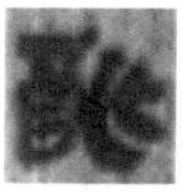 秦抄 32  日甲 77 正  日乙 183	 陶新 1173  秦泥考 1573	 封 53  日甲 148 正	 醫活  醫疕

3092

戌

戌

陶録 6.270.1

李戌 秦風 96

日乙 189

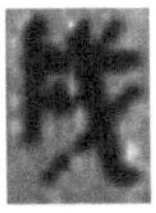
日乙 236

周 26

里發[9]10 背

嶽壹・質三

嶽壹・質 0533 正

3093

亥

亥

趙亥 秦風 138

衛亥 珍秦齋印 36

日乙 31

天・甲四

周 37

嶽叁(一)99

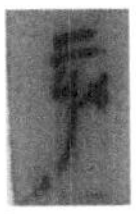
嶽叁(三)210

二日	五日	正月	二月	四月	八月	七月
二日	五日	正月	二月	四月	八月	七月
 石鼓文作原	 石鼓文作原	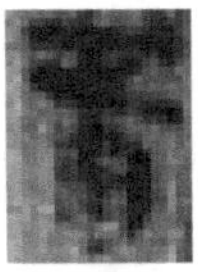 編 3.2  編 25.2	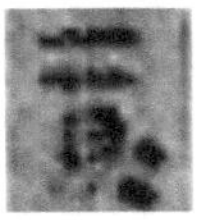 秦律 51	 里[9]2背  里[9]3背  里[9]4背	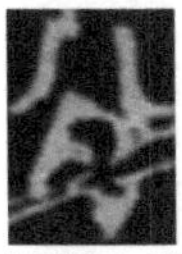 秦駰玉牘乙・背	 編 23.2

九月 十月 五十 六十 七十 八十 小子 上帝

九月	十月	五十	六十	七十	八十	小子	上帝
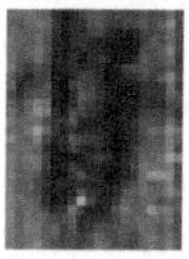 編 3.2	 秦駰玉牘乙・正	 嶽貳・數 73  嶽貳・數 127	 嶽貳・數 170	 里[9]7 正  嶽貳・數 29	 嶽貳・數 170	 秦公鐘 集成 00262  秦公鎛乙 集成 00268  盄和鐘 集成 00270  秦駰玉牘 乙・正 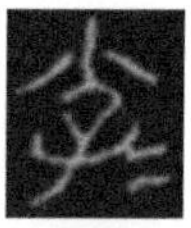 秦駰玉牘 甲・正  秦駰玉牘 甲・正  秦駰玉牘 乙・背	 秦景公石磬 16 秦文圖 78

大夫	小魚	小大	凡是	私官	右段	半斗	婺女
大夫	小魚	小大	凡是	私官	右段	半斗	婺女
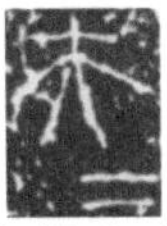 商鞅方升 集成 10372  宗邑瓦書 秦陶 1610  秦泥考 1148  秦泥考 1150  日乙 104 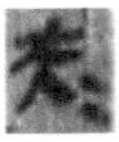 秦律 179  文 2009.3.82	 石鼓文 汧沔	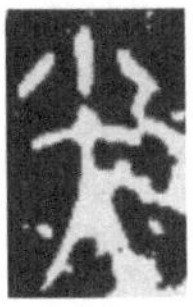 石鼓文 而師	 天・乙 一三六	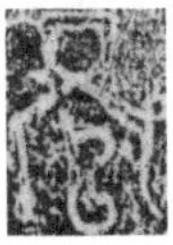 私官甚 集成 01508	 陶録 6.68.4  陶録 6.68.5	 陶録 6.109.4	 日乙 105  周 140  周 205

旅衣	貨貝	牽牛	裚衣	僞爲	營室	驀馬	
旅衣	貨貝	牽牛	裚衣	僞爲	營室	驀馬	
 效 41  效 41	 日甲 103 正	 日甲 155 正  日甲 3 背  日甲 4 背  周 139  周 203	 日甲 118 背  日乙 129	 日甲 25 背 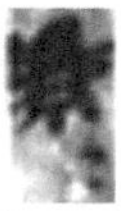 日甲 34 背  日甲 35 背  日甲 48 背	 日甲 3 背  日乙 80  周 143  周 176  周 211	 秦抄 9 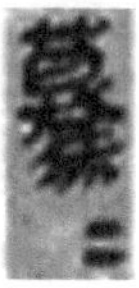 秦抄 10	

引書簡稱表

陶録6	《陶文圖録》第六卷
陶新	《秦陶文新编》
陶匯5	《古陶文匯編》第五卷
秦泥集	《秦封泥集》
秦泥考	《秦封泥匯考》
編	《睡虎地秦墓竹簡》編年紀
語	《睡虎地秦墓竹簡》語書
爲	《睡虎地秦墓竹簡》爲吏之道
秦律	《睡虎地秦墓竹簡》秦律十八種
秦抄	《睡虎地秦墓竹簡》秦律雜抄
法問	《睡虎地秦墓竹簡》法律問答
效	《睡虎地秦墓竹簡》效律
封	《睡虎地秦墓竹簡》封診式
日甲	《睡虎地秦墓竹簡》日書甲種
日乙	《睡虎地秦墓竹簡》日書乙種
天・甲	《天水放馬灘秦簡》甲種日書
天・乙	《天水放馬灘秦簡》乙種日書
天・志怪	《天水放馬灘秦簡》志怪故事
龍	《龍崗秦簡》
周	《關沮秦漢墓簡牘・周家臺三〇號秦墓簡牘》
里壹	《里耶秦簡》（壹）
里發	《里耶發掘報告》
嶽壹・質	《嶽麓書院藏秦簡》（壹）質日
嶽壹・占	《嶽麓書院藏秦簡》（壹）占夢書
嶽壹・爲	《嶽麓書院藏秦簡》（壹）爲吏治官及黔首
嶽貳・數	《嶽麓書院藏秦簡》（貳）

嶽叁(一)　《嶽麓書院藏秦簡》(叁)第一類
嶽叁(二)　《嶽麓書院藏秦簡》(叁)第二類
嶽叁(三)　《嶽麓書院藏秦簡》(叁)第三類
嶽叁(四)　《嶽麓書院藏秦簡》(叁)第四類
集成　《殷周金文集成》
秦文圖　《秦文字集證》
秦銘圖　《秦銅器銘文編年集釋》
文　《文物》

新近　《近出殷周金文集録》
新收　《新收殷周青銅器銘文暨器影匯編》
珍秦齋秦　《珍秦齋藏金·秦銅器篇》
秦風　《秦代印風》
珍秦齋印　《珍秦齋藏印·秦印篇》
珍秦印展　《珍秦齋古印展》
陝出印　《陝西新出土古代璽印》
古印菁　《古璽印菁華》

參考文獻

陳松長：《馬王堆簡帛文字編》，文物出版社，二〇〇三年。
陳昭容：《秦系文字研究——從漢字史的角度考察》，中研院史語所，二〇〇三年。
陳振裕、劉信芳：《睡虎地秦簡文字編》，湖北人民出版社，一九九三年。
陳　直：《關中秦漢陶録》，中華書局，二〇〇六年。
叢文俊：《中國書法史・先秦・秦代卷》，江蘇教育出版社，二〇〇二年。
董蓮池：《新金文編》，作家出版社，二〇一一年。
方　勇：《秦簡牘文字編》，福建人民出版社，二〇一二年。
高　明：《古陶文彙編》，中華書局，二〇〇四年。
甘肅省文物考古研究所編：《天水放馬灘秦簡》，中華書局，二〇〇九年。
甘肅文物考古所編：《秦漢簡牘論文集》，甘肅人民出版社，一九八九年。
郭沫若：《石鼓文研究》，《郭沫若全集・考古編》第九卷，科學出版社，一九八二年。
郭沫若：《兩周金文辭大系圖録考釋》，上海書店出版社，一九九九年。

關漢亨：《半兩貨幣圖說》，上海書店，一九九三年。

韓天衡：《秦漢鳥蟲篆印選》，上海書店，一九八七年。

李鐵華：《石鼓新響》，三秦出版社，一九九四年。

李學勤：《新出青銅器研究》，文物出版社，一九九〇年。

李守奎：《楚文字編》，華東師範大學出版社，二〇〇三年。

李守奎：《上海博物館藏戰國楚竹書（一—五）文字編》，作家出版社，二〇〇七年。

劉樂賢：《睡虎地秦簡日書研究》，文津社，一九九四年。

劉信芳、梁　柱：《雲夢龍崗秦簡》，科學出版社，一九九七年。

劉　釗、洪　颺、張新俊：《新甲骨文編》，福建人民出版社，二〇〇九年。

劉　釗：《古文字構形學》，福建人民出版社，二〇〇六年。

劉　雨、盧　岩：《近出殷周金文集録》，中華書局，二〇〇二年。

劉　雨、嚴志斌：《近出殷周金文集録二編》，中華書局，二〇一〇年。

羅福頤：《古璽彙編》，文物出版社，一九八一年。

羅福頤：《古璽文編》，文物出版社，一九八〇年。

羅君惕：《秦刻十碣考釋》，齊魯書社，一九八三年。

湖北省荊州市周梁玉橋遺址博物館編：《關沮秦漢墓簡牘》，中華書局，二〇〇一年。

湖南省文物考古所：《里耶秦簡（壹）》，文物出版社，二〇一二年。

湖南省文物考古所：《里耶發掘報告》，嶽麓書社，二〇〇七年。

錢劍夫：《秦漢貨幣史稿》，湖北人民出版社，一九八六年。

湯餘惠：《戰國文字編》，福建人民出版社，二〇〇〇年。

許雄志：《秦代印風》，重慶出版社，二〇一一年。
許雄志：《秦印文字彙編》，河南美術出版社，二〇〇一年。
蕭春源：《珍秦齋藏金·秦銅器篇》，澳門基金會，二〇〇六年。
蕭春源：《珍秦齋藏印·秦印篇》，澳門市政局，二〇〇〇年。
徐寶貴：《石鼓文整理研究》，中華書局，二〇〇八年。
徐中舒：《秦漢魏晉篆隸字形表》，四川辭書出版社，一九八〇年。
孫慰祖、徐穀富：《秦漢金文彙編》，上海書店出版社，一九九七年。
饒宗頤、曾憲通：《楚地出土文獻三種研究·雲夢睡虎地秦簡日書研究》，中華書局，一九九三年。
饒宗頤、曾憲通：《雲夢秦簡日書研究》，香港中文大學出版社，一九八二年。
商承祚：《石刻篆文編》，中華書局，一九九六年。
商承祚：《先秦貨幣文編》，書目文獻出版社，一九八三年。
睡虎地秦墓竹簡整理小組：《睡虎地秦墓竹簡》，文物出版社，一九九〇年。
施謝捷：《古璽匯考》，安徽大學博士論文，二〇〇六年。
汪慶正主編：《中國歷代貨幣大系·先秦卷》，上海人民出版社，一九八八年。
王翰章：《陝西出土歷代璽印選編》，三秦出版社，一九九〇年。
王　輝：《秦銅器銘文編年集釋》，三秦出版社，一九九〇年。
王　輝：《秦出土文獻編年》，新文豐出版社，二〇〇〇年。
王　輝：《秦文字編》，中華書局，二〇一五年。
王　輝：《秦文字集證》，臺灣藝文印書局，一九九九年。
王恩田：《陶文圖錄》，齊魯書社，二〇〇七年。

王恩田：《陶文字典》，齊魯書社，二〇〇七年。
吴良寶：《先秦貨幣文字編》，福建人民出版社，二〇〇六年。
吴幼潛：《封泥彙編》，上海古籍出版社，一九八四年。
吴鎮烽：《陝西金文彙編》，三秦出版社，一九八九年。
武漢大學簡帛研究中心：《秦簡牘合集（壹）》，武漢大學出版社，二〇一四年。
楊宗兵：《秦文字字體研究》，北京師範大學博士論文，二〇〇五年。
袁仲一、劉　鈺：《秦陶文新編》，文物出版社，二〇〇九年。
袁仲一、劉　鈺：《秦文字通假集釋》，陝西人民教育出版社，一九九九年。
袁仲一、劉　鈺：《秦文字類編》，陝西人民出版社，一九九三年。
袁仲一：《秦代陶文》，三秦出版社，一九八六年。
雲夢睡虎地秦墓編寫組：《雲夢睡虎地秦墓》，文物出版社，一九八一年。
張顯成：《秦簡逐字索引》，四川大學出版社，二〇一〇年。
張政烺、日　知：《雲夢竹簡》，東北師範大學出版社，一九九六年。
張世超、張玉春：《秦簡文字編》，中文出版社，一九九〇年。
張守中：《睡虎地秦簡文字編》，文物出版社，一九九四年。
中國社科院考古研究所編著：《殷周金文集成》（一—十八册），中華書局，一九八四年。
中國社會科學院考古研究所：《殷周金文集成（修訂增補本）》，中華書局，二〇〇七年。
中國社科院文物研究所、湖北考古研究所編：《龍崗秦簡》，中華書局，二〇〇一年。
鍾柏生、陳昭容、黄銘崇、袁國華：《新收殷周青銅器銘文暨器影彙編》，臺北藝文印書館，二〇〇五年。
朱漢民、陳松長：《嶽麓書院藏秦簡（壹）》，上海辭書出版社，二〇一〇年。

朱漢民、陳松長：《嶽麓書院藏秦簡（貳）》，上海辭書出版社，二〇一一年。
朱漢民、陳松長：《嶽麓書院藏秦簡（叁）》，上海辭書出版社，二〇一三年。
莊新興：《戰國璽印分域編》，上海書店，一九九九年。
周曉陸、路東之：《秦封泥集》，三秦出版社，二〇〇〇年。
左德承編繪：《雲夢睡虎地出土秦漢漆器圖録》，湖北美術出版社，一九八六年。

拼音檢字表

A

a

阿 643

āi

哀 53

ài

艾 20
愛 222

ān

安 320

àn

案 243
岸 416
豻 430

àng

盎 203

áo

謷 99
敖 163
勢 181
敖 255
驁 435

B

bā

八 38
巴 657

bá

肰 175
拔 543

bǎ

把 538

bà

罷 344

bái

白 349

bǎi

百 149
柏 234
佰 357

bài

敗 135
稗 304
粺 313
捧 535

bān

班 13
督 142
瘢 338
般 387

bǎn

版 300
阪 643

bàn

半 41
絆 589

bāng

邦 273

bàng

謗 100
捞 544

bāo

苞 20
包 412

bǎo

葆 30
飽 209
宲 322
寶 323
保 352

bào

暴 288
豹 429
報 468
鮑 518
抱 539

bēi

卑 122
栖 242
杯 243
椑 243
悲 482

běi

北 368

bèi

貝 264
備 355
倍 360
被 376

bēn

奔 466
犇 466

běn

本 235
畚 573

bēng

傰 365
崩 416

běng

紺 591

bèng

迸 73

bī

偪 365

bí

鼻 149

bǐ

彼 75
筆 124
匕 366
比 368

bì

璧 11
必 40
避 68
畢 160
臂 169
鬻 184
畀 192
柀 229
柲 245
賁 265
鄙 275
疕 337
幣 346
㡀 349
敝 349
俾 359
廦 419
閉 529
婢 551
繴 590
壁 604
陛 647

biān

邊 73

biǎn

扁 86

biàn

變 133
辨 178
便 358
辯 660

biāo

麃 443

biǎo

表 373

biē

鼈 599

bié

別 166

bīn

賓 268

bīng

兵 110
冰 514

bǐng

鞞 114
秉 120
稟 219
柄 245
鮩 519
⿰魚兩 519
丙 655

bìng

病 336
并 367

竝 472

bō

波 496
播 544

bó

薄 24
博 90
郣 281
帛 348
伯 353
[illegible] 364
鮊 518
鮎 518
搏 537
勃 620
鎛 628

bū

逋 70
誧 97
餔 209

bǔ

卜 137
補 377
捕 544

bù

步 61
腤 174
部 277
布 348
不 523

C

cái

材 239
才 253
財 264

cǎi

采 248
綵 592

cài

蔡 24

cān

參 293
驂 436

cán

殘 166
蠶 598

càn

粲 313

cāng

蒼 23
倉 212

cāo

糙 315
操 537

cáo

曹 195
漕 508

cǎo

草 31
[illegible] 31

cè

筴 191
側 356
廁 420

cén

岑 416

chā

差 193
臿 315

chá

茬 22
槎 248
察 321

chái

茝 17
豺 430

chài

蠆 595

chán

纏 583
孱 664

chǎn

剗 181
產 257
毚 443
蚩 596

chāng

昌 287

cháng

腸 168
嘗 198
常 346
償 358
長 425

chǎng

敞 133
場 609
暘 616

cháo

巢 258

朝 290
鼂 600

chē

車 635

chě

赿 57

chè

徹 131
坼 609
[illegible] 619

chēn

瞋 144

chén

迪 74
臣 126
晨 294
陳 646
辰 666

chèn

齔 83
稱 309
疢 339

chēng

鎗 628

chéng

誠 95
丞 108
爯 161
乘 224
程 310
承 540
城 606
成 656

chěng

騁 438

chī

鴟 153
癡 340

chí

馳 438

chǐ

齒 82
敕 134
侈 361
尺 385

chì

啻 51
叱 52
杘 245
移 375
庰 421
赤 461

chōng

衝 81
舂 315

chóng

虫 594
蟲 598

chǒng

寵 324

chōu

瘳 340
紬 585

chóu

讎 93
疇 612

chǒu

醜 413
丑 664

chòu

臭 448

chū

初 176
出 255

chú

芻 26
雛 152
廚 418
媰 550
除 647

chǔ

楮 232
杵 242
楚 253
處 630

chù

觸 183
歜 394
絀 586
埱 608

chuān

剶 181
椯 244
穿 331
川 511

chuán

傳 360
船 386

chuáng

牀 242

chuī

炊 455

dù

蔰 33
度 122
杜 228
渡 501
妒 556
妬 556
蠹 598

duān

端 470

duǎn

短 215

duàn

段 127
斷 633

duì

兑 389

dūn

敦 134

dùn

盾 147
頓 402

duō

哆 46
多 298
掇 543
拏 543

duó

奪 155
檮 251
鐸 627

duǒ

朵 237

E

ē

娿 551
婀 556

è

遏 71
餩 210
餓 210
惡 482
戹 527
閼 529
搹 538
扼 538

ér

兒 388
而 426

ěr

珥 12
栮 250
耳 531

èr

貳 268
佴 356
二 600

F

fā

發 576

fá

乏 62
罰 180
伐 363

fǎ

灋 441
法 441

fà

蕟 33
髮 407

fán

蘩 29
蕃 30
樊 110
橎 233
杋 250
煩 403
燔 454
凡 601

fǎn

反 121
仮 364

fàn

芝 24
范 28
笵 28、187
笆 29、187
飯 209
販 270
犯 447
氾 497
泛 502

fāng

枋 230
方 388

fáng

房 526

fǎng

舫 387
紡 581

fàng

放 163

fēi

昔 141
飛 520
非 520
妃 550

féi

萉 16
肥 174

fèi

芾 31
肺 168
費 269
廢 421

fēn

分 38

fén

鼢 453
蚡 453
焚 456
汾 491
濆 499
蚠 597

fěn

粉 314

fèn

奮 155
糞 160
僨 362
忿 481

fēng

豐 201
酆 276
蠭 597
風 599
封 605

féng

逢 67
馮 437
缝 592

fèng

奉 108

fǒu

缶 213
鴀 440

fū

尃 130
膚 167
邦 281
烰 454
夫 469
鈇 629

fú

福 6
茀 25
符 187
畐 219
榑 240
幅 346
伏 363
服 387
浮 496
扶 536
弗 560
蝠 597

fǔ

鬴 116
脯 173
簠 329
府 417
綹 590
斧 632
輔 640

fù

萯 20
赴 55
復 75
父 119
腹 170
副 178
餢 210
椱 244
負 268
賦 271
饅 272
富 321
覆 345
傳 355
付 356
複 374
婦 549
縛 584
阜 641

G

gāi

晐 289

gǎi

改 133

gài

蓋 26
溉 492
匄 570

gān

肝 168
甘 194

gǎn

叙 165
感 482

líng

靊 12
霝 12
龗 13
夌 221
泠 491
淩 492
凌 514
霝 515
軨 593
陵 641
阾 648

lǐng

領 401

lìng

令 409

liú

驑 434
駵 440
流 511
⿲氵㐬水 511
留 615
劉 630

liǔ

柳 231

liù

翏 151
六 650

lóng

癃 339
龍 520
聾 596

lóu

樓 241
婁 557

lǒu

簍 188

lòu

屚 515
㔷 571

lú

盧 203
廬 417
⿰廬阝 423
鱸 519

lǔ

魯 148
鹵 526

lù

祿 5
逯 69
路 85
睩 145
鹿 442
露 515
戮 565
陸 643

lǘ

驢 440

lǚ

⿸广郘 283
旅 292
吕 330
僂 363
履 386
閭 527
⿵門旅 531
捋 539

lǜ

律 78
慮 472

luán

䜌 100
⿱䜌鬲 171
欒 231

luǎn

卵 600
[illegible] 600

luàn

𤔔 164
亂 655

lüè

略 614

lún

掄 539
輪 639

lùn

論 94

luó

羅 343

luò

犖 43
雒 152
笿 189
駱 434
洛 491
⿱雨各 515
絡 590

M

má

麻 316

mǎ

馬 433

mà

罵 345
⿱髟馬 407

mái

霾 516

mǎi

買 270

mài

邁 63
麥 220
賣 256

mán

蠻 597

mǎn

滿 497

màn

謾 99
曼 120
嫚 557
縵 585

máng

芒 22

mǎng

莽 34

máo

茅 18
犛 45
瞀 143
旄 292
⿴衣毛 373
毛 382
矛 635

mǎo

卯 666

mào

貿 269
冒 342
皃 390

méi

禖 8
眉 146
枚 237
没 502
坆 610

měi

美 157

mèi

祙 9
眛 145
媚 553

mén

門 527

méng

萌 21
蒙 28
瞢 155
盟 296
幏 347

měng

冡 342
猛 447

mèng

夢 297

mī

眯 145

mí

⿸疒靡 341
麛 442
麋 442
靡 521
⿸麻⿱非手 534

mǐ

米 312

mì

鼏 301
密 416

miǎn

免 365
沔 490
湎 505
勉 618

miàn

面 404

miáo

苗 23

miào

廟 421

miè

蔑 155
烕 458

mín

敃 131
暋 289
民 560
緍 590

mǐn

敏 131
閔 530
黽 599

悐 483

tiān

天 2

tián

窴 333
恬 477
田 612

tiáo

鋚 624

tiě

鐵 624

tīng

桯 241
聽 532
町 612

tíng

廷 79
亭 216
庭 418

tǐng

梃 237
娗 558

tōng

通 67

tóng

詷 97
童 107
彤 206
桐 233
同 341
僮 351
潼 488
銅 624

tòng

痛 336
𤺥 341

tōu

媮 556

tóu

頭 399
投 540
緰 591

tū

突 334

tú

荼 29
徒 63
筡 186
梌 250
圖 260
屠 383
涂 489

tǔ

土 602

tù

兔 444

tuán

椽 241

tuí

僓 354
穨 390
隤 644

tuì

退 76

tún

屯 15
屍 383
脽 383
豚 429

tuō

脱 171

tuó

詑 99
柁 250
橐 260
佗 354
駝 440
沱 488
陀 645

tuǒ

妥 558

tuò

拓 542

W

wā

窊 332

wá

娃 557

wǎ

瓦 573

wāi

咼 53

wài

外 298
顡 404

wán

完 321
頑 402
丸 423

wǎn

宛 319
婏 555
㼝 573
綰 586
輓 639

wàn

澫 510
萬 652

wāng

汪 496

wáng

王 10
亡 568

wǎng

往 75
枉 238
罔 343

wàng

朢 370
忘 480
望 569

wēi

微 76
巍 415
危 423
威 551

wéi

唯 48
爲 117
为 118
韋 222
圍 262
帷 347

wěi

葦 28
諉 97
痏 338
僞 361
尾 385
委 554
隗 644

wèi

味 46
衛 82
謂 92
胃 168
畏 414
尉 455
渭 490
軎 638
未 669

wēn

温 489

wén

文 406
聞 533

wěn

吻 46

wèn

問 48

wēng

翁 151

wǒ

婐 554
我 566

wò

臥 371
沃 501
捾 536

wū

誣 100
誈 105
烏 159
於 159
巫 194
鄔 278
屋 384
歍 393
污 504

wú

吾 47
𢓜 47、78
𨗨 47
遻 47
梧 233
吳 464
浯 509
毋 559
无 570

wǔ

橆 252
伍 357
廡 418
武 565
五 650
午 668
啎 669

wù

物 44
誤 100
勿 426
溋 509
婺 555
務 618
鋈 623
戊 656

zī

葘 25
趑 58
齜 83
玆 162
資 264
貲 271
滋 499
甾 573

zǐ

梓 229
姊 551
子 661

zì

眥 101
自 147
漬 503
字 662

zōng

䓆 32
宗 328
綜 580

zǒng

總 583

zòng

縱 582

zōu

鄹 280
騶 439

zǒu

走 55

zòu

奏 469

zhuān

諯 102
專 129

zhuàn

轉 639

zhuāng

莊 15
裝 377
娤 558
蘘 592

zhuàng

壯 13
狀 446

zhuī

追 71
隹 151
錐 627

zhuì

諈 97
腏 174
贅 268
騅 434
恚 481
惴 483
闉 528
娷 558

zhuō

涿 503

zhuó

灼 456
濁 492
浞 503
濯 507
斫 632
斲 632
叕 650

zhǒu

肘 170
帚 347

zhòu

晝 125
胄 342

zhū

珠 12
諸 93
朱 235
豬 427

zhú

逐 71
竹 185
燭 456

zhǔ

鬻 117
主 205
渚 493

zhù

祝 8
著 32
翥 151
箸 188
筑 190
壴 199
築 240
柱 241
杼 244
窋 333
注 501
助 617
鑄 625

zhuā

髽 407

疻 338
製 378
置 344
伿 361
袭 378
峙 417
彘 428
豸 429
炙 455
戴 463
志 473
治 492
至 524
摯 536
畤 614
銍 626
軹 638

zhōng

中 14
𠁦 14
伀 353
衷 376
忠 474
終 584
鐘 628

zhǒng

冢 412

zhòng

穜 302
仲 353
衆 369
重 370

zhōu

周 51
舟 386
盩 468
州 512

zhóu

軸 637

zhèng

正 62
政 132
鄭 276

zhī

支 123
隻 152
知 215
枝 236
之 253
卮 408
織 580

zhí

執 467
職 533
直 567

zhǐ

止 59
脂 174
旨 198
指 535
紙 590

zhì

迣 72
𢧁 118
智 148
雉 152
疐 162
制 179
觶 183
𪎭 221
致 221
枳 231
椃 251
質 268
稺 302
秩 305
寘 329
窒 334

zhē

遮 72

zhé

折 27
讋 102
磔 224
橐 237
悊 476
蟄 596
輒 637

zhě

者 148

zhēn

珎 13
貞 137
箴 189
眞 365
甄 573

zhěn

診 104
袗 372
㐱 383
眕 613
軫 637

zhèn

朕 387
震 515
鎮 626

zhēng

蒸 27
菸 27
征 63
延 79
爭 164
徵 370
數 370
黨 593

筆畫檢字表

一畫

二畫

三畫

四畫

五畫

六畫

〔一〕

七畫

〔一〕

八畫

十畫

十二畫

〔一〕

〔乛〕

〔丶〕

〔丿〕

十三畫

〔一〕

十四畫

十六畫

十七畫

後記

我是在攻讀碩士學位期間開始秦文字研究工作的。二〇〇七年在導師劉信芳教授的指導下，開始寫作博士學位論文《秦文字疏證》，做的第一個工作就是編製秦文字字形編。本字形表是在原字形編基礎上修訂、補充形成的，所做的工作主要體現在：其一，補充新材料；其二，原編在字頭下收有該字所能見到的全部字形，資料詳盡但難免有龐雜之嫌，本表只選取具有代表性的字形，眉目清晰，便於檢索。

在字形表的編製過程中，方勇《秦簡牘文字編》和王輝《秦文字編》相繼出版，兩位學者對秦文字都有較爲深入的研究，本字形表吸收了兩位學者的部分研究成果。

本字形表最終出版首先要感謝劉信芳、黃德寬、徐在國三位教授。劉信芳教授是我碩士、博士指導老師，他把我領進古文字這一研究領域，並指導我從事秦文字研究。黃德寬教授是我博士後指導老師，指導我從事漢字發展理論的研究，並讓我負責「漢字理論與漢字發展史研究」（05AYY002）和「漢字發展通史」（11&ZD126）兩個國家社科項目中關於秦文字研究的子課題。徐在國教授講授的「古文字字形」等課程讓我終身受益。同時三位先生在生活上對我和我的家人提供了多方面幫助，使我能夠安心從事教學工作和學術研究。三位老師的人品、學問都是我終生學習的楷模。

感謝漢字發展史課題組郝士宏、江學旺、程燕、吴國昇、張振謙、劉剛、夏大兆等成員。正是因爲各位同仁亦師亦友，協同努力，才使字形表得以順利完成。

字形表的編製實際上是一項十分繁重的工作，特别是一開始以圖表形式爲基礎，到後來對這些圖表進行修改非常麻煩。牽一髮而動全身，一個小小的問題可能要全部調整，工作量可想而知。字形表中的圖片文件體量十分大，因此在電腦上運行經常會遇到死機和没反應的情況，没來得及保存的内容也就全部丢失，需要重做一遍。字形表時間跨度較大，許多新材料的加入又要重新改變版式，幾乎等於重新來過。加上自己的惰性和教學任務繁重，工作緩慢，導致字形表書稿一拖再拖，在此向漢字發展史課題組和上海古籍出版社表示歉意。

本表雖經多次修改補充，仍難免存在錯誤和遺漏，請各位學者指正。

單曉偉

二〇一六年四月五日

圖書在版編目(CIP)數據

秦文字字形表 / 黄德寬主編；徐在國副主編；單曉偉編著. —上海：上海古籍出版社，2017.9（2025.3重印）
（古漢字字形表系列）
ISBN 978-7-5325-8350-8

Ⅰ.①秦… Ⅱ.①黄… ②單… Ⅲ.①漢字—古文字—字形—秦代 Ⅳ.①H121

中國版本圖書館 CIP 數據核字(2017)第 033764 號

責任編輯 顧莉丹
封面設計 嚴克勤
技術編輯 富 强

古漢字字形表系列
秦文字字形表
黄德寬 主 編
徐在國 副主編
單曉偉 編 著
上海古籍出版社 出版
（上海市閔行區號景路159弄1-5號A座5F 郵政編碼 201101）
（1）網址：www.guji.com.cn
（2）E-mail：gujil@guji.com.cn
（3）易文網網址：www.ewen.co
上海世紀出版股份有限公司發行中心發行經銷
上海世紀嘉晋數字信息技術有限公司印刷
開本 787×1092 1/16 印張 45.75 插頁 5
2017 年 9 月第 1 版 2025 年 3 月第 6 次印刷
ISBN 978-7-5325-8350-8
H·170 定價：248.00 元
如有質量問題，請與承印公司聯繫